Veröffentlichungen der Kommission für geschichtliche Landeskunde in Baden-Württemberg

Reihe A

Quellen

63. Band

VERÖFFENTLICHUNGEN DER
KOMMISSION FÜR GESCHICHTLICHE LANDESKUNDE
IN BADEN-WÜRTTEMBERG

REIHE A

Quellen

63. Band

Redaktion:
Boris Bigott

# Das Totenbuch des Zisterzienserinnenklosters Feldbach (1279–1706)

bearbeitet von

Gabriela Signori

2020

W. KOHLHAMMER VERLAG STUTTGART

Einbandillustrationen:
Vorderseite: Federzeichnung des Klosters Feldbach, zwischen 1700 und 1750,
Zentralbibliothek Zürich, Graphische Sammlung,
ZB Graphische Sammlung (GSM) PAS 5: 40, Inventarnummer 000006647_40.
Rückseite: Initiale zum Eintrag der Kalenden des Januar aus
dem Feldbacher Nekrolog, Klosterarchiv Mehrerau, C 14, p. 1.

Diese Publikation ist auf alterungsbeständigem, säurefreiem Papier gedruckt.


Kommissionsverlag: W. Kohlhammer, Stuttgart
Gesamtherstellung Offizin Chr. Scheufele, Stuttgart
Printed in Germany

ISBN 978-3-17-038175-9

# *Inhalt*

# Literatur


*Adler, F.: Die Kloster- und Stiftskirchen auf der Insel Reichenau. Mit 5 Tafeln (Baugeschichtliche Forschungen in Deutschland 1). Berlin 1870.*

*Albert, Peter Paul: Geschichte der Stadt Radolfzell am Bodensee, Radolfzell 1896.*

*Album Wettingense. Verzeichnis der Mitglieder des exemten und konsistorialen Cistercienser-Stiftes B. V. M. de Marisstella zu Wettingen-Mehrerau, 1227–1904, Limburg an der Lahn 1904.*

*Angenendt, Arnold: Die liturgische* Memoria*: Hilfe für das Fortleben im Jenseits. In: Wider das Vergessen und für das Seelenheil.* Memoria *und Totengedenken im Mittelalter, hrsg. von Rainer Berndt (Erudiri Sapientia 9). Münster 2013, S. 201–224.*

*Arnold, John H.: Catholic Reformations: A Medieval Perspective. In: The Ashgate Research Companion to the Counter-Reformation, hrsg. von Alexandra Bamji u. a., Farnham 2013, S. 419–434.*

*Auberger, Jean-Baptiste: L'unanimité cistercienne primitive: mythe ou réalité, Achel 1986.*

*Die Augustiner-Chorherren und die Chorfrauen-Gemeinschaften in der Schweiz, redigiert von Elsanne Gilomen-Schenkel (Helvetia Sacra. Abteilung IV: Die Orden mit Augustinerregel. 2 Bde.). Basel 2004.*

*Bader, Karl Siegfried: Das Benediktinerinnenkloster Friedenweiler und die Erschließung des südöstlichen Schwarzwaldes. In: ZGO 91 (1939), S. 25–102.*

*Bauer, Paul: Testament und Bürgerschaft. Alltagsleben und Sachkultur im spätmittelalterlichen Konstanz (Konstanzer Geschichts- und Rechtsquellen 31). Sigmaringen 1989.*

*Baumann, Franz Ludwig: Bericht über schwäbische Todtenbücher. In: NA 7 (1882), S. 19–41.*

*Baumann, Franz Ludwig: Über die Todtenbücher der Bisthümer Augsburg, Constanz und Cur. In: NA 13 (1888), S. 409–429.*

*Baumann, Franz Ludwig: Das Totenbuch von Salem. In: ZGO 53 (1899), S. 351–380.*

*Die Beginen und Begarden in der Schweiz, redigiert von Cécile Sommer-Ramer (Helvetia Sacra. Abteilung IX. Band 2). Basel/Frankfurt am Main 1995.*

*Die Benediktinerklöster in Baden-Württemberg, bearb. von Franz Quartal (Germania Benedictina 5). Ottobeuren/Augsburg 1975.*

*Bentele-Baumann, Doris: Altenklingen – Repräsentanz von Adligen, Rittern und Kaufleuten. In: Vom Bodensee nach Bischofszell. Alltag und Wirtschaft im 15. Jahrhundert, hrsg. von Silvia Volkart, Zürich 2015, S. 55–60.*

*Beyerle, Konrad: Die Konstanzer Ratslisten des Mittelalters, Heidelberg 1898.*

*Beyerle, Konrad: Die Konstanzer Grundeigentumsurkunden der Jahre 1152–1371, Heidelberg 1902.*

*Beyerle, Konrad: Die Geschichte des Chorstifts und der Pfarrei St. Johann zu Konstanz, Freiburg im Breisgau 1908.*

*Bickel, August: Die Herren von Hallwil im Mittelalter: Beitrag zur schwäbisch-schweizerischen Adelsgeschichte (Beiträge zur Aargauergeschichte). Aarau 1978.*

*Bihrer, Andreas: Der Konstanzer Bischofshof im 14. Jahrhundert. Herrschaftliche, soziale und kommunikative Aspekte (Residenzforschung 18). Ostfildern 2005.*

*Bihrer, Andreas: Zwischen Wien und Königsfelden. Die Kirchenpolitik der Habsburger in den vorderen Landen im 14. Jahrhundert. In: Habsburger Herrschaft vor Ort — weltweit (1300–1600), hrsg. von Jeannette Rauschert u. a., Ostfildern 2013, S. 109–135.*

*Das Bistum Konstanz. Das Erzbistum Mainz. Das Bistum St. Gallen, redigiert von Brigitte Degler-Spengler (Helvetia Sacra. Abteilung I: Erzbistümer und Bistümer II. Zwei Teile). Basel/Frankfurt am Main 1993.*

*Bittmann*, *Markus: Die Familie von Klingenberg und Singen. In: Singen – Ziehmutter des Hegaus. Singener Stadtgeschichte, hrsg. von Herbert Berner (Hegau-Bibliothek 55). Bd. 2, Konstanz 1990, S. 104–126.*

*Bittmann, Markus: »Uralten Geschlechts und Herkommen«: Die Freiherren und Grafen von Tengen 1080–1591. In: Tengen. Geschichte der Stadt und ihrer Ortschaften, hrsg. von Franz Götz (Hegau-Bibliothek 79). Singen 1991, S. 61–92.*

*Vom Bodensee nach Bischofszell. Alltag und Wirtschaft im 15. Jahrhundert, hrsg. von Silvia Volkart (Der Thurgau im späten Mittelalter 2). Zürich 2015.*

*Boner, Georg: Königsfelden und Königin Agnes von Ungarn. In: Ders., Gesammelte Beiträge zur aargauischen Geschichte (Argovia 91). Aarau 1979, S. 193–232.*

*Boner, Georg: Die Königsfelder Klosterordnungen der Königin Agnes. In: Ders., Gesammelte Beiträge zur aargauischen Geschichte (Argovia 91). Aarau 1979, S. 232–264.*

*Bruckner, Albert:* Scriptoria medii aevi helvetica. *Denkmäler schweizerischer Schreibkunst des Mittelalters. Bd. 10: Schreibschulen der Diözese Konstanz (Thurgau, Solothurn, Klein-Basel, Bern). Genf 1964.*

*Bücher des Lebens – Lebendige Bücher, hrsg. von Peter Erhart und Jakob Kuratli Hüeblin, St. Gallen 2010.*

*Büchi, Albert: Zur tridentinischen Reform der thurgauischen Klöster. In: Zeitschrift für schweizerische Kirchengeschichte 1 (1907), S. 1–19, 81–97, 194–214.*

*Bütler, Placid: Die Freiherren von Bussnang und von Griessenberg. In: Jahrbuch für schweizerische Geschichte 43 (1918), S. 1–89.*

*Burkhardt, Martin u. a.: Konstanz in der frühen Neuzeit: Reformation, Verlust der Reichsfreiheit. Österreichische Zeit, Konstanz 1991.*

*Canivez, Joseph-Marie: Statuta capitulorum generalium ordinis Cisterciensis (Revue d'histoire ecclésiastique. Bibliothèque 9–14). 8 Bde., Louvain 1933–1941.*

*Canivez, Joseph-Marie: Le rite cistercien. In: Ephemerides liturgicae 63 (1949), S. 276–311.*

*Čechura, Martin: Gestalt und Funktion mitteleuropäischer Friedhöfe im Licht materieller Quellen. In: Ecclesia als Kommunikationsraum in Mitteleuropa (13.–16. Jahrhundert), hrsg. von Eva Doležalová und Robert Šimunek, München 2011, S. 211–236.*

*Chartularium Sangallense, Bd. 5: 1300–1326, bearb. von Otto P. Clavadetscher, Sigmaringen 1988; Chartularium Sangallense, Bd. 9: 1373–1381, bearb. von Otto P. Clavadetscher und Stefan Sonderegger, Sigmaringen 2003; Chartularium Sangallense, Bd. 10: 1382–1389, bearb. von Otto P. Clavadetscher und Stefan Sonderegger, St. Gallen 2007.*

*Clavadetscher,* Otto P.: Das Totengedächtnis und sein Wandel im Raum St. Gallen. In: Person und Gemeinschaft im Mittelalter. Festschrift für Karl Schmid zum fünfundsechzigsten Geburtstag, hrsg. von Gerd Althoff u. a., Sigmaringen 1998, S. 393–404.

Clio küsst den Thurgau. Der Historische Verein und die Geschichtsforschung im Thurgau 1859–2009, hrsg. von Verena Rothenbühler und André Salathé (Thurgauer Beiträge zur Geschichte 145). Frauenfeld 2009.

*Collectio septemdecim cum antiquorum ut vocant librorum vitæ tum novorum necrologiorum variorum monasteriorum et ecclesiarum quæ collegit, & ex suis autographis describi curavit P. Gregorius Baumeister, monachus ad S. Petrum in nigra Sylva OSB, 2 Bde., 1760–1767.*

*Denne, Ulrike: Die Frauenklöster im spätmittelalterlichen Freiburg im Breisgau. Ihre Einbindung in den Orden und in die städtische Kommunität (Forschungen zur oberrheinischen Landesgeschichte 39). Freiburg/München 1997.*

*Derschka, Harald Rainer (Hg.): Die Ministerialen des Hochstifts Konstanz (Vorträge und Forschungen. Sonderband 45). Stuttgart 1999.*

*Derschka, Harald: Heller, Pfennige und Gulden – Münzen und Geldumlauf im spätmittelalterlichen Thurgau, in: Vom Bodensee nach Bischofszell. Alltag und Wirtschaft im 15. Jahrhundert, hrsg. von Silvia Volkart, Zürich 2015, S. 139–143.*

*DERSCHKA, Harald (Hrsg.): Die Reichenauer Lehenbücher der Äbte Friedrich von Zollern (1402–1427) und Friedrich von Wartenberg (1428–1453) (VKgL A 61). Stuttgart 2018.*

*DOLBERG, Ludwig: Die Cistercienser beim Mahle. Servitien und Pitantien. In: SMGB 17 (1896), S. 609–629.*

*DOLBERG, Ludwig: Sterben und Begräbnis eines Cisterciensers. In: SMGB 19 (1898), S. 256–264 und 433–440.*

*Die Dominikaner und Dominikanerinnen in der Schweiz, redigiert von Petra ZIMMER unter Mitarbeit von Brigitte DEGLER-SPENGLER (Helvetia Sacra. Abteilung V: Die Orden mit Augustinerregel. Bd. 5. Zweiter Teil). Basel 1999.*

*Ecclesia Officia. Gebräuchebuch der Zisterzienser aus dem 12. Jahrhundert. Lateinischer Text nach den Handschriften Dijon 114, Trient 1711, Ljubljana 31, Paris 4346 und Wolfenbüttel Codex Guelfernytanus 1068. Deutsche Übersetzung, liturgischer Anhang, Fußnoten und Index, nach der lateinisch-französischen Ausgabe von Danièle CHOISSELET (La Coudre) und Placide VERNET (Cîteaux), übers., bearb. und hrsg. von Hermann M. HERZOG (Marienstatt) und Johannes MÜLLER (Himmerod) (Quellen und Studien zur Zisterzienserliteratur 7). Himmerod 2003.*

*EHLERS-KISSELER, Ingrid: Die Entwicklung des Pitanz- und Pfründenwesens in den Stiften des Prämonstratenserordens. Eine Untersuchung der Fragestellung anhand der rheinischen und westfälischen Stifte. In: Studien zum Praemonstratenserorden, hrsg. von Irene CRUSIUS und Helmut FLACHENECKER (Veröffentlichungen des Max-Planck-Instituts für Geschichte 185. Studien zur Germania Sacra 25). Göttingen 2003, S. 399–461.*

*FIDLER, Helmut: Zur Geschichte der Adelsfamilie von Ulm. In: Hegau 70 (2013), S. 113–138.*

*FOLINI, Christian: Katharinental und Töss. Zwei mystische Zentren in sozialgeschichtlicher Perspektive, Zürich 2007.*

*Der Franziskanerorden. Die Franziskaner, die Klarissen und die regulierten Franziskaner-Terziarinnen in der Schweiz, redigiert von Brigitte DEGLER-SPENGLER (Helvetia Sacra V, 1). Bern 1978.*

*Der Franziskusorden. Die Kapuziner und Kapuzinerinnen in der Schweiz. Zweiter Teil: Die Karmeliter in der Schweiz, redigiert von Albert BRUCKNER (Helvetia Sacra V, 2, 2, 6). Bern 1974.*

*FRAUENFELDER, Reinhard: Die Kunstdenkmäler des Kantons Schaffhausen, Bd. 3: Der Kanton Schaffhausen (ohne Stadt Schaffhausen und Bezirk Stein). Basel 1960.*

*Frühe Klöster, die Benediktiner und Benediktinerinnen in der Schweiz, redigiert von Elsanne GILOMEN-SCHENKEL (Helvetia Sacra. Abt. III: Die Orden mit Benediktinerregel. Bd. 1. Drei Teile). Bern 1986.*

*GATZ, Erwin: Die Bischöfe des Heiligen Römischen Reiches, Bd. 1: 1198–1448, Berlin 2001.*

*GEISENHOF, Georg: Kurze Geschichte des vormaligen Reichsstifts Ochsenhausen in Schwaben, Ottobeuren 1829.*

*GÖTZ, Franz: Stift und Dorf vom Ende des Mittelalters bis zum Jahr 1805. In: Dorf und Stift Öhningen, hrsg. von Herbert BERNER, Singen 1966, S. 113–156.*

*GROTEFEND, Hermann: Taschenbuch der Zeitrechnung des deutschen Mittelalters und der Neuzeit, Hannover [12]1982.*

*GUT, Johannes: Memorialorte der Habsburger im Südwesten des Alten Reiches. Politische Hintergründe und Aspekte. In: Vorderösterreich – »nur die Schwanzfeder des Kaiseradlers?« Die Habsburger im deutschen Südwesten, hrsg. vom Württembergischen Landesmuseum Stuttgart, Stuttgart 1999, S. 95–113.*

*HARVEY, B. F.: Monastic Pittances in the Middle Ages. In: Food in Medieval England. Diet and Nutrition, hrsg. von Chris M. WOOLGAR u. a., Oxford 2006, S. 215–227.*

*HEIERMANN, Christoph: Die Gesellschaft »zur Katz« in Konstanz. Ein Beitrag zur Geschichte der Geschlechtergesellschaften in Spätmittelalter und früher Neuzeit (Konstanzer Geschichts- und Rechtsquellen 37). Stuttgart 1999.*

*Heimann, Heinz-Dieter: Mord –* Memoria *– Repräsentation: Dynastische Gedächtniskultur und franziskanische Religiosität am Beispiel der habsburgischen Grablege Königsfelden im späten Mittelalter. In: Imperios sacros, monarquías divinas (Humanitats 10), hrsg. von Carles Rabassa i Vaquer und Ruth Stepper, Univ. Jaume I 2002, S. 269–290.*

*Henggeler, Rudolf: Das Nekrologium des Benediktinerklosters St. Agnes in Schaffhausen. In: Schaffhauser Beiträge zur vaterländischen Geschichte 21 (1944), S. 5–53.*

*Henggeler, Rudolf: Das Necrologium des Zisterzienserinnenklosters Mariazell zu Kalchrain. In: Thurgauische Beiträge zur vaterländischen Geschichte 82 (1945), S. 43–71.*

*Hohlstein, Michael: Monastischer Reformwiderstand unter städtischem Schutz. In: Reform als Konflikt. Saeculum. Jahrbuch für Universalgeschichte 66 (2016), S. 129–146.*

*Hopp, Anton: Gottes Männer im Thurgau. Dekanatsorganisation, Priesterschaft und kirchliches Leben vom Mittelalter bis zur Gegenwart (Thurgauer Beiträge zur Geschichte 138). Frauenfeld 2003.*

*Hornstein-Binningen, Karl von: Zur Geschichte der Burgen zu Stoffeln und ihrer letzten Bewohner. In: SVG Bodensee 49 (1921), S. 83–98.*

*Hotz, Brigitte: Päpstliche Stellenvergabe am Konstanzer Domkapitel. Die avignonesische Periode (1316–1378) und die Domherrengemeinschaft beim Übergang zum Schisma (1378) (VuF. Sonderband 49). Ostfildern 2005.*

*Hugener, Rainer: Umstrittenes Gedächtnis. Habsburgisches und eidgenössisches Totengedenken nach der Schlacht von Sempach. In: Die Habsburger zwischen Aare und Bodensee, hrsg. von Peter Niederhäuser (Mitteilungen der antiquarischen Gesellschaft in Zürich 174). Zürich 2010, S. 223–238.*

*Hugener, Rainer: Vom Necrolog zum Jahrzeitbuch. Totengedenken und Buchführung am Übergang zum Spätmittelalter. In: Bücher des Lebens – lebendige Bücher, hrsg. von Peter Erhart und Jakob Kuratli Hüeblin, St. Gallen 2010, S. 261–267.*

*Hugener, Rainer: Lebendige Bücher. Materielle und mediale Aspekte der Heilsvermittlung in der mittelalterlichen Gedenküberlieferung. In: Heilige Bücher, hrsg. von Carmen Cardelle de Hartmann und Susanne Uhl (Das Mittelalter. Perspektiven mediävistischer Forschung 18/1). Berlin 2013, S. 122–140.*

*Hugener, Rainer: Buchführung für die Ewigkeit. Totengedenken, Verschriftlichung und Traditionsbildung im Spätmittelalter, Zürich 2014.*

*Huggle, Ursula / Ohler, Norbert: Maße, Gewichte und Münzen. Historische Angaben zum Breisgau und zu angrenzenden Gebieten, Bühl/Baden 1998.*

*Hungerbühler, Hermann: Jahrzeitessen. Vom heidnischen Totenmahl zum Ahnengedenken im Christentum. In: Bücher des Lebens – lebendige Bücher, hrsg. von Peter Erhart und Jakob Kuratli Hüeblin, St. Gallen 2010, S. 285–292.*

*Die Jahrzeitbücher des Konstanzer Domkapitels, hrsg. von Uwe Braumann (MGH Libri memoriales et necrologia 7). 2 Teile, Hannover 2009.*

*Das Jahrzeitbuch des Klosters Tänikon (circa 1315 bis 1680), ediert und kommentiert von Gabriela Signori unter Mitarbeit von Victor Büchele (SMGB. 52. Ergänzungsband). St. Ottilien 2018.*

*Jenny, Beat R.: Herzog Leopolds III. von Österreich Königsfelder* Memoria *– Zur Geschichte der Bildtafeln und der zugehörigen Inschrift. In: Aegidius Tschudi und seine Zeit, hrsg. von Katharina Koller-Weiss und Christian Sieber, Basel 2002, S. 287–313.*

*Immendingen. Geschichte einer Gemeinde an der Donauversinkung, bearb. von Fritz Vögele und Franz Dreyer, Sigmaringen 1989.*

*Kallen, Gerhard: Die oberschwäbischen Pfründen des Bistums Konstanz und ihre Besetzungen (1275–1508). Ein Beitrag zur Pfründengeschichte vor der Reformation (Kirchenrechtliche Abhandlungen 45/46). Stuttgart 1907.*

*Kindler von Knobloch, Julius: Oberbadisches Geschlechterbuch, 3 Bde., Heidelberg 1898–1919.*

*Kirchgemeinden und Pfarrbücher im Thurgau. Bruno Meyer zum achtzigsten Geburtstag. 20. Februar 1991 (Quellen zur Thurgauer Geschichte 4). Frauenfeld 1991.*

*Die kleinen Provenienzen, beschrieben von Armin* SCHLECHTER *und Gerhard* STAMM *(Handschriften der Badischen Landesbibliothek in Karlsruhe 13). Wiesbaden 2000.*

KLEINJUNG, *Christine: Frauenklöster als Kommunikationszentren und soziale Räume. Das Beispiel Worms vom 13. bis zum Beginn des 15. Jahrhunderts (Studien und Texte zur Geistes- und Sozialgeschichte des Mittelalters 1). Korb 2008.*

KLEINJUNG, *Christine: Nonnen und Personal, Familien und Stifter: Zisterzienserinnenkonvente und ihre soziale Umwelt. In: Norm und Realität. Kontinuität und Wandel der Zisterzienser im Mittelalter, hrsg. von Franz J.* FELTEN *und Werner* RÖSENER *(Vita Regularis 42). Münster 2009, S. 225–263.*

KNOEPFLI, *Albert: Die Kunstdenkmäler des Kantons Thurgau, Bd. 1: Der Bezirk Frauenfeld (Die Kunstdenkmäler der Schweiz). Basel 1950.*

KNOEPFLI, *Albert: Die Kunstdenkmäler des Kantons Thurgau, Bd. 2: Der Bezirk Münchwilen (Die Kunstdenkmäler der Schweiz). Basel 1955.*

*Königsfelden. Königsmord, Kloster, Klinik, hrsg. von Claudia* MODDELMOG *und Simon* TEUSCHER*, Baden 2012.*

KRENIG, *Ernst G.: Mittelalterliche Frauenklöster nach den Konstitutionen von Cîteaux. In: Analecta sacri Ordinis Cisterciensis 10 (1954), S. 1–105.*

KRIEGER, *Karl-Friedrich: Die Habsburger im Mittelalter. Von Rudolf I. bis Friedrich III. (Urban-Taschenbücher 452). 2. aktualisierte Aufl., Stuttgart 2004.*

KUHN-REHFUS, *Maren: Die soziale Zusammensetzung der Konvente in den oberschwäbischen Frauenzisterzen. In: ZWLG 41 (1982), S. 7–31.*

KUHN-REHFUS, *Maren: Die Entstehung der oberschwäbischen Zisterzienserinnenabteien und die Rolle Abt Eberhards von Salem. In: ZWLG 49 (1990), S. 122–141.*

KUHN-REHFUS, *Maren: Das Zisterzienserinnenkloster Wald (Germania Sacra. N. F. 30. Das Bistum Konstanz 3). Berlin/New York 1992.*

KUHN-REHFUS, *Maren: Konversen und Pfründner in südwestdeutschen Zisterzienserklöstern. In: Das Zisterzienserkloster Bebenhausen. Beiträge zur Archäologie, Geschichte und Architektur, hrsg. von Wilfried* SETZLER *und Franz* QUARTHAL *(Beiträge zur Tübinger Geschichte 6). Tübingen 1995, S. 105–130.*

KURMANN-SCHWARZ, *Brigitte:* Quam diu istud cadaver equitare permittemus? *Die Ermordung König Albrechts I. im Jahre 1308 und das Kloster Königsfelden. In: 1308 – Eine Topographie historischer Gleichzeitigkeit, hrsg. von Andreas* SPEER *und David* WIRMER *(Miscellanea Mediaevalia 35). Berlin 2010, S. 541–556.*

KYLL, *Nikolaus: Tod, Begräbnisplatz, Totenfeier. Zur Geschichte ihres Brauchtums im Trierer Lande und in Luxemburg unter besonderer Berücksichtigung des Visitationshandbuches des Regino von Prüm (gest. 915) (Rheinisches Archiv 81). Bonn 1972.*

LEMAÎTRE, *Jean-Loup:* Liber capituli. *Le livre du chapitre, des origines au XVI*[e] *siècle. L'exemple français. In:* Memoria. *Der geschichtliche Zeugniswert des liturgischen Gedenkens, hrsg. von Karl* SCHMID *und Joachim* WOLLASCH *(Münstersche Mittelalter-Schriften 48). München 1984, S. 625–648.*

LENTZE, *Hans (Hermann): Pitanz und Pfründe im mittelalterlichen Wilten. In: Beiträge zur Innsbrucker Kirchengeschichte zum 70. Geburtstag Propst Dr. Jos. Weingartners, Innsbruck 1954.*

LUGINBÜHL, *Marianne und* BOTHIEN, *Heinz: »Auch Bücher haben ihr Schicksal«. Die Geschichte der thurgauischen Klosterbibliotheken seit dem 19. Jahrhundert. Frauenfeld 1999.*

MAURER, *Emil: Das Kloster Königsfelden (Die Kunstdenkmäler des Kantons Aargau 3). Basel 1954.*

MAURER, *Helmut: Das Stift St. Stephan in Konstanz (Germania Sacra. Das Bistum Konstanz 1). Berlin/New York 1981.*

*Maurer, Helmut: Konstanz im Mittelalter, 2 Bde., 2. überarbeitete Aufl., Konstanz 1996.*

Memoria. *Der geschichtliche Zeugniswert des liturgischen Gedenkens, hrsg. von Karl Schmid und Joachim Wollasch (Münstersche Mittelalter-Schriften 48). München 1984.*

Memoria *als Kultur, hrsg. von Otto Gerhard Oexle (Veröffentlichungen des Max-Planck-Instituts für Geschichte 121). Göttingen 1995.*

*Messmer, Kurt und Hoppe, Peter: Luzerner Patriziat. Sozial- und wirtschaftsgeschichtliche Studien zur Entstehung und Entwicklung im 16. und 17. Jahrhundert (Luzerner Historische Veröffentlichungen 5). Luzern 1976.*

*Meyer, Bruno: Das Totenbuch von Wagenhusen. In: SVG Bodensee 86 (1968), S. 87–187.*

*Meyer, Bruno: Die thurgauischen Pfarreien. In: Kirchgemeinden und Pfarrbücher im Thurgau. Bruno Meyer zum achtzigsten Geburtstag (Quellen zur Thurgauer Geschichte). Frauenfeld 1991, S. 90–152.*

*Meyer von Knonau, Gerold: Die Beziehungen des Gotteshauses St. Gallen zu den Königen Rudolf und Albrecht. In: Jahrbuch für Schweizerische Geschichte 7 (1882), S. 1–55.*

*Meyer-Marthaler, Elisabeth: Feldbach. In: Die Zisterzienser und Zisterzienserinnen, die reformierten Bernhardinerinnen, die Trappisten und Trappistinnen und die Wilhelmiten in der Schweiz, redigiert von Cécile Sommer-Ramer und Patrick Braun (Helvetia Sacra. Abt. III: Die Orden mit Benediktinerregel 3, 2). Bern 1982, S. 634–64.*

*Die mittelalterlichen Handschriften des Zisterzienserklosters Salem, beschrieben von Wilfried Walter (Universitätsbibliothek Heidelberg). Wiesbaden 2000.*

*Moddelmog, Claudia: Stiftung als gute Herrschaft. Die Habsburger in Königsfelden. In: Die Habsburger zwischen Aare und Bodensee, hrsg. von Peter Niederhäuser (Mitteilungen der Antiquarischen Gesellschaft in Zürich 77). Zürich 2010, S. 209–222.*

*Moddelmog, Claudia: Königliche Stiftungen des Mittelalters im historischen Wandel. Quedlinburg und Speyer, Königsfelden, Wiener Neustadt und Andernach (StiftungsGeschichten 8). Berlin 2012.*

*Moddelmog, Claudia: Die Klarissen von Königsfelden und ihre Verwandten. Beziehungen und Besitz. In: Königsfelden. Königsmord, Kloster, Klinik, hrsg. von Ders. und Simon Teuscher, Baden 2012, S. 128–169.*

*Mone, F. J.: Auszüge aus dem Nekrolog von Feldbach. In: FDA 7 (1893), S. 292–297.*

*Les monuments primitifs de la règle cistercienne, publ. d'après les manuscrits de l'abbaye de Cîteaux par Ph. Guignard, Dijon 1878.*

*Müller, Anneliese: Studien zur Besitz- und Sozialgeschichte des Dominikanerinnenklosters St. Katharinental bei Dießenhofen, Stuttgart 1971.*

*Müller, Anneliese: Hemmenhofen. In: Beiträge zur Geschichte der Gemeinde Gaienhofen und ihrer Ortsteile, hrsg. von Franz Götz (Hegaubibliothek 36). Singen 1982, S. 119–126.*

*Müller, Gregor: Das tägliche Totenoffizium. In: Cistercienser-Chronik 31/361 (1919), S. 33–40.*

*Müller, Gregor: Die vier großen Ordens-Anniversarien. In: Cistercienser-Chronik 35 (1923), S. 185–188.*

*Näf, Adolf: Burg Eppenberg und die Herrschaft Bichwil, St. Gallen 1912.*

*Nater, Johann: Das ehemalige Cistercienserinnen-Kloster Tänikon oder Lilienthal, Zürich 1903.*

*Neiske, Franz: Rechtssicherung und Praxis spätmittelalterlicher Gedenkstiftungen. Ein Beispiel des 14. Jahrhunderts. In: Sprache und Recht. Beiträge zur Kulturgeschichte des Mittelalters. Festschrift für Ruth Schmidt-Wiegand zum 60. Geburtstag, hrsg. von Karl Hauck und Karl A. Kroeschell, Berlin 1986, Bd. 2, S. 515–531.*

*Neiske, Franz: Textkritische Untersuchungen an cluniacensischen Necrologien. Verdoppelung von Nameneinträgen. In: Person und Gemeinschaft im Mittelalter. Festschrift für Karl Schmid zum fünfundsechzigsten Geburtstag, hrsg. von Gerd Althoff u. a., Sigmaringen 1988, S. 257–288.*

*NEISKE, Franz: Cisterziensische Generalkapitel und individuelle Memoria. In: De ordine vitae. Zur Normvorstellung, Organisationsformen und Schriftgebrauch im mittelalterlichen Ordenswesen, hrsg. von Gert MELVILLE (Vita Regularis 1). Münster 1996, S. 261–283.*

*NEISKE, Franz: Die Ordnung der Memoria. Formen necrologischer Tradition im mittelalterlichen Klosterverband. In: Institution und Charisma. Festschrift für Gert Melville zum 65. Geburtstag, hrsg. von Franz J. FELTEN u. a., Köln u. a. 2009, S. 127–137.*

*Das Nekrolog des Klosters Ochsenhausen von 1494, ed. Johann Wilhelm BRAUN, eingeleitet, mit Registern versehen und redigiert von Boris BIGOTT (VKgL. A 53), Stuttgart 2010.*

*Nekrologia Germaniae. Bd. 1: Dioeceses Augustensis, Constantiensis, Curiensis, hrsg. von Franz Ludwig BAUMANN (MGH). Berlin 1888.*

*OBERSTE, Jörg: Die Zisterzienser (Urban Taschenbücher 744). Stuttgart 2014.*

*OCHSENBEIN, Peter: Privatfrömmigkeit einer Zisterzienserin um 1400. Ein bislang unbekanntes deutschsprachiges Gebetbuch im Kloster Mehrerau (HS. V.3.a.). In: Jahrbuch. Voralberger Landesmuseumsverein 1995, S. 107–123.*

*OTHENIN-GIRARD, Mireille: Ländliche Lebensweise und Lebensformen im Spätmittelalter: Eine wirtschafts- und sozialgeschichtliche Untersuchung der nordwestschweizerischen Herrschaft Farnsburg (Quellen und Forschungen zur Geschichte und Landeskunde des Kantons Basel-Landschaft 48). Liestal 1994.*

*PALMER, Nigel F.: Die Zisterzienser und ihre Bücher. Die mittelalterliche Bibliotheksgeschichte von Kloster Eberbach im Rheingau unter besonderer Berücksichtigung der in Oxford und London aufbewahrten Handschriften, Regensburg 1998.*

*PALMER, Nigel F.: Daughters of Salem. The Literary and Visual Culture of Cistercian Nuns in South-west Germany. In: Frauen – Kloster – Kunst. Neue Forschungen zur Kulturgeschichte des Mittelalters, hrsg. von Jeffrey F. HAMBURGER und Carola JÄGGI, Turnhout 2007, S. 85–97.*

*POSTLES, David: Pittances and Pittancers. In: Thirteenth Century England IX. Proceedings of the Durham Conference, 2001, hrsg. von Michael PRESTWICH u. a., Martlesham/Rochester 2003, S. 176–186.*

*Professbuch der fürstlichen Benediktinerabtei der heiligen Gallus und Otmar zu St. Gallen, Zug 1929.*

*PUPIKOFER, Johann Adam: Geschichte der Freiherren von Klingen zu Altenklingen, Klingnau und Hohenklingen, Frauenfeld 1869.*

*PUPIKOFER, Johann Adam: Geschichte der Alten Grafschaft Thurgau, ganz neue Bearbeitung, 2 Bde., Frauenfeld 1886–1889.*

*RAIMANN, Alfons: Die Kunstdenkmäler des Kantons Thurgau, Bd. 5: Der Bezirk Diessenhofen (Die Kunstdenkmäler der Schweiz). Bern 1992.*

*RAIMANN, Alfons und ERNI, Peter: Die Kunstdenkmäler des Kantons Thurgau, Bd. 6: Der Bezirk Steckborn (Die Kunstdenkmäler der Schweiz). Bern 2001.*

*REDING, Kraft von: Die Regesten der Frauenklöster Feldbach und Tänikon Cyst. Ordens und der Johanniter Comthurei Tobel im Canton Thurgau, Chur 1852, S. 5–21.*

*Regesta episcoporum Constantiensium, Bd. 3: 1384–1436, bearbeitet von Karl RIEDER, Innsbruck 1913.*

*Regesta Habsburgica. Regesten der Grafen von Habsburg und der Herzöge von Österreich aus dem Hause Habsburg. 3. Abt.: Die Regesten der Herzöge von Österreich sowie Friedrichs des Schönen als deutschen Königs von 1314–1330, bearbeitet von Lothar GROSS, Innsbruck 1924.*

*Regesten des Frauenklosters Fraubrunnen im Kanton Bern, bearb. von J. J. AMIET (Die Regesten der Archive in der schweizerischen Eidgenossenschaft 2). Chur 1851.*

*RICKENMANN, J.: Thurgauische Familienwappen. In: Thurgauer Jahrbuch 8 (1932), S. 11–17.*

*RIEDER, Karl: Das Registrum subsidii caritativi der Diözese Konstanz aus dem Jahr 1508. In: FDA 35 (1907), S. 1–108.*

*RITTMEYER, Dora F.: Von den Kirchenschätzen der im Jahre 1848 aufgehobenen Klöster. Ein Beitrag zur Kunstgeschichte des Kantons Thurgau. In: Thurgauische Beiträge zur vaterländischen Geschichte 76 (1939), S. 1–70.*

*ROCHAIS, Henri: L'exemplar du martyrologe cistercien: Dijon 114 (82). Paris 1972.*

*ROCHAIS, Henri: Analyse critique de martyrologes manuscrits latins (Documentation cistercienne 7). Paris 1972.*

*ROLKER, Christof: Das Spiel der Namen. Familie, Verwandtschaft und Geschlecht im spätmittelalterlichen Konstanz (Konstanzer Geschichts- und Rechtsquellen 45). Ostfildern 2014.*

*ROTH VON SCHRECKENSTEIN, K. H.: Die Insel Mainau. Geschichte einer Deutschordens-Commende vom XIII. bis zum XIX. Jahrhundert, Karlsruhe 1873.*

*RÜEGER, J. J.: Chronik der Stadt und Landschaft Schaffhausen, 3 Bde., Schaffhausen 1884–1910.*

*SABLONIER, Roger: Adel im Wandel. Eine Untersuchung zur sozialen Situation des ostschweizerischen Adels um 1300 (Veröffentlichungen des Max-Planck-Instituts für Geschichte 66). Göttingen 1979.*

*SALATHÉ, André: Das Staatsarchiv des Kantons Thurgau, in: Clio küsst den Thurgau. Der Historische Verein und die Geschichtsforschung im Thurgau 1859–2009, hrsg. von Verena ROTHENBÜHLER und DEMS., Frauenfeld 2009, S. 97–127.*

*SCHMIDT, Albert: Zusätze als Problem des monastischen Stundengebets im Mittelalter (Beiträge zur Geschichte des alten Mönchtums und des Benediktinertums 36). Münster 1986.*

*SCHNEIDER, Karin: Paläographie und Handschriftenkunde für Germanisten. Eine Einführung (Sammlung kurzer Grammatiken germanischer Dialekte. B. Ergänzungsreihe 8). 2. überarbeitete Auflage, Tübingen 2009.*

*SCHOCH, Franz: Die Aufhebung der thurgauischen Klöster in der ersten Hälfte des 19. Jahrhunderts. In: Thurgauische Beiträge zur vaterländischen Geschichte 70 (1933), S. 1–31.*

*SCHREINER, Klaus: Benediktinische Klosterreform als zeitgebundene Auslegung der Regel. Geistige, religiöse und soziale Erneuerung in spätmittelalterlichen Klöstern Südwestdeutschlands im Zeichen der Kastler, Melker und Bursfelder Reform. In: Blätter für Württembergische Kirchengeschichte 86 (1986), S. 105–195.*

*SCHREINER, Klaus: Erneuerung durch Erinnerung. Reformstreben, Geschichtsbewußtsein und Geschichtsschreibung im benediktinischen Mönchtum Südwestdeutschlands an der Wende vom 15. zum 16. Jahrhundert. In: Historiographie am Oberrhein im späten Mittelalter und in der Frühen Neuzeit, hrsg. von Kurt ANDERMANN (Oberrheinische Studien 7). Sigmaringen 1988, S. 35–87.*

*SCHREINER, Klaus:* Consanguinitas. *Verwandtschaft als Strukturprinzip religiöser Gemeinschafts- und Verfassungsbildung in Kirche und Mönchtum des Mittelalters. In: Beiträge zu Geschichte und Struktur der mittelalterlichen Germania sacra, hrsg. von Irene CRUSIUS (Veröffentlichungen des Max-Planck-Instituts für Geschichte 93). Göttingen 1989, S. 176–305.*

*SCHULTE, Aloys: Geschichte der Ravensburger Handelsgesellschaft (Deutsche Handelsakten des Mittelalters und der Neuzeit 1–3). 3 Bde., Stuttgart 1923.*

*SCHWAGER, Alois: Die Klosterpolitik des Kantons Thurgau 1798–1848. In: Thurgauische Beiträge 118 (1981), S. 1–153 und ebd. 119 (1982), S. 65–248.*

*SCHWARZMAIER, Hans Martin: Die Familie Vogt in Radolfzell und ihre geistlichen Stiftungen. In: Hegau 21/22 (1966), S. 69–91.*

*Das Seelbuch des Klosters Wald, hrsg. von Albert WALDENSPUL. In: Mitteilungen des Vereins für Geschichte und Altertumskunde in Hohenzollern 52 (1919), S. 29–73.*

*SENNHAUSER, Hans Rudolf: Feldbach. In: Zisterzienserbauten in der Schweiz. Neue Forschungsergebnisse zur Archäologie und Kunstgeschichte, Bd. 1: Frauenklöster, hrsg. von DEMS., Zürich 1990, S. 83–110.*

*SENNHAUSER, Hans Rudolf, Findansklause und Klosterkirchen von Rheinau im Mittelalter. In: Die Klosterkirche Rheinau – Frühe Geschichte, Bau und Ausstattung bis in die barocke Zeit, Zürich/Egg 2007, S. 11–108.*

SIGNORI, Gabriela: Von der Paradiesehe zur Gütergemeinschaft. Ehe in der mittelalterlichen Lebens- und Vorstellungswelt, Frankfurt am Main/New York 2011.

SIGNORI, Gabriela: Gemeinsame Ordenszugehörigkeit – getrennte Geschichten: die Nekrologien der Frauenzisterzen Feldbach und Tänikon. In: Schweizerische Zeitschrift für Religions- und Kulturgeschichte 110 (2016), S. 321–347.

SIGNORI, Gabriela: The Günterstal Obituary. A Contribution to the History of the Necrologia Germaniae, in: Mediaeval Studies (im Druck).

SONDEREGGER, Stefan: Zum eigenen und zum Nutzen anderer. Gedenkstiftungen in hoch- und spätmittelalterlichen St. Galler Urkunden. In: Bücher des Lebens – Lebendige Bücher, hrsg. von Peter ERHART und Jakob KURATLI HÜEBLIN, St. Gallen 2010, S. 226–233.

STADLER, Christof: Die Stadt Radolfzell – ein Zentrum des Hegauer Adels? In: Hegau 70 (2013), S. 193–208.

Stamm-Tafeln des Adels des Großherzogthums Baden, bearb. von E. VON DER BECKE-KLÜCHTZNER, Baden-Baden 1886.

STERCKEN, Martina: saeldenrîche frowen und gschwind listig wib – Weibliche Präsenz Habsburgs im Südwesten des Reiches. In: Mächtige Frauen? Königinnen und Fürstinnen im europäischen Mittelalter (11.–14. Jahrhundert), hrsg. von Claudia ZEY (Vorträge und Forschungen 81). Ostfildern 2015, S. 337–364.

STERCKEN, Martina: Landsässige als Akteure. Zum Umgang mit prekären Herrschaftsverhältnissen in den habsburgischen Landen zwischen Bodensee und Alpen Anfang des 15. Jahrhunderts. In: Eroberung und Inbesitznahme. Die Eroberung des Aargaus 1415 im europäischen Vergleich, hrsg. von Christian HESSE u. a., Ostfildern 2017, S. 127–141.

SULZBERGER, Huldreich Gustav: Geschichte der Gegenreformation der Landgrafschaft Thurgau. I. Theil: Seit Abschluß des zweiten Landfriedens bis zum Ende des sechzehnten Jahrhunderts. In: Thurgauische Beiträge 14 (1874), S. 1–110; II. Theil: Vom 17. Bis 19. Jahrhundert. In: ebd. 15 (1975), S. 35–218.

TAFEL, Theodor von: Älteste Geschichte des freiherrlichen Geschlechts von Bodman. In: SVG Bodensee 20 (1891), S. 44–51.

THEIL, Bernhard: Das (freiweltliche) Damenstift Buchau am Federsee (Germania Sacra. Neue Folge 32). Berlin 1994.

Thurgauisches Urkundenbuch. Bd. 3: 1251–1300, redigiert von Friedrich SCHALTEGGER, Frauenfeld 1925; Bd. 4: 1300–1340, redigiert von Friedrich SCHALTEGGER und Ernst LEISI, Frauenfeld 1931; Bd. 5: 1341–1359. Nachtrag 1206–1359, bearbeitet von Ernst LEISI, Frauenfeld 1937; Bd. 6: 1359–1375, bearbeitet von Ernst LEISI, Frauenfeld 1938; Bd. 7: 1375–1390. Nachtrag 1213–1390, bearbeitet von Ernst LEISI, Frauenfeld 1961; Bd. 8: 1391–1400, bearbeitet von Ernst LEISI, Frauenfeld 1967.

TOEPFER, Michael: Die Konversen der Zisterzienserinnen von Himmelspforten bei Würzburg. In: Beiträge zur Geschichte der Konversen im Mittelalter, hrsg. von Kaspar ELM (Berliner historische Studien 2. Ordensstudien 1). Berlin 1980, S. 25–48.

Urkundenbuch der Cistercienserabtei Salem, Bd. 3: 1300–1498, hrsg. von Friedrich VON WEECH, Karlsruhe 1895.

Die Wappenrolle von Zůrich. Ein heraldisches Denkmal des vierzehnten Jahrhunderts, hrsg. von Walther MERZ und Friedrich HEGI, Zürich/Leipzig 1930.

WALTER, Leodegar: Das Totenbuch des Cistercienserinnenklosters Baindt. In: Württembergische Vierteljahrshefte für Landesgeschichte 26 (1917), S. 230–252.

WALTER, Leodegar: Totenbuch des Cistercienser-Frauenklosters Heggbach. In: Cistercienser Chronik 72 (1965), S. 108–142.

WEHRLI-JOHNS, Martina: Von der Stiftung zum Alltag. Klösterliches Leben bis zur Reformation. In: Königsfelden. Königsmord, Kloster, Klinik, hrsg. von Simon TEUSCHER und Claudia MODDELMOG, Baden 2012, S. 48–89.

*Westermann, Ascan: Zur Memminger Geschlechtergeschichte: Die Sättelin. In: Memminger Geschichtsblätter 6 (1920), S. 25–35.*

*Die Zisterzienser und Zisterzienserinnen, die reformierten Bernhardinerinnen, die Trappisten und Trappistinnen und die Wilhelmiten in der Schweiz, redigiert von Cécile Sommer-Ramer und Patrick Braun (Helvetia Sacra. Abt. III: Die Orden mit Benediktinerregel. Bd. 3. Erster Teil). Bern 1982.*

*Die Zisterzienser und Zisterzienserinnen, die reformierten Bernhardinerinnen, die Trappisten und Trappistinnen und die Wilhelmiten in der Schweiz, redigiert von Cécile Sommer-Ramer und Patrick Braun (Helvetia Sacra. Abt. III: Die Orden mit Benediktinerregel. Bd. 3. Zweiter Teil). Bern 1982.*

*Zisterzienserbauten in der Schweiz. Neue Forschungsergebnisse zur Archäologie und Kunstgeschichte, Bd. 1: Frauenklöster, hrsg. von Hans Rudolf Sennhäuser (Veröffentlichung des Instituts für Denkmalpflege an der Eidgenössischen Technischen Hochschule Zürich 10.1). Zürich 1990.*

# I. Einleitung

*Um das Jahr 1254 zogen* magistra *und Schwestern aus dem Konstanzer Beginenkonvent »bei der Brügge« in das nahe bei Konstanz gelegene* castrum *Feldbach am Untersee im heutigen Kanton Thurgau*[1]. *Wenig später übernahm die Frauengemeinschaft die Satzungen des Zisterzienserordens und unterstand fortan einer Äbtissin*[2]. *1262 wird die Frauengemeinschaft in den Urkunden erstmals als Tochterkloster der Abtei Salem genannt. Neben Feldbach ›betreute‹ Salem sieben weitere Frauenklöster (Baindt, Gutenzell, Heggbach, Heiligkreuztal, Kalchrain, Rottenmünster und Wald)*[3]. *Die Mutterabtei war für die geistlichen Belange der Tochterklöster zuständig, sollte aber auch deren Verwaltung beaufsichtigen, eine Aufgabe, der sie bis Mitte des 15. Jahrhunderts mehr oder weniger regelmäßig nachkam. Es war aber vor allem die Seelsorge, die Mutter- und Tochterkloster im Verlauf der Jahre einander näherbrachten. Darüber informiert das Totenbuch der Frauengemeinschaft, das hier erstmals vollständig und kritisch ediert wird*[4].

## 1. Die Handschrift

*Am 4. April 1434 beendete der Salemer Mönch Nikolaus Kämerlin, Beichtvater der Feldbacher Frauengemeinschaft, seine Abschrift der im Zisterzienserorden gebräuchlichen Fassung der Benediktregel*[5]. *Die Arbeit habe er, erklärt er im Explicit, im Auftrag der Äbtissin Elisabeth Goldast in Angriff genommen, zum Gedenken ihrer Vorfahren (Abb. 1):*

---

[1] *Thurgauisches Urkundenbuch, Bd. 3: 1251–1300, Nr. 313, S. 43, vgl.* Meyer-Marthaler, *Feldbach. In: Die Zisterzienser und Zisterzienserinnen (Helvetia Sacra III, 3, 2), S. 634 f.;* Wilts, *Stadt Konstanz. In: Die Beginen und Bergarden in der Schweiz (Helvetia Sacra IX, 2), S. 404–407.*

[2] *Thurgauisches Urkundenbuch, Bd. 3: 1251–1300, Nr. 352, S. 98:* In primis siquidem statuentes, ut ordo monasticus, qui secundum deum et beati Benedicti regulam atque institutionem Cisterciensium fratrum a vobis post concilium generale susceptam in eodem monasterio institutus esse dinoscitur, perpetuis ibidem temporibus inviolabiliter observetur.

[3] *Statuta Capitulorum generalium ordinis Cisterciensis, Bd. 3: 1262–1400, S. 7, Nr. 58. Vgl.* Kuhn-Rehfus, *Die Entstehung der oberschwäbischen Zisterzienserinnenabteien, S. 123–141;* Kaller, *Salem. In: Die Zisterzienser und Zisterzienserinnen (Helvetia Sacra III, 3, 1), S. 341, 343, 353.*

[4] *In Auszügen ›ediert‹ findet sich das Totenbuch unter dem Titel* Necrologium Feldbacense *in den von Franz Ludwig* Baumann *bearbeiteten Necrologia Germaniae, Bd. 1, Berlin 1888, S. 389–397. Eine Auswahl der frühneuzeitlichen Nachträge zusammengestellt hat* Mone, *Auszüge aus dem Nekrolog von Feldbach, S. 292–297. Wie Baumann interessierte sich auch Mone vor allem für adlige Namen. Was die beiden für nicht adelig hielten, klammerten sie aus. Vgl.* Signori, *The Günterstal Obituary. A Contribution to the History of the* Necrologia Germaniae.

[5] *Klosterarchiv Mehrerau C 14, Nekrolog, p. 289–378 (die Seitenangaben ›p.‹ beziehen sich jeweils auf die Paginierung des Manuskriptes). Zur Regel vgl.* Palmer, *Daughters of Salem, S. 91 (mit falscher Signatur).*

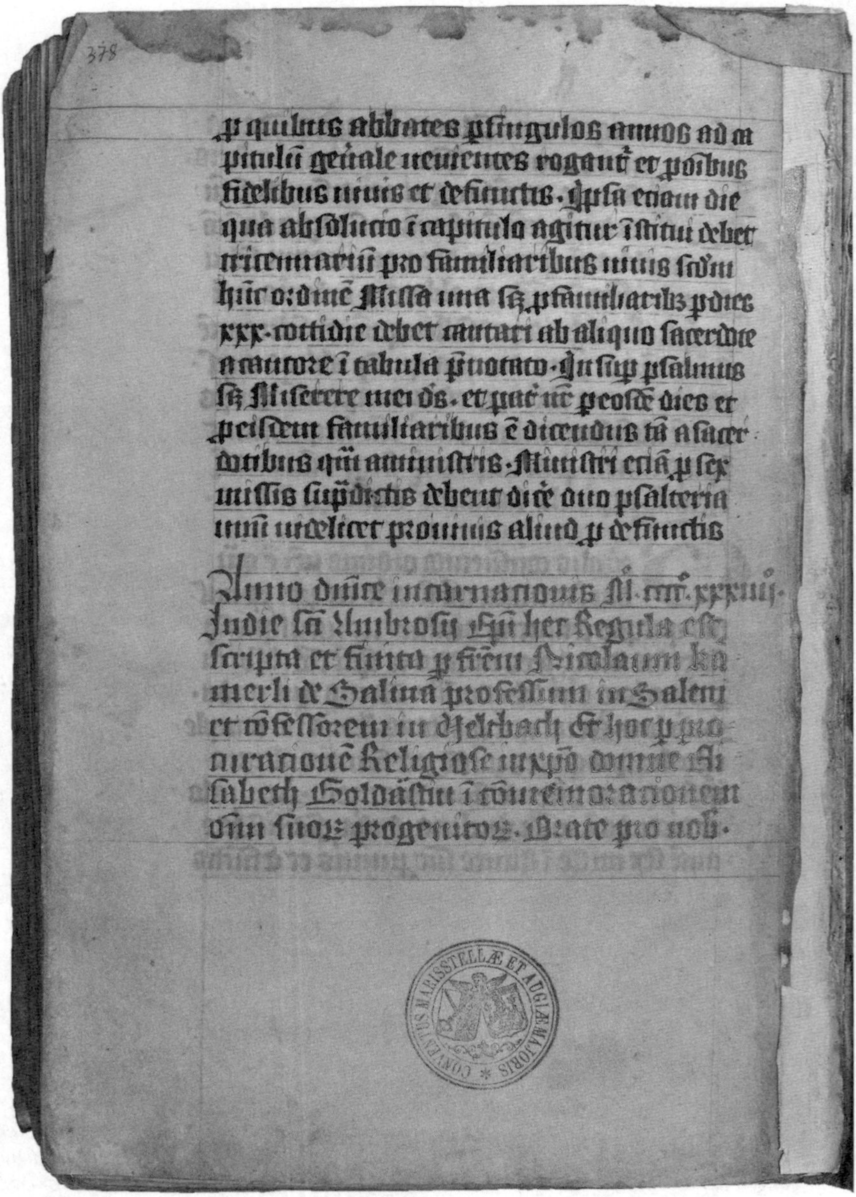

Abb. 1

*Im Jahr der Fleischwerdung Christi 1434 am Tag des heiligen Bischofs Ambrosius ist diese Regel geschrieben und beendet worden durch Bruder Nikolaus Kämerlin von Hallein*[6]*, Profess in Salem und Beichtvater in Feldbach, im Auftrag der frommen Frau Elisabeth Goldästin*[7] *zum Gedenken all ihrer Vorfahren. Betet für uns*[8].

*Der Feldbacher Benediktregel vorangestellt ist das Martyrologium von Cîteaux, das dieselbe Jahreszahl als Datum seiner Fertigstellung trägt wie die Regel*[9]*. Die beiden Texte gehen nahtlos ineinander über: Das heißt, der eine endet da, wo der andere beginnt, in derselben 19. Lage.*

*Schaubild 1: Das Feldbacher Kapitelbuch*

| | |
|---|---|
| *Nekrologium* | *S. 1–122* |
| *Martyrologium* | *S. 123–288* |
| *Benediktregel* | *S. 289–378* |

*Etwa zu derselben Zeit wie Regel und Martyrolog dürfte das Totenbuch des Klosters angelegt worden sein, das ursprünglich ein eigenständiger Pergamentcodex war (19,0 cm breit, 28,7 cm hoch). Das spätere Zusammenbinden von Totenbuch, Martyrolog und Benediktregel gibt den Band in seiner aktuellen Form als ein sogenanntes Kapitelbuch oder Kapiteloffiziumsbuch zu erkennen (19,8 cm breit, 30,5 cm hoch und 7,5 cm tief). Wie der Name besagt, war das Buch für die Lektüre im Kapitelsaal bestimmt und gehörte eigentlich zur Grundausstattung eines jeden Benediktiner- und Zisterzienserklosters*[10].

---

6 *Die Verbindung zwischen dem Zisterzienserkloster Salem und Hallein im Tennengau (Salzburg) geht auf eine Schenkung aus dem Jahr 1201 zurück. Damals hatte das Kloster vom Salzburger Bischof Rechte an dem Solebrunnen in Hallein geschenkt bekommen (Urkundenbuch der Cistercienserabtei Salem, Bd. 3: 1300–1498, S. 383).*

7 *Bis ins 18. Jahrhundert pflegte man den Familiennamen dem Geschlecht des Namenträgers beziehungsweise der Namenträgerin anzupassen. Dementsprechend lautet bei der Äbtissin wie bei allen anderen im Feldbacher Nekrolog verzeichneten Frauennamen der deklinierte Nachname Goldastin beziehungsweise Goldästin.*

8 *Benediktregel, p. 378:* Anno domine incarnationis m° cccc° xxx iiij° in die sancti Ambrosij episcopi hec regula est scripta et finita per fratrem Nicolaum Kåmerli de Salina professum in Salem et confessorem in Feltbach et hoc per procurationem religiose in Christo domine Elisabeth Goldästin in commemorationem omnium suorum progenitorum. Orate pro nobis. *Zu Elisabeth vgl. Meyer-Marthaler, Feldbach. In: Die Zisterzienser und Zisterzienserinnen (Helvetia Sacra III, 3, 2), S. 655 f.: Urkundlich ist sie lediglich im Jahr 1431 belegt.*

9 *Nekrolog, p. 288. Geschrieben worden ist das Martyrologium in derselben Buchschrift (Textura) wie die Benediktregel, aber ohne namentliche Nennung des Schreibers. Zum Martyrologium von Cîteaux vgl. Les monuments primitifs de la règle cistercienne, S. 289–403.*

10 *Lemaître, Liber capituli, S. 625–648. Weitere Belege finden sich bei Baumann, Über die Todtenbücher der Bisthümer Augsburg, Constanz und Cur, S. 412; Meyer, Das Totenbuch von Wagenhusen, S. 88 f.; Henggeler, Das Nekrologium des Benediktinerklosters St. Agnes in Schaffhausen, S. 5 f.; Hugener, Buchführung für die Ewigkeit, S. 62–76; Ders., Lebendige Bücher, S. 129 f.*

*Zu welchem Zeitpunkt die drei Texte zu einem Kapitelbuch zusammengebunden wurden, lässt sich allerdings schwer sagen. Konkrete Hinweise auf Ort und Zeit der Bindung, wie etwa beim Totenbuch des benachbarten Zisterzienserinnenklosters Tänikon, fehlen*[11]*. Der Einband — ein mit Leder überzogener Holzdeckel mit fünf Beschlägen und ursprünglich zwei Metallschließen — ist stark abgenutzt*[12]*. Das erschwert die Datierung. Andreas Wittenberg, Sprecher des Arbeitskreises für die Erfassung, Erschließung und Erhaltung historischer Bucheinbände, vermutet, er stamme aus dem 16. Jahrhundert*[13]*. Vielleicht hatte die Bindung die Äbtissin Afra Schmid (1549–1582) veranlasst, die ab 1549 den Wiederaufbau des Klosters leitete.*

*Nach der Säkularisation gelangte der Codex in das Archiv des Zisterzienserklosters Mehrerau bei Bregenz (Österreich). 1841 beziehungsweise 1848 beschlossen die Kantonsparlamente Aargau und Thurgau, sämtliche in ihren Herrschaftsgebieten befindlichen Klöster aufzuheben, darunter auch das Kloster Wettingen, das seit 1603 das Mutterkloster von Feldbach war. Ein Teil der Handschriften der Wettinger Filialklöster ›emigrierte‹ zusammen mit den Mönchen in das österreichische Kloster Mehrerau; ein anderer Teil ging an die Kantonsbibliothek in Frauenfeld über. Auf die Mehrerau mitgenommen oder mitbekommen hatten die Mönche vor allem Nekrologien und Geschichtswerke, die aufs Engste mit den Gemeinschaften verbunden waren, zu denen die Lebenden genauso gehörten wie die Toten*[14]*.*

*Es wird vermutet, dass auch der Codex Y 38 a der Kantonsbibliothek Thurgau, der unter anderem die zwei Grundlagenwerke des Ordens, das* Exordium ordinis Cisterciensis *und die* Carta caritatis *enthält, aus Feldbach stamme*[15]*. Damit wäre der Codex neben dem Kapitelbuch aber auch das einzige Buch, das aus Feldbach erhalten geblieben ist*[16]*. Demgegenüber sind im Staatsarchiv des Kantons Thurgau nahezu*

---

11 *Das Jahrzeitbuch des Klosters Tänikon, S. 6.*

12 *In die Einbandinnenseite eingeklebt ist eine lateinische Urkunde aus dem Jahr 1405.*

13 *An dieser Stelle sei Andreas Wittenberg herzlich für seine spontane Bereitschaft gedankt, den Einband zu begutachten (E-Mail vom 15. März 2018).*

14 *Vgl. Schoch, Die Aufhebung der thurgauischen Klöster, S. 1–31; Rittmeyer, Von den Kirchenschätzen der im Jahre 1848 aufgehobenen Klöster, S. 1–70; Luginbühl/Bothien, »Auch Bücher haben ihr Schicksal«, S. 15–20.*

15 *Bruckner, Scriptoria medii aevi helvetica, S. 19 f. Y 38 a (13. Jahrhundert) enthält neben dem* Exordium ordinis Cisterciensis *und der* Carta caritatis *auch die* Nota quare abbas deponatur *und die* Diffinitiones annales *des Generalkapitels von 1256 und 1260. Vgl. Auberger, L'unanimité cistercienne primitive: mythe ou réalité, S. 17–65 (Texte); Palmer,* Die Zisterzienser *und ihre Bücher, S. 55 f., 140, 156; Oberste, Die Zisterzienser, S. 114–116.*

16 *Ähnlich bescheiden fällt die handschriftliche Überlieferung für die meisten Zisterzienserinnenklöster der Region aus (Baindt, Gutenzell, Heggbach, Heiligkreuztal, Kalchrain, Magdenau, Rottenmünster, Selnau, Tänikon, Wald und Wurmsbach). Vgl. Palmer, Daughters of Salem, S. 85–97; Ochsenbein, Privatfrömmigkeit einer Zisterzienserin um 1400, S. 107–123; Die mittelalterlichen Handschriften des Zisterzienserklosters Salem, S. xlv–xlvii. Anders als in Tänikon sind in Feldbach auch keine Bücherlegate belegt, weder in den Urkunden noch im Nekrolog. Umfangreiche Buchbestände sind lediglich aus den Zisterzienserinnenklöstern Günterstal, Wonnental und Lichtental bei Baden-Baden überliefert. Vgl. Die kleinen Provenienzen, S. 207–235 und 342–383.*

*lückenlos die Urkunden und andere Dokumente erhalten, die um Besitzfragen kreisen*[17]*. Dazu zählen unter anderem die drei Feldbacher Urbare, die die Äbtissin Anna von Randenburg (1460–1485) in den Jahren 1460, 1465 und 1476 anlegen ließ*[18]*.*

*Mit dem Feldbacher Kapitelbuch hat sich die Forschung bislang noch nicht näher befasst, weder mit dem Codex als Ganzem, noch mit seinen Einzelteilen. Das gilt, trotz mehrfacher, wenngleich mangelhafter ›Teileditionen‹, letztlich auch für das Totenbuch. Seine herausragende Bedeutung gewinnt es, weil seine rund zweitausend Namen eine andere Geschichte des Klosters erzählen als die Urkunden, eine Geschichte, die großenteils vom täglichen Miteinander der Lebenden mit den Toten handelt und wertvollen Einblick in das sich wandelnde Selbstverständnis des Zisterzienserinnenklosters bei Steckborn am Untersee gewährt*[19]*.*

*Das Feldbacher Totenbuch ist ein hybrider und gleichsam offener Text, der wie fast alle mittelalterlichen Zisterziensernekrologien ursprünglich als Obituar konzipiert war (dessen Formular jeweils mit* obiit *oder* obierunt *beginnt), später aber um diverse Pitanz- und Jahrzeitstiftungen ergänzt wurde*[20]*. Der Begriff Pitanz leitet sich von* pietas *ab und meint eine milde, gütige Zusatzportion für den gemeinsamen »Tisch« beziehungsweise für das klösterliche Refektorium*[21]*.*

*Auf Grund formaler und paläographischer Kriterien lassen sich im Feldbacher Totenbuch vier Zeitschichten auseinanderhalten, die dem Buch ein markantes Eigenprofil verleihen:*

1. *ein homogener von einer Hand A verfasster Mittelalterteil, dessen Einträge bis in das Jahr 1473 reichen und das Totenbuch unmissverständlich als Abschrift eines älteren Nekrologs zu erkennen geben, dessen Anlage in die Mitte des 14. Jahrhunderts zurückweist;*
2. *von zahlreichen Händen vorgenommene Nachträge aus den Jahren 1481 bis 1527, die aber nur vereinzelt datiert sind. Die stupende Vielzahl der Hände,*

---

17 *Die meisten sind in den Thurgauischen Urkundenbüchern ediert. Für die Urkunden nach 1400 siehe* Reding, *Die Regesten der Frauenklöster Feldbach und Tänikon Cyst-Ordens und der Johanniter Comthurei Tobel im Canton Thurgau, S. 5–21 (fehlerhaft). Zur Geschichte des Archivs vgl.* Salathé, *Das Staatsarchiv des Kantons Thurgau, S. 97–127.*

18 Meyer-Marthaler, *Feldbach. In: Die Zisterzienser und Zisterzienserinnen (Helvetia Sacra III, 3, 2), S. 647 f.*

19 *Ebd., S. 634 f.*

20 *Als Jahrzeiten gekennzeichnet sind elf Einträge (Nekrolog, p. 5, 10, 18, 22, 24, 27, 28, 38, 44, 54, 87, 95, 99, 122). Auf die Pitanzen komme ich weiter unten nochmals zu sprechen.*

21 *Die Pitanzen entwickelten sich im Verlauf des 13. Jahrhunderts vielerorts zu einer zentralen, in der Forschung unterschätzten klösterlichen Vorsorge-Einrichtung. Vgl.* Dolberg, *Die Cistercienser beim Mahle, S. 609–629;* Lentze, *Pitanz und Pfründe im mittelalterlichen Wilten, S. 37–50 (Das Jahrtagsverzeichnis des Stifts aus dem Jahr 1317 enthält ausschließlich solche Pitanz-Stiftungen);* Ehlers-Kisseler, *Die Entwicklung des Pitanz- und Pfründenwesens in den Stiften des Prämonstratenserordens, S. 399–461;* Postles, *Pittances and Pittancers, S. 176–186;* Harvey, *Monastic Pittances in the Middle Ages, S. 215–227;* Hungerbühler, *Jahrzeitessen. Vom heidnischen Totenmahl zum Ahnengedenken im Christentum, S. 285–292.*

*die nahezu gleichzeitig am Werk waren, erweckt den Eindruck, als hätten die Klosterfrauen die Einträge, die ihre Verwandten betreffen, jeweils selbst vorgenommen*[22]*. Die Unterscheidung nach Buchstaben folgt jedoch formalen Kriterien, wobei unter dem Buchstaben E sämtliche Einträge subsumiert sind, die sich nicht sinnvoll einer Gruppe zuordnen lassen. Die Buchstaben B bis I entsprechen also meist keinen individuellen Schreibern, sondern einer Gruppe von formal ähnlichen Händen, die im gleichen Zeitraum aktiv waren;*

3 *abermals von diversen Händen, darunter auch eine Humanistenkursive, vorgenommene Nachträge aus den Jahren 1549 bis 1599, die sich großenteils auf die Äbtissinnen Afra Schmid sowie Magdalena und Anna Zimmermann und deren Familienangehörigen konzentrieren*[23]*. Sie lassen die nachreformatorische Erneuerung des Klosters als ›Familienunternehmen‹ erscheinen. Unterschieden wird wiederum nach formalen Kriterien zwischen den Händen J bis N, wobei Hand J ausnahmsweise eindeutig der Äbtissin Afra Schmid zugeordnet werden kann.*

4. *Hinzu kommen insgesamt 370 Nachträge aus den Jahren 1603 bis 1706, zum Teil in Gestalt später eingeklebter, eingenähter und eingehefteter Zettel, die von einem beachtlichen gegenreformatorischen Aufschwung des Klosterlebens im 17. Jahrhundert zeugen. Fortan sind fast alle Einträge mit dem Todesjahr der zu kommemorierenden Person versehen. Die Datierungen erleichtern die Arbeit mit den frühneuzeitlichen Nachträgen (im Vergleich zum weitgehend undatierten Mittelalterteil) wesentlich und machen die Unterscheidung nach Händen sinnfällig.*

*Die Mehrzahl der mittelalterlichen Nekrologeinträge stammt von ein und derselben Hand, die ich im Folgenden als Hand A bezeichne*[24]*. Vereinzelte Datumsangaben legen nahe, dass Hand A um die Mitte des 15. Jahrhunderts damit begann, das Totenbuch über den Kernbestand (aus dem ausgehenden 13. und 14. Jahrhundert) hinaus zu erweitern beziehungsweise weiterzuführen.*

*Einer der jüngsten Einträge von Hand A bezieht sich auf Gebhard Gorius aus Meersburg, den das Nekrolog als Vater einer Feldbacher Nonne* (pater monialis) *vorstellt*[25]*. Seinem Eintrag zufolge war dieser Gebhard am Freitag, den 8. Januar 1473, verstorben* (uff fritag nach dem zwo̊lfften tag anno domini lxxiii)[26]*. Etwa gleich alt*

---

[22] *So zeichnet Hand I beispielsweise einzig für die Einträge der Familie von Hasenstein verantwortlich, deren Name in die Gegend um Ravensburg weist.*

[23] *Vgl. Meyer-Marthaler, Feldbach. In: Die Zisterzienser und Zisterzienserinnen (Helvetia Sacra III, 3, 2), S. 659–661.*

[24] *Zu den Ausnahmen zählen die Stiftungen der Äbtissin Elisabeth Goldästin und der Ursula Roggwilerin, einer* mater monialis *(Nekrolog, p. 14, 104). Beide Einträge sind in einer gepflegten Buchschrift verfasst (Abb. 2, siehe S. XXXIII).*

[25] *Gebhard gilt als ein typisch Konstanzer Taufname vgl. Rolker, Das Spiel der Namen, S. 114–123.*

[26] *Nekrolog, p. 3.*

*beziehungsweise (für Hand A) gleich jung dürfte der Eintrag zu Osanna von Helmsdorf sein, die Frau des Konstanzer Kaufmanns Hans Muntprat zum Kemlin († 1487). Aloys Schulte (1857–1941) meint im biographischen Teil seiner monumentalen Studie zur Ravensburger Handelsgesellschaft, Osanna sei vor dem Jahr 1474 verstorben*[27]*. Das Nekrolog präsentiert sie als* soror monialis, *ohne dass es jedoch möglich wäre, diese Schwester mit Sicherheit zu identifizieren. Denn im Feldbacher Nekrolog sind drei* moniales *aus dem Haus Helmsdorf/Hermsdorf verzeichnet: eine Anna, eine* Anna junior *und eine Beatrix von Helmsdorf*[28].

*Die Mehrzahl der Einträge von Hand A sind allerdings undatiert und betreffen die Aufbau- und Konsolidierungsphase des Klosters im ausgehenden 13. und 14. Jahrhundert. Der Befund legt nahe, dass es sich beim Feldbacher Nekrolog um die Abschrift eines Vorgängers handelt, der um die Mitte des 14. Jahrhunderts entstanden sein dürfte. In dieser Hinsicht ist das Feldbacher Totenbuch auch keine Ausnahme: Bei fast allen erhaltenen mittelalterlichen Nekrologien aus südwestdeutschen Zisterzienserinnenklöstern (Fraubrunnen, Tänikon, Wald, Wurmsbach) handelt es sich um ›Erneuerungen‹ älterer Exemplare, deren Anlage meist in das 14. Jahrhundert weist*[29]*. Der dem Nekrolog zugrunde liegende Kalender bekräftigt den Befund: Der jüngste ordensspezifische Zusatz im Feldbacher Totenbuch ist das Fest Mariä Empfängnis: In den Ordenskalender aufgenommen wurde der Festtag 1356*[30].

---

[27] *Nekrolog, p. 93. Vgl.* Schulte, *Geschichte der Großen Ravensburger Handelsgesellschaft, Bd. 1, S. 191. Osanna war die Tochter der Margaretha von Ems und des 1445 verstorbenen Ulrich von Helmsdorf und die Schwester des 1499 verstorbenen Ludwig von Helmsdorf (Nekrolog, p. 121). Die Einträge zu Ludwig von Helmsdorf* (frater monialis) *und Beatrix von Helmsdorf stammen von derselben Hand, sodass wir annehmen dürfen, dass Beatrix die Schwester von Ludwig und somit auch die Schwester von Osanna war. — Anders als die Herren von Helmsdorf, deren Stammsitz ursprünglich in der Nähe von Immenstaad am Bodensee lag, interessierten sich die Konstanzer Muntprats nicht für das Zisterzienserinnenkloster Feldbach am Untersee. Vgl.* Maurer, *Konstanz im Mittelalter, Bd. 2, S. 143–145.*

[28] *Nekrolog, p. 68, 69. Keine der drei Klosterfrauen ist bei* Kindler von Knobloch, *Oberbadisches Geschlechterbuch, Bd. 2, S. 32 f., aufgeführt. Dem Nekrolog zufolge dürften Anna die Tochter des Heinrich und der Mia/Amalia von Helmsdorf (Nekrolog, p. 17, 92) und* Anna junior *die Tochter der Agnes von Helmsdorf und damit Annas Nichte (ebd., p. 21) gewesen sein. Das Epitheton* junior *deutet daraufhin, dass Tante und Nichte im gleichen Zeitraum in Feldbach lebten.*

[29] *Außer den beiden Totenbüchern aus Eschenbach und Wald liegen alle vier Nekrologien in der Bearbeitung von Franz Ludwig* Baumann *im ersten Band der MGH-Reihe Necrologia Germaniae vor. Editionen sind das im engeren Sinn des Wortes aber nicht, dafür fehlen zu viele Einträge, wie etwa der Vergleich des Necrologium Fraubrunnense, in der Version der Monumenta Germaniae Historica, S. 405–420, mit der Edition des Jahrzeitbuchs in den Regesten des Frauenklosters Fraubrunnen im Kanton Bern, S. 135–168, zeigt.*

[30] Rochais, *L'exemplar du martyrologe cistercien, S. 77. Im Feldbacher Nekrolog fehlt einzig der 1298 eingeführte Festtag Ludwigs des Heiligen. Das Feldbacher Martyrologium ist hingegen älter als das Necrologium: Ihm scheinen sämtliche nach 1236 eingeführten Festtage zu fehlen.*

*Von den Kollektivjahrzeiten des Ordens sind nur die* Commemoratio episcoporum et abbatum, *die* Commemoratio omnium parentum *sowie das* Anniversarium *aller Mönche und Nonnen des Ordens im Nekrolog verzeichnet; es fehlt der Jahrtag aller Brüder und Familiaren* (commemoratio fratrum et familiarum) *am 19. beziehungsweise 17. September*[31]*. Anders als im benachbarten Tänikon wurden in Feldbach auch die im Orden gebräuchlichen Kollektivjahrzeiten zu Monatsbeginn nicht eigens gefeiert*[32]*.*

*Die Gestaltung des Kalenders ist zweifarbig: Die Wochentage sind mit den Buchstaben a bis g durchnummeriert, und die Monatsnamen, die Kalenden, Nonen und Iden, der Sonntagsbuchstabe (a) sowie gewöhnlich die Hochfeste mit roter Tinte hervorgehoben*[33] *Weitaus sorgfältiger und mit drei Farben gestaltet ist demgegenüber das Martyrologium.*

*Wie fast alle mittelalterlichen Totenbücher wurde auch das Feldbacher Nekrolog bald mehr, bald weniger gewissenhaft weitergeführt. Die Reformation, die* luttery, *markiert eine Zäsur, wie der Eintrag zu der Äbtissin Barbara Nöschber (1512–1536) zeigt, der letzten vorreformatorischen Klostervorsteherin. Es handelt sich um einen von Hand J vorgenommenen Nachtrag. Hand J ist die einzige Schreiberhand des Feldbacher Totenbuchs, die sich einer konkreten Person zuordnen lässt. Sie gehört, wie gesagt, der Äbtissin Afra Schmid:*

> Obiit Barbera Noͤschberin, abbatissin in Våldtbach, 15xxxvi iar [1536], ist die lendst åptisin gsin vor der luttery. Darnach ward das gotshúss mit voͤgtten besetzt, denen got allen gnedig sy, amen. Sy regiertt xxiiii jar[34].

*Seit 1525 ging die Zahl der im Kloster lebenden Konventualinnen dramatisch zurück, bis es 1548 für kurze Zeit ganz leer stand*[35]*. Bald darauf setzte jedoch der langsame Wiederaufbau unter der Leitung der besagten Äbtissin Afra Schmid ein, die zuvor Priorin im Zisterzienserinnenkloster Magdenau gewesen war*[36]*. Zum klösterlichen Wiederaufbau gehörte es auch, mit der Pflege des Totenbuchs fortzufahren und die Lücken zu schließen, die die Reformation in die Buchführung gerissen hatte. In dieser Zeit dürfte das Nekrolog auch mit Martyrolog und Benediktregel zu einem* Liber capituli *zusammengeführt worden sein, gewissermaßen als Rückbesinnung auf*

---

31 *Klosterarchiv Mehrerau C 212a, S. 3, 35, 68. Vgl.* MÜLLER, *Die vier großen Ordens-Anniversarien, S. 185f.;* CANIVEZ, *Le rite cistercien, S. 299f.*

32 *Das Jahrzeitbuch des Klosters Tänikon, S. LI.*

33 *Siehe* GROTEFEND, *Taschenbuch der Zeitrechnung, S. 16.*

34 *Nekrolog, p. 71. Zur Äbtissin Barbara Nöschber, vgl.* MEYER-MARTHALER, *Feldbach. In: Die Zisterzienser und Zisterzienserinnen (Helvetia Sacra III, 3, 2), S. 659.*

35 *Ebd., S. 638f.*

36 *Nekrolog, p. 19:* Obiit pie memoriæ venerabilis et religiosa domina Afra Schmidin de Maggenaw, abbatissa in Veldtbach, anno 1582. *Vgl.* MEYER-MARTHALER, *Feldbach (Helvetia Sacra III, 3, 2), S. 659f.;* BÜCHI, *Zur tridentinischen Reform der thurgauischen Klöster, S. 194f.;* SENNHAUSER, *Feldbach. In: Zisterzienserbauten in der Schweiz, S. 101.*

*die Vereinheitlichungsbestrebungen aus der Zeit der Ordensgründung*[37]. *Afra Schmid war im Übrigen auch die einzige Schreiberin, die im Totenbuch die erste Person Singular benutzte, vorwiegend um ihre Familienangehörige als »mein Bruder«, »meine Schwester« oder »mein Vetter« zu kennzeichnen, jeweils ergänzt um den Hinweis auf den Ort, wo sie bestattet lagen (Amiens, Baden, Fischingen, Kalchrain)*[38].

*Zu einer anhaltenden Wiederbelebung des Konventslebens kam es aber erst im 17. Jahrhundert. Aus Gründen, die wir nicht kennen, wurde das Totenbuch ab 1706 nicht mehr weitergeführt*[39]. *Das 18. Jahrhundert markiert einen Bruch im Jahrhunderte währenden Miteinander der Lebenden und der Toten, auch im benachbarten Tänikon: Das liturgische Gebetsgedenken wurde eingestellt und das Totenbuch verwandelte sich in eine historische Quelle. Der geschichtliche Zeugniswert verdrängte das liturgische Gebetsgedenken.*

*Mit seinen rund zweitausend Namen aus über vier Jahrhunderten informiert das Totenbuch aus dem Zisterzienserinnenkloster Feldbach nicht nur über die sich verändernde soziale und räumliche Zusammensetzung der Klostergemeinschaft, sondern auch über die wechselhaften personellen und institutionellen Beziehungen, die das Kloster im Verlauf der Jahrhunderte mit seiner sozialen ›Umwelt‹ pflegte. Dabei spielte in fast allen Phasen die Stadt Konstanz eine tragende Rolle*[40]. *An dieser räumlichen und sozialen Ausrichtung auf Konstanz und den deutschen Südwesten änderte weder das Jahr 1499 mit dem Ende der Schweizerkriege noch der Übergang der Paternitätsgewalt von Salem auf das eidgenössische Wettingen im Jahr 1603 Wesentliches*[41]. *Zweifellos ein bemerkenswerter Befund. Die Zahl der aus Konstanz stammenden Klosterfrauen blieb auch nach 1603 beachtlich*[42]. *Der Trend verstärkte sich sogar, als ab 1646 die Äbtissinnen nicht mehr aus der Region, sondern aus Oberschwaben, dem Allgäu und Innsbruck kamen. Eine ›Verschweizerung‹ des Konvents stellte sich erst zu Beginn des 19. Jahrhunderts ein, wenige Jahre vor seiner Aufhebung im Jahr 1848*[43].

*Im Folgenden sollen vier Themenfelder, die für das Verständnis des Feldbacher Totenbuchs grundlegend sind, ausführlicher behandelt werden:*

---

37 *Schreiner, Benediktinische Klosterreform als zeitgebundene Auslegung der Regel, S. 105–195; Ders., Erneuerung durch Erinnerung, S. 35–87.*

38 *Nekrolog, p. 13, 44, 61, 83.*

39 *Der letzte Eintrag bezieht sich auf eine Profess-Schwester aus dem Kapuzinerinnenkloster Maria Engel in Appenzell:* Obiit sch[wester] Maria Scolastica Gnudtlin, proffes in dem gotshauß zu Appenzeel, soror monialis, 1706 *(Nekrolog, p. 11). Vgl. Degler-Spengler, Die regulierten Terziarinnen in der Schweiz. In: Der Franziskanerorden. In: (Helvetia Sacra V, 1), S. 607–662.*

40 *Maurer, Konstanz im Mittelalter, Bd. 2, S. 250f. (›Die Folgen des Krieges‹).*

41 *Meyer-Marthaler, Feldbach. In: Die Zisterzienser und Zisterzienserinnen (Helvetia Sacra III, 3, 2), S. 639f.*

42 *Neben den Klosterfrauen, die aus den katholischen Orten Zug und Luzern kamen.*

43 *Meyer-Marthaler, Feldbach. In: Die Zisterzienser und Zisterzienserinnen (Helvetia Sacra III, 3, 2), S. 641.*

1. *das dynastische Totengedenken, das die Anfänge des Frauenklosters mit der Geschichte des Hauses Habsburg verknüpft (und hilft, die ältere Vorlage des Nekrologs in die Mitte des 14. Jahrhunderts zu datieren),*
2. *die Verbindungen Feldbachs zur Mutterabtei Salem und anderen Klöstern und Konventen der Bodenseeregion (allen voran die Reichenau und das Zisterzienserinnenkloster Kalchrain),*
3. *die zentrale Bedeutung, die im Feldbacher Totenbuch die Familien der Klosterfrauen einnehmen, indem fast jeder Eintrag von dem Zusatz begleitet wird* pater, mater, frater *oder* soror *monialis und*
4. *die unterschiedlichen Formen des liturgischen Gedenkens, in denen sich Haus- und Ordenstraditionen vermischen.*

*Aus der Perspektive des Nekrologs präsentiert sich die Geschichte des Klosters Feldbach ungleich vielschichtiger als aus der Perspektive des besitzorientierten Urkundenmaterials. Im Nekrolog aber spiegelt sich nicht Geschichte, im Nekrolog wird Geschichte ›gemacht‹. Die Einsicht ist zentral für das Verständnis der Totenbücher als Gattung.*

## 2. Dynastische Memoria: Das Haus Habsburg

*Präsentiert beziehungsweise konstruiert wird die Geschichte der Abtei zunächst als eine, die ursprünglich aufs Engste mit dem Haus Habsburg verwoben war, ein Zug, den Feldbach ordensunabhängig mit vielen anderen Klöstern und Stiften der Region teilt*[44]*. Besonders auffällig sind dabei die Gemeinsamkeiten mit dem Klarissenkloster Königsfelden, eine Gründung beziehungsweise ›Sühnestiftung‹ Elisabeths von Kärnten († 1313) für ihren 1308 ermordeten Gemahl König Albrecht von Habsburg*[45]*. Aber kein anderes Kloster der Region (außer Königsfelden) pflegte eine so dichte, in sich geschlossene dynastische* Memoria *der frühen Habsburger wie das Zisterzienserinnenkloster Feldbach. Die Gründe dafür sind unklar, da in diesem Fall Stiftungsbriefe oder ähnliche Dokumente fehlen.*

*Feierlich wird im Feldbacher Nekrolog an den* serenissimus Romanorum rex, *Albrechts Vater Rudolf von Habsburg († 1291) erinnert, an König Albrecht, an dessen Witwe Elisabeth von Kärnten sowie an deren außergewöhnlich vielköpfige Kinderschar, ergänzt um die prestigeträchtigen Namen der Ehepartner aus den Königshäusern Frankreichs und Ungarns:*

---

[44] *Vgl.* Meyer von Knonau, *Die Beziehungen des Gotteshauses St. Gallen zu den Königen Rudolf und Albrecht, S. 1–55;* Gut, *Memorialorte der Habsburger im Südwesten des Alten Reiches, S. 95–113. Guts Überblick wäre mit Feldbach, Wettingen, St. Laurenzen zu Winterthur und anderen Pfarrkirchen und Klöstern der Region zu ergänzen.*

[45] *Vgl.* Heimann, *Mord – Memoria – Repräsentation, S. 269–290;* Moddelmog, *Stiftung als gute Herrschaft, S. 209–222;* Kurmann-Schwarz, Quam diu istud cadaver equitare permittemus? *S. 541–556;* Moddelmog, *Königliche Stiftungen des Mittelalters im historischen Wandel, S. 111–203.*

- *Friedrich I. der Schöne († 1330),*
- *Andreas von Ungarn († 1301), der Gemahl der Agnes von Ungarn,*
- *Katharina, Herzogin von Apulien bzw. Kalabrien († 1323),*
- *Otto der Fröhliche, Herzog von Österreich († 1339),*
- *Heinrich der Sanftmütige († 1327),*
- *Leopold der Glorwürdige, Herzog von Österreich († 1326),*
- *Jutta bzw. Gůta, die Gräfin von Öttingen († 1329),*
- *Bianca von Frankreich († 1305), die Gemahlin Rudolfs von Böhmen und am gleichen Tag, dem 19. März,*
- *Anna, die Herzogin von Breslau († 1326),*
- *Elisabeth, die Herzogin von Lothringen († 1353),*
- *Agnes von Ungarn († 1364), die sich 1317 ins Kloster Königsfelden zurückgezogen hatte und dort, wie auch die Mehrzahl ihrer Geschwister, bestattet wurde*[46],
- *und Rudolf III., König von Böhmen († 1307)*[47].

*Albrechts Söhne werden mit Auszeichnungen wie* nobilissimus, clarissimus, preclarissimus, illustrissimus, prudentissimus *von allen anderen zu kommemorierenden Personen abgehoben*[48]. *Mit Stiftungen bringt der Text die dynastische* Memoria *der Habsburger jedoch nicht in Verbindung. Lediglich bei »unserem allerliebsten« Friedrich dem Schönen, dem* serenissimus Romanorum rex, *heißt es, er habe dem Kloster für eine Ewigmesse dreißig Mark vermacht*[49]. *Bei Agnes von Ungarn, die fast fünfzig Jahre im Klarissenkloster Königsfelden gelebt hatte, wird sehr unspezifisch herausgestellt, sie habe eine Pitanz gestiftet und sei dem Kloster Feldbach gegenüber ausgesprochen mildtätig gewesen*[50]. *Mit Ausnahme des Herzogs Leopold von Österreich, der in der Schlacht von Sempach 1386 zu Tode kam, führte Feldbach das dynastische Totengedenken aber nicht über die Generation von Albrechts Kindern hinaus weiter*[51].

[46] *Maurer, Das Kloster Königsfelden, S. 64.*

[47] *Nicht eingetragen ist lediglich der spät gestorbene Albrecht II., der Weise († 1358). Der Befund ist für die Datierung des ersten Feldbacher Nekrologs/Obituars um die Mitte des 14. Jahrhunderts einschlägig.*

[48] *Nekrolog, p. 5, 12, 20, 41, 62, 64, 66, 68.*

[49] *Nekrolog, p. 5:* Obiit serenissimus Romanorum rex Fridricus, noster dilectissimus, qui dedit nobis xxx marcas pro cottidiana missa perpetuo celebranda, hat ain ewig meß und ain vigili. *Das Testament Friedrichs des Schönen ist abgedruckt in den Regesta Habsburgica, S. 224 f., Nr. 1835 (Wien: 24. Juni 1327).*

[50] *Nekrolog, p. 54:* Obiit Agnes, regina Ungarie, mitissima nobis quondam et matri nostra in Christo et omnium religiosorum, in cuius aniversario celebretur missa pro defunctis in conventui et oretur vigilia defunctorum a singulis mortalibus, de qua datur i libra – pro pitancia in refectorium [!] de qua multa hora [!] acceppimus [sic]. *Zu Agnes von Ungarn vgl. unter anderem Boner, Königsfelden und Königin Agnes von Ungarn, S. 100–293; Wehrli-Johns, Von der Stiftung zum Alltag, S. 48–89; Bihrer, Zwischen Wien und Königsfelden, S. 124–135; Stercken,* saeldenrîche frowen und gschwind listig wib – *Weibliche Präsenz Habsburgs im Südwesten des Reiches, S. 337–364.*

[51] *Nekrolog, p. 64. Vgl. Jenny, Herzog Leopolds III. von Österreich Königsfelder Memoria, S. 287–313; Hugener, Umstrittenes Gedächtnis, S. 223–238; Ders., Buchführung für die Ewigkeit, S. 216–231.*

*Eng mit dem Haus Habsburg verbunden war auch der Großteil der Adelsgeschlechter, die ihre Töchter in den ersten Jahrzehnten seines Bestehens dem Kloster Feldbach anvertrauten, allen voran die Herren von Klingenberg, Ministeriale des Hochstifts Konstanz*[52]*. Rein quantitativ nimmt den Spitzenplatz jedoch das Konstanzer Geschlecht der Goldast ein, aus dessen Reihe die eingangs erwähnte Äbtissin Elisabeth, die Auftraggeberin der Regel, stammte. Auf die Familie Goldast folgen die Herren von Stoffeln sowie die von Dettighofen/Tettikofen und Roggwil, zwei adlige Geschlechter, die sich schon im 13. Jahrhundert in der Stadt Konstanz niedergelassen und im 14. und 15. Jahrhundert die Geschicke der Stadt maßgeblich mitbestimmt hatten*[53]*.*

*Schaubild 2: Die acht im Nekrolog von Feldbach am häufigsten genannten Familien (15 Nennungen und mehr)*

| *Zahl* | *Name* | *Anzahl der* moniales | *Äbtissinnen* |
|---|---|---|---|
| *23* | *Goldast* | *6* | *Elisabeth* |
| *20* | *von Dettighofen* | *7* | – |
| *19* | *von Stoffeln* | *6* | *Adelheid* |
| *17* | *(von) Roggwil* | *6* | *Klara* |
| *17* | *von Klingenberg* | *5* | *Katharina* |
| *16* | *Livi* | *6 (eine Novizin)* | – |
| *15* | *von Marbach* | *4* | – |
| *15* | *von Möggingen* | *4* | – |
| *15* | *(von) Paiger* | *5* | – |

*Katharina von Klingenberg ist die erste Äbtissin von Feldbach, die Eingang in das klösterliche Totenbuch gefunden hat (nach ihr sind bis 1706 ausnahmslos alle Äbtissinnen vertreten)*[54]*. Im Totenbuch erscheint ihr Name an zwei verschiedenen Stellen:*

*52 Zu den Herren von Klingenberg, seit 1300 Besitzer des Hohentwiel, vgl. Kindler von Knobloch, Oberbadisches Geschlechterbuch, Bd. 2, S. 299–306; Sablonier, Adel im Wandel, S. 116, 136; Derschka, Die Ministerialen des Hochstifts Konstanz, S. 148–158; Bittmann, Die Familie von Klingenberg und Singen, S. 104–126.*

*53 Zu den von Dettighofen/Tettikofen vgl. Kindler von Knobloch, Oberbadisches Geschlechterbuch, Bd. 1, S. 213 f.; Das Wappenbuch von Zürich, S. 166 f., Nr. 442; Heiermann, Die Gesellschaft »zur Katz« in Konstanz, Nr. 334–339, S. 275 f.; zu den Roggwil ebd., Nr. 249–257, S. 261 f., und zu den Herren von Stoffeln Hornstein-Binningen, Zur Geschichte der Burgen zu Stoffeln und ihrer letzten Bewohner, S. 83–98.*

*54 Meyer-Marthaler, Feldbach. In: Die Zisterzienser und Zisterzienserinnen (Helvetia Sacra III, 3, 2), S. 652: Urkundlich belegt ist Katharina in den Jahren 1320 und 1333. – Aber nicht alle Äbtissinnen werden im Nekrolog auch als Äbtissin herausgestellt. Elisabeth Vochentzer, Ursula von Hohenfels, Veronika von Heudorf, Klara von Roggwil, Ursula*

*zum 9. Dezember und zum 13. September. Im Eintrag zum 9. Dezember wird sie als »gewesene« Äbtissin vorgestellt:*

g. v. idus.
[A] Obiit Katherina de Clingenberch, ollim nostra abbatissa. Obiit Katherina de Stoffeln, uxor amicis nostris [!] fidelissimus Eberhardus, militis, de Stoffeln. Obiit Adelhaidis de Roßnegge, monialis. Obiit Ursula Ludwigin, monialis et priorissa, vinum datur conventui[55].

*Im Eintrag zum 13. September ist ihr Name dem Gedenktag ihres Bruders Heinrich von Klingenberg, Bischof von Konstanz (1273–1306), beigestellt. Verwechslungen sind ausgeschlossen: Vor 1306 ist in Feldbach keine andere Äbtissin mit dem Namen Katharina belegt außer eben Katharina von Klingenberg:*

d. idus.
[A] Obiit Anna de Ǐtelingen, monialis. Obiit domina Katherina, abbatissa monasterii in Veltbach. Obiit Hainricus de Clingenberch, episcopus Constantiensis. Dominus Nicolaus de Gossicon, monachus Augie Maioris. Obiit Walther Ůlrich, nobilis de Clingen, pater monialis[56].

*Auch die Namen von Katharinas Brüdern Konrad von Klingenberg († 1340), Bischof von Freising, und Albrecht von Klingenberg († 1308), sowie ihrer Schwestern Klara und Margaretha sind im Feldbacher Nekrolog eingeschrieben[57]. Zum 21. September ein- beziehungsweise nachgetragen ist auch Katharinas Mutter Willburg von Klingenberg († 1305), eine geborene von Kastell:*

e. xi. kl. Mathei ewangeliste
[A] Obiit Hilteboldus de Steckboren, frater monialis. Obiit frater Ůlrich, dictus Piscator. Obiit Elisabet Frideboltin, conventui vinum. Obiit Wilburgis de Clingenberch. Obiit Adilhaidis de Schőnenbúchel, soror monialis. Obiit Hug Schůlmaister, pater monialis[58].

*Willburg hatte sich dem Anniversarbuch des Konstanzer Domstifts zufolge in Feldbach auch beisetzen lassen[59], wie schon ihr Schwager, der Konstanzer Dompropst*

*Schmerlin und Adelheid von Stoffeln sind als einfache* moniales *eingetragen (Nekrolog, p. 1, 20, 23, 73, 87, 119).*

55 *Nekrolog, p. 115.*

56 *Nekrolog, p. 86. Zu Heinrich von Klingenberg vgl. Bischof et. al., Die Bischöfe (Konstanz). In: Das Bistum Konstanz (Helvetia Sacra I, 2, 2, 1), S. 285–288; Die Jahrzeitenbücher des Domstifts Konstanz, Nr. 116, S. 549 f.*

57 *Nekrolog, p. 27, 33, 79, 94. Vgl. Gatz, Die Bischöfe des Heiligen Römischen Reiches, S. 196 f., 291.*

58 *Nekrolog, p. 88. Vgl. Die Jahrzeitenbücher des Domstifts Konstanz, Nr. 123, S. 553.*

59 *Die Jahrzeitbücher des Konstanzer Domkapitels, Teil 1, S. 308 (Nach dem ältesten Domanniversar E 573):* Anno domini MCCCquinto obiit Willibirgis de Clingenberg, mater venerabilis patris Hainrici de Clingenberg, episcopi. In cuius anniversario fratribus seu canonicis dantur […]. Sepulta est in Veltpach.

*Heinrich von Klingenberg († 1279)*[60]*. Auch Heinrichs Eintrag scheint nachträglich vorgenommen worden zu sein, da er auf den 1308 ermordeten König Albrecht I. folgt und ihm nicht vorausgeht (der Fehler könnte allerdings auch bei der Abschrift entstanden sein):*

> b. kl. maii. Philippi et Jacobi.
> [A] Obiit Ůlr[icus], miles de Clingen, pater monialis. Obiit Anna Stockerin, mater monialis. Obiit serenissimus Romanorum rex, Alberchtus. Obiit Hainricus, prepositus de Clingenberg. Obiit Agnes Livin, monialis. Obiit her Gőßwin von Hohenfels, frater monialis. Obiit Verena de Bechmaringen, soror monialis. Item herr Hainrich von Clingenberg, tůmbropst zů Costentz, lit undern den amplen, úbers grab, i vigili sprechen[61].

*Schließlich sind noch Willburgs Brüder Albrecht und Diethelm von Kastell sowie (vermutlich) ihr Enkel, der* canonicus *Ulrich von Klingenberg († 1317), im Feldbacher Nekrolog vertreten*[62]*. Hinzukommen die drei Klostertöchter Adelheid, Anna und Willburg von Klingenberg, deren Gedenktage neben den Einträgen der Herren von Steckborn zu den ältesten des Feldbacher Totenbuchs zählen. Einem konkreten Zweig zuordnen lassen sich die drei Klostertöchter aber nicht*[63]*. Der Fokus liegt eindeutig auf Willburg (von Kastell), ihren Geschwistern und Geschwisterkindern.*

*Katharina von Klingenberg dürfte als Äbtissin auf vielseitige Art und Weise von den Beziehungen ihrer prominenten Brüder, der Bischöfe Heinrich und Konrad von Klingenberg, profitiert haben. Ihre besondere Nähe zu Heinrich, dem Bischof von Konstanz, zeigt sich in der Wahl eines gemeinsamen Jahrtags. Alle drei Brüder versahen das Kloster, dem ihre Schwester vorstand, mit Stiftungen unterschiedlichster Größenordnung. Das Nekrolog stellt aber nur Albrecht und Konrad von Klingenberg als Wohltäter vor*[64]*. Zu Konrad ergänzt der Schreiber oder die Schreiberin:*

> Obiit dominus Conradus, episcopus Frisingensis, spricht im ain vigil von de[s] gůtz wegen von Bernang und vil gůtz, das er disem gotzhus geton hat. Und ist ainer von Clingenberg[65].

---

60 *Nekrolog, p. 41. Vgl. Ottnad, Die Generalvikare. In: Das Bistum Konstanz (Helvetia Sacra I, 2, 2), S. 526.*

61 *Nekrolog, p. 41.*

62 *Nekrolog, p. 25, 68, 100.*

63 *Nekrolog, p. 30, 36, 93.*

64 *Nekrolog, p. 33. Albrecht von Klingenberg stiftete dem Konvent eine Pitanz in Gestalt einer samstäglichen Weinration (ebd., p. 27):* Alberchtus de Clingenberg, miles, de quo datur i zwőlffer wins, et conventus legit vigiliam. *Zu Albrecht siehe Bihrer, Der Konstanzer Bischofshof im 14. Jahrhundert, S. 541.*

65 *Nekrolog, p. 33. Auch im Nekrolog von Tänikon ist Konrad von Klingenberg als Wohltäter herausgehoben:* Obiit ain Bischof von Frisingen het gen hundert pfund Costenzer an ein Hof ze Hilispach davon sol man den frowen allweg an dem Samstag win gen und in der vastun fisch *(Das Jahrzeitbuch des Klosters Tänikon, S. 24).*

*Die urkundlich belegte Stiftung des Bischofs Heinrich von Klingenberg ist hingegen nicht ins Totenbuch ein- oder nachgetragen worden*[66]. *Ein Versäumnis ohne Vorsatz: Solche ›Nachlässigkeiten‹ sind in fast allen mittelalterlichen Totenbüchern zu beobachten*[67].

*Die Einträge zu den Herren von Klingenberg verdichten sich demnach um die Person der Äbtissin Katharina und deren engste Verwandte, um Mutter, Onkel und Geschwister. Danach verloren die Klingenberger ihr Interesse an dem Zisterzienserinnenkloster und wandten sich dem (von ihrem Stammsitz aus) näher gelegenen Dominikanerinnenkloster St. Katharinenthal bei Dießenhofen zu*[68]. *Erst zu Beginn des 16. Jahrhunderts traten ausgewählte männliche Vertreter des Geschlechts im Feldbacher Nekrolog erneut in Erscheinung*[69]. *Die Beweggründe für ihre Rückbesinnung auf das (nunmehr) thurgauische Frauenkloster, in dem ein Teil ihrer Vorfahren bestattet lag, kennen wir nicht. Klingenberger Töchter, die die Memoria ihrer Väter, Mütter, Brüder oder Schwestern hätten pflegen können, sind in dieser Zeit in Feldbach auf jeden Fall keine mehr belegt.*

*An die Stelle der Herren von Klingenberg trat im Verlauf des 14. Jahrhunderts das Konstanzer Geschlecht der Goldast*[70]. *Ja, mit insgesamt 23 Einträgen überragen die Goldasts zahlenmäßig alle anderen im Nekrolog genannten Geschlechter. Über die Familie ist wenig bekannt, und die Nachbenennungen sind in ihrem Fall zu zahlreich, als dass es möglich wäre, Generationen oder Seitenlinien auseinanderzuhalten*[71]. *Fast alle heißen auf der Männerseite Heinrich und auf der Frauenseite Elisabeth. Wiederholt werden Träger des Namens aber als besondere Freunde des Klosters* (amicus noster fidelissimus) *herausgestellt, darunter Heinrich Goldast († 1394), der*

---

66 *Der Konstanzer Bischof Heinrich von Klingenberg hatte das Kloster Feldbach neben vielen anderen geistlichen Einrichtungen der Region in seinem Testament aus dem Jahr 1299 bedacht (Thurgauisches Urkundenbuch, Bd. 3: 1251–1300, S. 956, Nr. 949).*

67 *Das Jahrzeitbuch des Klosters Tänikon, S. 8.*

68 *MÜLLER, Studien zur Besitz- und Sozialgeschichte des Dominikanerinnenklosters St. Katharinental bei Dießenhofen, S. 24–36; EUGSTER/BAUMER-MÜLLER, St. Katharinental. In: Die Dominikaner und Dominikanerinnen (Helvetia Sacra V, 5, 2), S. 823 f.; FOLINI, Katharinental und Töss, S. 90–230.*

69 *Die Gebrüder Eberhard und Wolfgang von Klingenberg († 1519), Landkomtur des Deutschen Ordens, sowie Heinrich und sein 1499 verstorbener Bruder Kaspar von Klingenberg (Nekrolog, p. 12, 18, 57, 113, 114). Zu Wolfgang von Klingenberg vgl. ROTH VON SCHRECKENSTEIN, Die Insel Mainau, S. 81–88.*

70 *KINDLER VON KNOBLOCH, Oberbadisches Geschlechterbuch, Bd. 2, S. 354 f.; Das Wappenbuch von Zůrich, S. 166, Nr. 441. Bei HEIERMANN, Die Gesellschaft »zur Katz« in Konstanz, S. 237, Nr. 106, ist einzig Ulrich Goldast aufgeführt, der in den Jahren 1424 und 1425 Mitglied der Gesellschaft war. Dieser Ulrich soll 1436 das Schloss derer von Helmsdorf bei Immenstadt gekauft haben. Er ist aber nicht mit dem Ulrich Goldast des Nekrologs identisch, dessen Todesdatum sich dank Grabplatte auf das Jahr 1317 festlegen lässt, siehe SENNHAUSER, Feldbach. In: Zisterzienserbauten in der Schweiz, S. 98.*

71 *Selbst ein Schreiber* (scriptor Goldasti) *und eine Magd eines ungenannten Goldasts* (famula dicti Goldåsti) *fanden Eingang in das Feldbacher Totenbuch (Nekrolog, p. 37, 38).*

*Dekan des Konstanzer Domkapitels, sowie ein weiterer Heinrich und ein Ulrich.*[72] *Ein dritter Heinrich Goldast wird als* pater noster fidelissimus *vorgestellt, während Konrad Goldast, von 1383 bis 1412 Abt des St. Georgenklosters in Stein am Rhein, im Totenbuch nur als* pater noster *erinnert wird*[73]. *Bei der* mater monialis *Elisabeth Goldast heißt es, sie sei dem Kloster sehr treu ergeben gewesen*, que valde videlis fuit huic monasterio[74]. *Mehrere Goldasts wählten in Feldbach schließlich auch ihre Grablege, um am Jüngsten Tag in der Nähe ihrer Töchter aufzuerstehen*[75].

*1387 trat Feldbach in das Burgrecht der Stadt Konstanz ein*[76]. *Daraufhin schickten in der Folgezeit generell immer mehr Familien aus Konstanz und Radolfzell ihre Töchter in das nahegelegene Kloster Feldbach oder bedachten ihre im Kloster lebenden Angehörigen mit bald größeren, bald kleineren Legaten*[77]. *Nach einer Serie von Äbtissinnen, die mehrheitlich aus Konstanz stammten, übernahm in den Dreißigerjahren des 15. Jahrhunderts schließlich eine Elisabeth Goldast die Leitung des Klosters*[78]. *Elisabeth war die Auftraggeberin beziehungsweise »Stifterin« der eingangs erwähnten Benediktregel. Auf diese Stiftung weist ihre Jahrzeit auch explizit hin. Der Eintrag hebt sich paläographisch durch die Verwendung einer gepflegten Textura markant von allen anderen Einträgen des Mittelalterteils ab (Abb. 2):*

> Obiit Elizabeth Goldåstin, von der git man ielicher frowen und o͗ch dem bichter ainen schilling pfenning und ain mâss wins, die o͗ch vil gúttes disem gotzhus hat getan, do si abbtissin was, und darvor und darnach, und hа͗t o͗ch disú Regel gefrúmet und gestifftet[79].

---

[72] *Nekrolog, p. 39, 45, 72.*

[73] *Nekrolog, p. 22. Nach* Waldvogel, *Stein am Rhein. In: Frühe Klöster (Helvetia Sacra III, 1, 3), S. 1557 f., drohte »Bischof Ulrich III. von Konstanz Abt und Konvent zu Stein mit der Suspension«, »weil sie sich weigerten, seine* primariae Preces *betreffend die Aufnahme seines Verwandten Konrad, Sohn des Heinrich Goldast von Konstanz, als Konventualen anzuerkennen.« Dieser Konrad habe dann 69 Jahre lang im Kloster gelebt, davon 29 Jahre, in denen er sich als »einer seiner tüchtigsten Äbte« hervorgetan habe.*

[74] *Nekrolog, p. 16.*

[75] *Nekrolog, p. 6, 30, 45. Vgl.* Sennhauser, *Feldbach. In: Zisterzienserbauten in der Schweiz, S. 98, 100, 108.*

[76] Meyer-Marthaler, *Feldbach. In: Die Zisterzienser und Zisterzienserinnen (Helvetia Sacra III, 3, 2), S. 638. Vgl.* Würgler, *Art. Burgrecht. In: Historisches Lexikon der Schweiz (www.hls-dhs-dss.ch/textes/d/D9829.php. Letzter Zugriff am 20. 8. 2019);* Hohlstein, *Monastischer Reformwiderstand unter städtischem Schutz, S. 129–146.*

[77] *Siehe* Baur, *Testament und Bürgerschaft, S. 150.*

[78] Meyer-Marthaler, *Feldbach. In: Die Zisterzienser und Zisterzienserinnen (Helvetia Sacra III, 3, 2), S. 654 f.: Ihre Vorgängerinnen waren Ursula Schmerlin, Klara von Roggwil, Dorothea Aichhörnin und Elisabeth Vochentzin.*

[79] *Nekrolog, p. 14.*

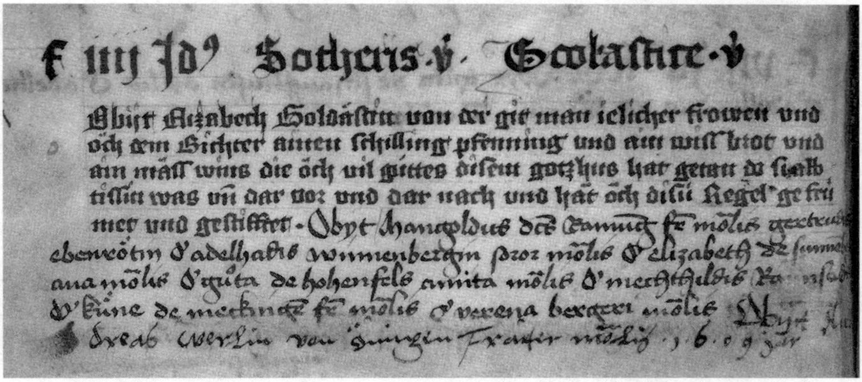
f iiij Id9 Sotheris v. Scolastice v.
Obiit Elizabeth Goldästin von der git man ieklicher frowen und och dem Bichter ainen schilling pfenning und ain wiss brot und ain mäss wins die och vil guttes disem gotzhus hat getan da si abbtissin was und dar vor und dar nach und hat och disü Regel gefrümet und gestiftet.

Abb. 2

*Die Erneuerung des Nekrologs in den Dreißigerjahren des 15. Jahrhunderts ist demnach so eindeutig mit dem Namen Goldast verbunden wie hundert Jahre zuvor sein Vorgänger mit dem Namen Klingenberg. Elisabeths Gedenktag war überdies mit einer üppigen Pitanz von einem Schilling, einem Weißbrot und einem Maß Wein (etwas mehr als ein Liter) für den Beichtvater und jede einzelne Schwester verbunden.*

*Insgesamt sechs Feldbacher Klosterfrauen* (moniales) *stammen aus der Konstanzer Familie Goldast. Zwei tragen den Vornamen Adelheid, zwei heißen Elisabeth. Dazu kommen eine Margaretha und eine Gertrud*[80]*. Ähnlich breit vertreten sind mit je sieben Klostertöchtern die Konstanzer Herren von Dettighofen/Tettikofen und die von Stoffeln, ein Hegauer Adelsgeschlecht. Äbtissinnen stellten die von Dettighofen/Tettikofen aber keine. Das gilt auch für die überragende Mehrzahl der 18 Familien, die mit zehn bis vierzehn Einträgen im Feldbacher Totenbuch vertreten sind*[81]*. In der Summe legen ihre Familiennamen aber nahe, dass die soziale Zusammensetzung des Konvents gegen Ende des 14. Jahrhunderts ständisch stärker durchmischt war als noch in der ersten Hälfte des 14. Jahrhunderts, als regionale Adelsgeschlechter wie die von Klingenberg und die von Klingen im Kloster dominierten*[82]*.*

---

80 *Nekrolog, p. 14, 52, 81, 119, 120, 121.*

81 *In alphabetischer Reihenfolge: die Anhorn, Burst, von Blumenberg, von Büßlingen, Gochain, von Hof, von Klingen, von Liebenfels, die Mannenbacher, von Meersburg, Mutler, von Schinen, von Steckborn, vom Stein, von Steinegg, Vochentzer, Vogt und Wiphing.*

82 *Ähnlich das Ergebnis von Kuhn-Rehfus, Die soziale Zusammensetzung der Konvente in den oberschwäbischen Frauenzisterzen, S. 13 und 15.*

## 3. Das Mutterkloster und andere geistliche Institutionen

*In den ersten Jahren seines Bestehens lag die* cura monialium *des Frauenklosters in weltgeistlicher Hand*[83]. *1262 wird Feldbach in den Urkunden dann erstmals als Tochter des Mutterklosters Salem bezeichnet*[84]. *Fortan übernahmen Salemer Äbte – im Nekrolog meist als* pater noster amantissimus *oder als* amicus noster fidelis *herausgestellt – die geistliche Leitung des Filialklosters am Untersee*[85]. *Namentlich genannt werden im Totenbuch:*

*Schaubild 3: Äbte von Salem (Salmannsweiler)*[86]

| | | |
|---|---|---|
| *21. Februar* | *Georg Münch* | *(1441–1458)* |
| *19. Mai* | *Petrus Ochser* | *(1417–1441)* |
| *21. Mai* | *Wilhelm Schrailk* | *(1373–1395)* |
| *20. Juni* | *Ulrich von Werdenberg-Sargans* | *(1337–1358)* |
| *6. Juli* | *Ulrich Gräter* | *(1276–1282)* |
| *5. November* | *Berthold Tutz* | *(1358–1373)* |
| *2. Dezember* | *Konrad von Enslingen* | *(1311–1337)* |

*Münch, der letzte im Nekrolog aufgeführte mittelalterliche Abt von Salmannsweiler, fand allerdings nicht als Amtsträger beziehungsweise Vaterabt Eingang in das klösterliche Totengedenken, sondern in seiner Eigenschaft als Onkel* (patruus) *zweier Feldbacher Konventualinnen (Schwestertöchter)*[87]. *Der Bezug zwischen Mutter- und Tochterkloster lockerte sich im Verlauf des 15. Jahrhunderts merklich, bis nach Abt Georg Münch im Nekrolog schließlich gar keine Kontakte mehr nach Salem nachweisbar sind. Mehr als hundert Jahre später erneuerte Abt Vitus Nekher*

---

83 *Dementsprechend zählt der Gedenktag des Plebans Burkhard von Steckborn zu den ältesten Einträgen des Totenbuchs (Nekrolog, p. 85). Im Nekrolog erscheinen überdies zwei Plebane der nahegelegenen Dorfkirche St. Agatha in Hemmenhofen, Johannes Kärlin und Johannes Rott, letzterer wird als* amicus noster videlissimus *adressiert (ebd., p. 7, 96).*

84 *MEYER-MARTHALER, Feldbach. In: Die Zisterzienser und Zisterzienserinnen (Helvetia Sacra III, 3, 2), S. 635 und 642.*

85 *Auch bei geschäftlichen Transaktionen waren die Salemer Äbte im 14. Jahrhundert noch häufig zugegen.*

86 *Nekrolog, p. 18, 47, 57, 63, 103, 112. Vgl. KALLER, Salem. In: Die Zisterzienser und Zisterzienserinnen (Helvetia Sacra III, 3, 1), S. 354–359. Das Nekrologium von Salem ging 1510 in Flammen auf, weswegen wir keine Informationen darüber besitzen, in welcher Form die Mutterabtei das Tochterkloster in das eigene Totengedenken einbezog. 1450 hatte Bruder Maternus Guldemann in Auszügen einen zweiteiligen* Catalogus defunctorum *zusammengestellt, der sich heute im Zisterzienserkloster Stams (Tirol) befindet. Der vordere Teil des Katalogs ist ausgewählten Salemer Mönchen gewidmet, der hintere war für fremde Religiosen und Laien bestimmt. Hinweise auf die befreundeten Frauengemeinschaften finden sich keine darin, vgl. BAUMANN, Das Totenbuch von Salem, S. 351–380.*

87 *Nekrolog, p. 18.*

(1583–1587) die Beziehung zum Tochterkloster[88]. Seit 1582 erfolgte in Feldbach die Äbtissinnenwahl nämlich wieder unter der Leitung der früheren Mutterabtei[89]. Es sollte aber eine kurze Episode werden, denn 1603 ging die Paternitätsgewalt aus politischen Gründen an das aargauische beziehungsweise eidgenössische Wettingen über.

Nicht nur an Äbte, sondern auch an ausgewählte Mönche und Beichtväter aus dem Mutterkloster wurde in Feldbach jährlich erinnert. Es sind insgesamt aber zu wenige Namen, um auf eine institutionalisierte Gebetsverbrüderung zwischen Mutter- und Tochterkloster zu schließen[90]. Fünf Mönche werden als Beichtväter vorgestellt, die die geistlichen Frauen vor und nach Nikolaus Kämerlin betreut hatten (Schaubild 4). Todesdaten fehlen in allen Fällen. Kämerlin selbst ist im Totenbuch nicht vertreten. Das könnte ein Indiz dafür sein, dass nicht nur die Regel, sondern auch der Mittelalterteil des Nekrologs von seiner Hand stammte (das argumentum ex silentio wäre eben sein fehlender Eintrag):

Schaubild 4: Beichtväter aus Salem (Salmannsweiler)[91]

| | |
|---|---|
| 12. Januar | Johannes von Solidoro, monachus et confessores [!] |
| 20. März | Konrad Gerung, monachus in Salem, nobis confessoris [!] |
| 5. April | Nůbro, monachus et confessor |
| 16. Mai | Konrad von Schanbach, monachus et confessor |
| 11. September | Rudolf von Güttingen, monachus et confessor |

Als amicus noster herausgehoben wird einzig der Salemer Kantor Heinrich[92]. Weitere drei Salemer Mönche fanden als frater monialis Eingang in das Feldbacher Nekrolog[93].

1603 wurde Feldbach dem Zisterzienserkloster Wettingen unterstellt. Fortan sind — von Petrus Schmid (1594–1633) bis Basilius Reuty (1694–1703) — alle Wettinger »Äbte und Visitatoren« im Nekrolog des Tochterklosters vertreten[94]. Dasselbe gilt auch für die bemerkenswert häufig wechselnden Beichtväter. Dem Album

---

88 Nekrolog, p. 106. Vgl. KALLER, Salem. In: Die Zisterzienser und Zisterzienserinnen (Helvetia Sacra III, 3, 1), S. 364f.

89 MEYER-MARTHALER, Feldbach. In: Die Zisterzienser und Zisterzienserinnen (Helvetia Sacra III, 3, 2), S. 639.

90 Wie etwa zwischen Tennenbach und Günterstal bei Freiburg, vgl. II. & III. parthenii Güntherathalensis Ord. Cisterc. Liber vitæ duplex quorum prior personas religiosas, posterior vero plerumque sæculares complectitur. Descriptus anno 1762. In: Collectio septemdecim cum antiquorum ut vocant librorum vitae tum novorum necrologiorum, Bd. 1, S. 1–151.

91 Nekrolog, p. 4, 27, 32, 46, 85.

92 Nekrolog, p. 20.

93 Nekrolog, p. 29, 97, 116 (Heinrich Anhorn, Konrad Bader und Walter Stocker).

94 HÄGLER/KOTTMANN, Wettingen. In: Die Zisterzienser und Zisterzienserinnen (Helvetia Sacra III, 3, 1), S. 468–480.

*Wettingense zufolge stammten sie im 17. Jahrhundert ausschließlich aus der Eidgenossenschaft (Aarau, Baden, Bremgarten, Luzern, Mellingen, Sarnen, Solothurn, Stans, Uznach, Wil und Zug); die Äbtissinnen kamen zu dieser Zeit überwiegend aus Oberschwaben, eine interessante Mischung, hier Innerschweiz, da Oberschwaben:*

*Schaubild 5: Beichtväter aus Wettingen*[95]

| | | | |
|---|---|---|---|
| *Bernhard Müller* | *(† 1631)* | *Augustinus Keller* | *(† 1668)* |
| *Heinrich Schnider* | *(† 1638)* | *Gabriel Moser* | *(† 1669)* |
| *Heinrich Huwiler* | *(† 1649)* | *Meinrad Vigier* | *(† 1671)* |
| *Karl Wirz* | *(† 1650)* | *Nivard Dreyer* | *(† 1672)* |
| *Joseph Zimmermann* | *(† 1653)* | *Edmund Schneider* | *(† 1682)* |
| *Nicasius von Fleckenstein* | *(† 1657)* | *Fidel Molitor* | *(† 1685)* |

*In Feldbach beisetzen ließ sich aber keiner der acht Beichtväter aus der Innerschweiz*[96]*, selbst der 1631 verstorbene Beichtvater Bernhard Müller aus Zug nicht, dessen Nichte Klosterfrau in Feldbach war*[97]*. Das lässt an ihrer Integration und Akzeptanz berechtigte Zweifel hegen.*

*Über die Ordensgrenzen hinaus stand Feldbach auch mit der altehrwürdigen Benediktinerabtei Reichenau im ›Gebetsaustausch‹. Viele Feldbacher Klostergüter waren ursprünglich reichenauische Lehen gewesen*[98]*. Das schweißte zusammen. Genannt werden die Äbte Diethelm von Kastell (1306–1343), Eberhard von Brandis (1343–1379) und dessen Neffe Mangold (1383–1385), ab 1384 zugleich Bischof von Konstanz, der meist im Städtchen Steckborn, in unmittelbarer Nähe zum Kloster Feldbach residierte*[99]*. Abt Friedrich von Zollern (1402–1427) fand genauso Eingang in das Nekrolog wie Friedrich von Wartenberg (1427–1453), den das Nekrolog als Bruder einer Feldbacher Klosterfrau vorstellt* (frater monialis)[100].

---

[95] *Nekrolog, p. 24, 25, 47, 52, 68, 84, 97, 100, 101, 108, 112, 116.*

[96] *Meinrad Vigier aus Solothurn wählte das Schwesterkloster Frauenthal, Edmund Schnider aus dem badischen Mellingen Kalchrain und Fidelis Müller aus Wil das St. Gallische Magdenau als Ort ihrer Grablege (Album Wettingense, S. 72, 73 f., 175 f.).*

[97] *Nekrolog, p. 112. Im Nekrolog verzeichnet sind sein 1617 verstorbener Vater und seine 1626 verstorbene Schwester Barbara (ebd., p. 23, 56).*

[98] *Derschka, Die Reichenauer Lehenbücher der Äbte Friedrich von Zollern (1402–1427) und Friedrich von Wartenberg (1428–1453), S. LXVI; Lehenbuch Zollern Nr. 66, S. 8; Nr. 219, S. 25; Lehenbuch Wartenberg Nr. 199 f., S. 119; Nr. 317, S. 134; Nr. 360, 362, S. 139; Nr. 363, S. 140; Nr. 1180, S. 270.*

[99] *Nekrolog, p. 25, 91, 108. Vgl. Begrich, Reichenau. In: Frühe Klöster (Helvetia Sacra III, 1, 1), S. 1084–1087.*

[100] *Nekrolog, p. 71, 121. Vgl. Begrich, Reichenau (wie Anm. oben), S. 1087–1089.*

*Die Verbindung von Kloster zu Kloster war primär institutioneller Art*[101]*. Im Falle von Salem und Wettingen spiegelt sich die Hierarchie zwischen Mutter- und Tochterkloster in den Nekrologeinträgen wider, im Falle des Klosters Reichenau kommen lehnrechtliche ›Abhängigkeiten‹ zum Tragen. Punktuell aufgeweicht wird das hierarchische Gefälle zwischen Mutterabtei und Tochterkloster auf der Ebene der Personen, wenn aus dem formalen* pater noster, *ein* pater noster amantissimus *oder ein* amicus fidelissimus *wird. Freundschaftsbekundungen dieser Art haben im wortkargen Kontext eines Nekrologs eine weitreichende Bedeutung. Es sind Freundschaften, deren Bindekraft über das Diesseits hinauswirken soll.*

*Horizontale Beziehungen zu anderen Filialklöstern Salems oder (später) Wettingens sind im Nekrolog keine festgehalten. Das ist aber keine Feldbacher Eigenheit, sondern lässt sich (den Ordensstrukturen entsprechend) bei den meisten spätmittelalterlichen Totenbüchern aus dem Zisterzienserorden beobachten. An vier Stellen treten Klosterfrauen aus dem benachbarten Zisterzienserinnenkloster Kalchrain (Thurgau) in Erscheinung, vermutlich eine Stiftung des Freisinger Bischofs Konrad von Klingenberg, die Feldbach institutionell nahestand; die Verbindungslinien aber verlaufen nicht über die Institution, sondern abermals über Personen*[102]*. Andere Frauenklöster der Region finden im mittelalterlichen Nekrologteil keine Erwähnung. Das änderte sich auch in der Frühen Neuzeit nicht grundlegend. Zu Kalchrain gesellten sich im Verlauf des 17. Jahrhunderts Friedenweiler im Schwarzwald, St. Klara in Zug, Maria Engel in Appenzell und St. Peter am Bach in Schwyz sowie das nahegelegene Stift Münsterlingen und auf der Männerseite das Kloster Engelberg im heutigen Kanton Obwalden, das Kloster Reichenbach im Murgtal sowie das Kloster Weingarten im heutigen Landkreis Ravensburg*[103]*. Die Verbindungslinie zwischen*

---

101 *Anders als beim Ordensklerus ist beim Dom- und Stiftsklerus das Bindeglied gewöhnlich die Verwandtschaft, wie bei den Chorherren von St. Johann, Johann Güttinger (1345–1347), Heinrich Livi (1371–1381) und dem* canonicus *Jodocus Landolt, ersichtlich, siehe* BEYERLE, *Die Geschichte des Chorstifts, S. 401 f. Johann Güttinger, Praepositus von St. Johann, dürfte dem Nekrolog zufolge der Sohn von Elisabeth und Konrad Güttinger und der Bruder von Adelheid und der Konventualin Elisabeth Güttingerin gewesen sein (Nekrolog, p. 5, 33, 40). Jodocus Landolt war Sohn der Ursula und des Nikolaus Landolt und Bruder der Klosterfrauen Fidis, Verena, Vida und Ursula (ebd., p. 1, 10, 85, 109, 110, 117, 118). Nur Tochter Anna Landoltin war keine Klosterfrau. Als Bruder einer Konventualin wird auch der 1453 verstorbene Johannes Berger aus dem Chorherrenstift Kreuzlingen vorgestellt (ebd, p. 39). Vgl.* SCHMUTZ/STÖCKLY, *Kreuzlingen. In: Die Augustiner-Chorherren und die Chorfrauen-Gemeinschaften (Helvetia Sacra IV, 2), S. 248–302.*

102 *Nekrolog, p. 8, 29, 75, 104. Kalchrain war anscheinend eine Stiftung des Bischofs Konrad von Freising (Thurgauisches Urkundenbuch, Bd. 4: 1300–1340, Nr. 1484, S. 599 f.). Die Klostertradition schreibt die Anfänge allerdings Ulrich Walter von Klingen zu und nicht Konrad von Klingenberg, vgl.* MEYER-MARTHALER, *Kalchrain (Helvetia Sacra III, 3, 2), S. 740 f.;* RAIMANN/ERNI, *Die Kunstdenkmäler des Kantons Thurgau, Bd. 6: Der Bezirk Steckborn, S. 146–176.*

103 *Nekrolog, p. 8, 11, 17, 31, 34, 40, 68, 88, 104. Vgl.* BÜCHLER-MATTMANN/HEER, *Engelberg. In: Frühe Klöster (Helvetia Sacra III, 1, 1), S. 601.*

*Feldbach und dem weit entfernten Engelberg verlief über die Luzerner Patrizierfamilie zur Gilgen*[104].

## 4. Verwandtschaftsbande

*Die Bezugspunkte zwischen den Institutionen sind für uns leichter zu erkennen als die personellen Verflechtungen zwischen Feldbach und den zahlreichen Adelsgeschlechtern und Bürgerfamilien der Region, deren Töchter im Verlauf von über vierhundert Jahren in Feldbach ihre Profess ablegten. Gerade die ›Klostertöchter‹ werden in den genealogischen Handbüchern des 19. Jahrhunderts, die sich im Geiste der Zeit auf die Agnaten fokussieren, häufig ausgeblendet. Aus meinen bisherigen Ausführungen sollte jedoch deutlich geworden sein, dass die Verwandtschaftsbande im Feldbacher Nekrolog so wichtig waren wie in keinem anderen Totenbuch aus dem Zisterzienserorden, ja vielleicht wie in keinem anderen Totenbuch der Zeit*[105]*! Dementsprechend wirkt das Feldbacher Totenbuch wie eine in Buchform gegossene monumentale Kollektivjahrzeit zugunsten aller zum Familienkern gehörenden Verwandten der Klosterangehörigen*[106].

*Über die Jahrhunderte hinweg führten die Schreiber und Schreiberinnen in Feldbach nämlich akribisch darüber Buch, in welchem Verwandtschaftsverhältnis die Kommemorierten mit den Kommemorierenden standen. Je mehr Namen im Totenbuch aufgeführt sind, desto schwieriger fällt es jedoch, trotz des Hinweises, diese oder jener sei Bruder, Mutter, Schwester oder Vater einer Klosterfrau, die Personen einander zuzuordnen. Mit einer Ausnahme wird nämlich nie präzisiert, wessen Vater, Schwester, Mutter oder Bruder gemeint ist. Die Zuordnung erschweren bei allen Gesellschaftsgruppen die zahlreichen Nachbenennungen: Töchter, die wie ihre Mütter und Söhne, die wie ihre Väter oder Großväter heißen*[107]*. Nur bei den Geschwistern der Elisabeth Bridlerin aus Weinfelden wird präzisiert, sie seien der* frater Elizabeth

---

[104] *Nekrolog, p. 1, 31, 40, 61, 77, 122: Maria Regina zur Gilgen († 1687) war Feldbacher Konventualin. Im Totenbuch eingetragen sind Vater Hans Jost († 1627), die Brüder Melchior († 1681) und Adelmus († 1676), Konventual in Engelberg, sowie ihre Schwestern Maria Anastasia († 1682) und Maria Barbara, Konventualin im Kloster St. Peter in Schwyz († 1667).*

[105] *Über die verwandtschaftlichen Verflechtungen zwischen Kloster und Welt liegen zahlreiche Studien vor. Aber selten erlaubt das Material einen solch genauen Einblick wie im Fall des Feldbacher Nekrologs. Vgl. Schreiner,* Consanguinitas, *S. 176–305; Denne, Die Frauenklöster im spätmittelalterlichen Freiburg im Breisgau, S. 111–211; Kleinjung, Frauenklöster als Kommunikationszentren und soziale Räume, S. 212–281; Dies., Nonnen und Personal, Familien und Stifter, S. 225–263; Moddelmog, Die Klarissen von Königsfelden und ihre Verwandten, S. 128–169.*

[106] *Weiter entfernte Verwandte werden (von fünf Ausnahmen abgesehen) im Feldbacher Totenbuch nicht ausgewiesen: zwei Großväter und eine Großmutter, eine Tante und ein Onkel (Nekrolog, p. 3, 14, 18, 56, 110).*

[107] *Nekrolog, p. 1, 2, 5, 6, 7, 11, 12, 14, 19, 21, 24, 25, 27, 29, 31, 35, 38, 39, 40, 42, 43, 44, 48, 50, 54, 56, 57, 59, 63, 65, 66, 67, 69, 73, 74, 75, 76, 77, 79, 80, 82, 83, 84, 85, 86, 88, 92, 93, 94, 95,*

Bridlery, monialis huius monasterii, *und die* soror carnalis monialis Elisabeth Bridelerin[108]. *Elisabeth selbst ließ ihren Gedenktag am Todestag ihrer Mutter Agnes eintragen, ein wichtiges Signal, dass der Eintritt in die Klostergemeinschaft keinen Bruch mit der Herkunftsfamilie nach sich zog; vielmehr schweißte das Totengedenken zusammen, was aus Gründen der Verwandtschaft zusammengehörte*[109].

*Der demographische Zufall entscheidet darüber, ob und wie viele Kinder einem Ehepaar beschieden werden*[110]. *Ob, wie viele und welche Kinder für eine geistliche Laufbahn bestimmt sein sollten, war hingegen eine Frage, die jede Familie für sich etwas anders beantwortete, die aber oft in Korrelation mit den demographischen Befunden steht. Waren einem viele Töchter beschieden, wuchs die Bereitschaft, Geschwisterpaare in das Kloster zu geben. Der Orden beschränkte die Zahl der Profess-Schwestern aus ein und derselben Familie erst gegen Ende des 14. Jahrhunderts auf zwei*[111]. *Noch eine andere Frage war es, ob man in dem Kloster, in dem die eigene Tochter lebte, seinen Jahrtag begangen haben wollte oder gar seine Grablege wünschte.*

*Die Antworten waren vielfältiger als auf Anhieb zu vermuten. Bei den einen finden wir in den Einträgen nachweislich Vater, Mutter und alle Geschwister vertreten (erinnert sei an die Kinder der Willburg von Klingenberg oder der Elisabeth von Kärnten); bei den anderen können wir dieselbe Konstellation ob der Vielzahl der Einträge, die aus demselben Zeitraum stammen, nur vermuten. Bei noch anderen scheint es, als hätten nur die Eltern eine* Memoria *in dem Kloster gewünscht, in dem ihre Tochter lebte. Dementsprechend sind im Feldbacher Nekrolog häufig Dreiergruppen von Vater, Mutter und Tochter belegt*[112]. *Sehr häufig finden wir aber auch ausgewählte Paarkonstellationen bestehend aus Mutter und Tochter, Vater und Tochter, Bruder und Schwester oder Schwester und Schwester.*

*96, 97, 99, 101, 103, 105, 107, 109, 110, 112, 113, 114, 116, 120, 122. Zu den Nachbenennungen vgl.* ROLKER, Das Spiel der Namen, *S. 114–145.*

108 *Nekrolog, p. 24, 74. Elisabeths Vater Hans war 1499 gestorben. Von derselben Hand, die die Einträge zu Vater, Mutter und Tochter vorgenommen hatte (ebd., p. 1, 114), stammt auch der Eintrag:* Obiit Elizabeth Pridlerin, que sororem habuit in hoc presenti monasterio *(ebd., p. 95).*

109 *Nekrolog, p. 1.*

110 *Die Unterschiede zwischen Mittelalter und Früher Neuzeit sind in dieser Hinsicht allerdings markant: Im 17. Jahrhundert beeindruckt die Vielzahl der Kinder, die aus ein und derselben Familie stammen.*

111 *Zunächst versuchte der Orden nur bei den Äbtissinnen die Zahl der leiblichen Verwandten, die zugleich im Kloster lebten, auf zwei einzugrenzen (1314):* Statuta Capitulorum Generalium Ordinis Cisterciensis, *Bd. 3: 1262–1400, Nr. 4, S. 328 f. Gegen Ende des Jahrhunderts folgte die Bestimmung, nur zwei leibliche Brüder oder Schwestern zugleich in den Konvent aufzunehmen und nicht mehr als drei, die aus derselben Provinz stammten (1374, 1390, 1460, 1496): ebd., Nr. 1, S. 553 f., Nr. 5, S. 575). Vgl.* KRENIG, *Mittelalterliche Frauenklöster nach den Konstitutionen von Cîteaux, S. 51.*

112 *So unter anderem bei den Familien von Bermatingen, von Bolschusen, von Hemmenhofen, Höschlin, Hux, von Lutrach und Sattler.*

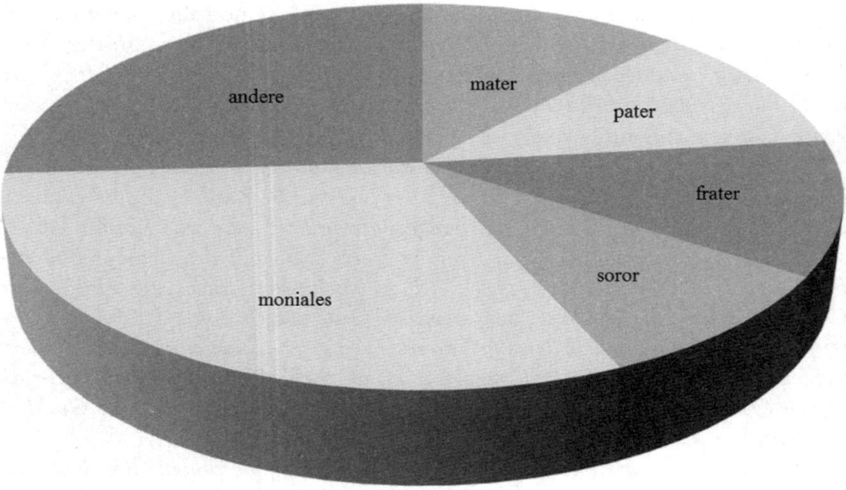


*In einigen wenigen Fällen wünschten die Betreffenden darüber hinaus einen gemeinsamen Gedenktag mit ihren Müttern, Vätern oder Geschwistern*[113]*. Ein ausdrucksstärkeres Mittel, um über den Tod hinaus soziale Zusammengehörigkeit zu markieren, als den gemeinsamen Gedenktag gibt es nicht.*

*Von den rund 1.200 von Hand A getätigten Einträgen des Feldbacher Totenbuchs beziehen sich fast die Hälfte, genau 46 Prozent (548) auf Mütter, Väter, Brüder und Schwestern von Feldbacher Konventsangehörigen, Laienschwestern* (sorores laicae) *miteingerechnet*[114]*. Die Klosterfrauen selbst machen 32 Prozent (381) der 1.200 Ein-*

---

[113] *Adelheid Güttingerin ließ ihren Gedenktag bei ihrer Mutter Elisabeth eintragen (Nekrolog, p. 40); Mutter Margaretha Bättmingerin suchte die memoriale Nähe zu ihrer Tochter, der Klosterfrau Ursula (ebd., p. 106); die* Memoria *der Konventualin Margaretha Rockwilerin ist um den Zusatz erweitert,* et frater eius Hainricus *(ebd., p. 97); Ulrich Märstetter entschied sich für den Todestag seiner Mutter Anna (ebd., p. 74); bei der Familie Fer finden wir Vater und Sohn, Jodocus und Johannes, und Mutter und Sohn, Margaretha und Ulrich mit je einem gemeinsamen, außer für Margaretha von derselben Hand H eingetragenen Jahrtag vertreten (ebd., p. 59, 102).*

[114] *Die Zahl der Laienschwestern — nur sie werden im Feldbacher Nekrolog als Schwestern bezeichnet — ist in dem von Hand A geschriebenen Mittelalter-Block mit zwanzig (zu 23 Konversen) im zeitgenössischen Vergleich ungewöhnlich hoch. Drei Schwestern erscheinen nur mit Vornamen (Nekrolog, p. 2, 4, 64), 17 mit Nachnamen: Anna Ferin (ebd., p. 13); Mechthild von Stein (ebd., p. 18); Elisabeth Segnerin,* laica *(ebd., p. 20); Gertrud von Wilisdorf (ebd., p. 34); Anna Unwillerin (ebd., p. 42); Elisabeth am Berg (ebd., p. 61); Agnes Gőllin (ebd., p. 76); Adelheid Kamerin (ebd., p. 79); Katharina Gastmaisterin (ebd., p. 85); Anna Cristinerin und Anna Mőly (ebd., p. 92); Adelheid von Hemmenhofen (ebd., p. 100); Margaretha von Wil (ebd., p. 105); Adelheid von Singen (ebd., p. 108); Anna Zimmermännin*

*träge aus, also rund ein Drittel. Verwandtschaftsbeziehungen werden bei ihnen aber nicht kenntlich gemacht. Selbst leibliche Schwestern werden als Mitglieder der Schwesterngemeinschaft, als* moniales *memoriert, und nicht als Geschwister.*

*Bei den restlichen 273 (22 Prozent) Einträgen des Kernbestandes fehlt der Zusatz, der sie als Vater, Mutter, Bruder oder Schwester einer Klosterangehörigen ausweist. Über gemeinsame Nachnamen lassen sich jedoch viele dieser anscheinend bezugslosen Personen einer im Totenbuch vertretenen Verwandtschaftsgruppe zuordnen. Zurück bleibt am Schluss ein Rest von rund fünfzig Namen, die im Nekrolog sonst nicht vertreten sind, darunter zahlreiche Welt- und Ordensgeistliche aus der Region.*

*Am häufigsten genannt werden Mütter (148), gefolgt von den Vätern (140) und den Brüdern (140). Das ›Schlusslicht‹ bilden die Schwestern (114)*[115]*. Groß sind die Abweichungen zwischen den Gruppen mit Ausnahme der Schwestern demnach nicht. Nach ihrer Heirat übernahmen sie gewöhnlich den Namen ihrer Männer und lassen sich häufig keiner konkreten Klosterschwester mehr zuordnen. Fehlt bei ihnen der Zusatz* soror, *wird der verwandtschaftliche Bezug zum Kloster vollends unsichtbar*[116]*. Die frühneuzeitlichen Einträge arbeiten mit dem spätmittelalterlichen Formular und setzen die Haustradition fort, in der Apposition zu präzisieren, diese oder jener sei Vater, Mutter, Bruder oder Schwester einer Feldbacher Konventualin. Das Buch begründet die Tradition, gibt die Form vor, auch im benachbarten Tänikon.*

*Die Häufung der Verwandtschaftsangaben ist, wie gesagt, im zeitgenössischen Vergleich einzigartig. Deutlich wird dabei, dass sich das Feldbacher Totengedenken nahezu ausschließlich auf den Familienkern konzentriert. Ähnliches beobachtet Mireille Othenin-Girard in den Jahrzeitenbüchern der Basler Landschaft*[117]*. Dennoch unterscheidet sich das klösterliche Gebetsgedenken formal von den Jahrzeitstiftungen, indem es auf die Klosterfrauen fokussiert, um die herum alle anderen Familienmitglieder wie Trabanten kreisen. Es scheint auf seine Art den Bestimmungen des* Liber usum, *den Gewohnheiten des Zisterzienserordens, zu folgen, der in Bezug auf die Totenliturgie Vater, Mutter, Bruder und Schwester den Ordensbrüdern und -schwestern gleichstellt:* Participes quoque fient omnium eorum que in generali capitulo statuuntur facienda pro fratribus. *Nur für Vater, Mutter, Bruder oder Schwester, heißt es weiter, dürfe der Mönch die Absolution* (misericordiam) *erbitten. Jeder Priester singe für sie in der Privatmesse eine Kollekte; die übrigen Brüder*

*(ebd., p. 110 ); Elisabeth Lúti (ebd., p. 112); Verena Loppin (ebd., p. 118, 121). Die meisten Laienschwestern sind ohne Verwandte im Nekrolog vertreten: ein bemerkenswerter Befund.*

115 *Häufig begegnet der Zusatz »Vater und Bruder« oder »Mutter und Schwester« (Nekrolog, p. 5, 20, 23, 27, 44, 48, 59, 65, 74, 75, 83, 91, 94, 102, 114).*

116 *Die Frauen sind im Feldbacher Totenbuch meist mit dem Namen ihrer Männer vertreten, von wenigen Ausnahmen abgesehen, etwa* Adilhait de Tetikouen, uxor Ber. de Houe *(Nekrolog, p. 97). Anders verhält es sich mit den frühneuzeitlichen Nachträgen, in denen die Frauen meist mit ihrem eigenen Namen erscheinen. Im Totenbuch von Günterstal sind sehr häufig beide Namen eingetragen.*

117 *Othenin-Girard, Ländliche Lebensweise und Lebensformen im Spätmittelalter, S. 144 f.; Signori, Von der Paradiesehe zur Gütergemeinschaft, S. 168–175.*

*sollten für sie die Sieben Bußpsalmen oder ebenso viele* ›Miserere mei deus‹ *oder* ›Pater noster‹ *beten*[118].

## 5. Liturgisches Gedenken, Pitanzen und andere Sachspenden

*Aus den Anfangsjahren des Klosters — genauere Datierungen vorzunehmen ist nicht möglich — sind mehrere Stiftungen belegt, die für den Klosterbau,* pro constructione *bestimmt waren*[119]. *In den von Hand A ein- und nachgetragenen Gedenktagen sind vergleichsweise viele Pitanzen verzeichnet, die aber selten so umfangreich ausfallen wie am Todestag der Äbtissin Elisabeth Goldast*[120]. *Die mit dem individuellen Totengedenken verbundenen Weinspenden waren in Feldbach jedoch so zahlreich, dass der Konvent im Namen der Toten fast jeden zweiten Tag eine zusätzliche Weinration erhielt* (conventui vinum *oder einfach nur* vinum)[121]. *Bei Beatrix von Wolfhart wird präzisiert, dieser Wein solle an ihrem Grab getrunken werden* (conventui vinum ad sepulchrum)[122]. *Um Pitanzen handeln dürfte es sich auch bei dem zahlreich belegten* servicium conventui[123]. *Individuelle Mess-Stiftungen sind im Mittelalterteil hingegen noch vergleichsweise selten*[124]. *Auch im benachbarten Tänikon setzten sie sich erst im Verlauf des 15. Jahrhunderts durch beziehungsweise verdrängte das liturgische Gebetsgedenken die im 14. Jahrhundert vorherrschende Pitanz*[125].

*Mit Ausnahme einer »hübschen Monstranz«, die die Nonne Agnes Livi der Klosterkirche gestiftete hatte, sind in den von Hand A vorgenommenen Einträgen keine Sachstiftungen belegt*[126]. *Erst im 17. Jahrhundert werden sie unter anderem in Gestalt liturgischer Gewänder und Kirchenschmucks etwas häufiger*[127]. *So gelangte Feldbach in der Frühen Neuzeit zu einer Ecce homo-Tafel und zu einem großen, für den Friedhof bestimmten Kreuz*[128]. *Fortan wurde allerdings meist Geld gestiftet; viermal kam dabei* lidlohn *(Arbeitslohn) zum Einsatz*[129].

---

118 Ecclesiastica Officia. *Gebräuchebuch der Zisterzienser aus dem 12. Jahrhundert, S. 174–181.*

119 *Sie stammen von Jakob von Roggwil, den Brüdern Walther, Johannes und Ulrich von Breitfeld, Elisabeth, genannt Goldästin, und dem Priester Konrad von Magenbuch (Nekrolog, p. 9, 11, 17, 61). Sie dürften mit dem Ablass zusammenhängen, den das Kloster 1327 erwarb, siehe* Sennhauser, *Feldbach. In: Zisterzienserbauten in der Schweiz, S. 99.*

120 *Nekrolog, p. 5, 19, 20, 24, 54, 58, 61, 64, 89, 109.*

121 *Nekrolog, p. 1, 5, 10, 11, 18, 25, 26, 28, 29, 31, 32, 38, 39, 44, 47, 51, 55, 56, 69, 72, 76, 77, 79, 80, 88, 92, 94, 101, 106, 108, 109, 110, 111, 115, 117.*

122 *Nekrolog, p. 108. Vgl.* Kyll, *Tod, Begräbnisplatz, Totenfeier, S. 162–164.*

123 *Nekrolog, p. 11, 23, 24, 27, 32, 33, 39, 42, 47, 54, 65, 68, 70, 73, 76, 79, 82, 84, 96, 98, 100, 101, 110, 112, 116, 119, 120. Vgl.* Dolberg, *Die Cistercienser beim Mahle, S. 609–629.*

124 *Nekrolog, p. 5, 54, 95, 99, 122.*

125 *Das Jahrzeitbuch des Klosters Tänikon, S. 46–51.*

126 *Nekrolog, p. 36.*

127 *Nekrolog, p. 3, 95.*

128 *Nekrolog, p. 28* (daß groß creütz auf dem kirchhoff), *102. Vgl.* Čechura, *Gestalt und Funktion mitteleuropäischer Friedhöfe im Licht materieller Quellen, S. 211–236.*

129 *Nekrolog, p. 23, 54, 119, 121.*

*Der Wunsch nach besonderen Gebetsleistungen ist in Feldbach wie auch andernorts eng mit der Frage verknüpft, ob der Stifter vor Ort bestattet war oder nicht*[130]. *Feldbach war seit 1257 im Besitz eines Begräbnisprivilegs*[131]. *Verschiedentlich wird im Nekrolog der Ort der Grablege präzisiert. Die Angaben sind wertvoll, weil im Falle von Feldbach weder Kloster noch Kirche erhalten geblieben sind: Das Grab der Konventualin Klara von Eschenbach lag »vor dem Altar«, während Katharina Englin im Kreuzgang »unter der Gans« bestattet lag; das Grab des Dompropsts Heinrich von Klingenberg befand sich »unter den Ampeln« und dasjenige des Ritters Eglof von Om, eines* pater monialis, *»unter dem Stein beim Choreingang«*[132]. *Der Adlige Kuno von Marbach hatte als Ort seiner Grablege demütig den Klosterfriedhof gewählt*[133]. *Für diejenigen, die in Feldbach beigesetzt waren, beteten die Klosterfrauen die Sieben Bußpsalmen*[134]. *Mit weniger Einschränkungen verbunden war das Beten oder Lesen einer Vigil*[135]. *An den Gebeten beteiligt waren oft auch die Beichtväter des Klosters, die dafür gleichviel Geld bekamen wie die Klosterfrauen*[136]. *Die entsprechenden Einkünfte verwaltete die »Seelfrau« (andernorts als »Jahrzeitmeisterin« bezeichnet), während die Küsterin für die liturgischen Sonderleistungen verantwortlich war*[137]. *Häufiger als auf die Person wird auf das Amt* (sel ampt) *rekurriert*[138]. *Sonst werden im Nekrolog außer bei den Äbtissinnen und den Priorinnen Klosterämter selten genannt*[139].

---

130 *In einem ›Notizbuch‹ aus dem Zisterzienserinnenkloster Günterstal bei Freiburg sind zwei Gebetsordnungen festgehalten: Karlsruhe, Generallandesarchiv 65/247, fol. 27*$^{v}$*–28*$^{r}$ *und 42*$^{r}$*–42*$^{v}$.

131 *Meyer-Marthaler,* Feldbach. *In: Die Zisterzienser und Zisterzienserinnen (Helvetia Sacra III, 3, 2), S. 635.*

132 *Nekrolog, p. 24, 27, 41, 44. Zu den Ampeln siehe Sennhauser,* Feldbach. *In: Zisterzienserbauten in der Schweiz, S. 99.*

133 *Nekrolog, p. 62.*

134 *Nekrolog, p. 1, 5, 9, 10, 18, 19, 27, 28, 29, 31, 32, 36, 38, 44, 45, 51, 54, 58, 61, 62, 83.*

135 *Nekrolog, p. 1, 3, 5, 6, 11, 16, 19, 20, 22, 23, 24, 27, 28, 30, 32, 33, 41, 47, 54, 73, 91, 95, 99, 122.*

136 *Nekrolog, p. 1, 14, 15, 20, 21, 31, 70, 94, 96, 101, 103, 118.*

137 *Nekrolog, p. 10, 19, 20, 28. Aber nur an einer Stelle wird die* pitanciaria *erwähnt (ebd., p. 109).*

138 *Nekrolog, p. 20, 21, 31, 70, 96, 118.*

139 *Nekrolog, p. 27, 28, 30, 31, 34, 36, 38, 50, 69, 72, 96, 97, 102, 106, 115, 118: Judintha* priorissa, *Adelheid Vochentzin, Elisabeth,* dicta Warterin, *Ursula Ludwigin, Beatrix Vögtin, Elisabeth Echingerin († 1508), Dorothea Prinerin († 1527), Katherina Merckoferin (16. Jahrhundert), Katharina Hersterin († 1590), Maria Wirtin († 1603), Barbara Locherin († 1611), Anna Suterin († 1611), Verena Locherin († 1614), Maria von Tobel († 1633), Anna Rütimännin († 1644), Maria Benigna Nefin († 1678), Maria Cäcilia Minderlin († 1682). Hinzukommen fünf Sängerinnen: Seppa, Luitgard und Mechthild sowie Agnes Anwies und Anna Harbendin (ebd., p. 5, 59, 60, 72, 78).*

## 6. Fazit

*Das Feldbacher Nekrolog weist im Vergleich mit anderen spätmittelalterlichen Totenbüchern aus dem Zisterzienserorden einige Besonderheiten auf, die ich abschließend noch einmal kurz Revue passieren lassen möchte:*

1. *Ins Auge sticht zunächst die enge Bindung an das Haus Habsburg, die Feldbach in die Nähe des Klarissenklosters Königsfelden rückt. Fokussiert wird auf den 1308 ermordeten Albrecht I. und seine vielköpfige, in ganz Europa verstreute Kinderschar, die das Feldbacher Nekrolog fast alle mit fürstlichen Prädikaten wie* clarissimus, illustrissimus, serenissimus *etc. auszeichnet. Wie die meisten Totenbücher der Region endet die dynastische Memoria der Habsburger dann aber auch in Feldbach mit dem in der Schlacht von Sempach gefallenen Herzog Leopold III. von Österreich.*
2. *Wie bei den meisten Zisterzienserinnenklöstern Südwestdeutschlands spielt der regionale Adel in der Anfangsphase eine tragende Rolle. Aus der Vielzahl der Adelsgeschlechter der Region stechen die Herren von Klingenberg hervor, die unter anderem in der Person des Bischofs Heinrich von Klingenberg und seines gleichnamigen Onkels eine erste Brücke zwischen Feldbach und Konstanz schlagen.*
3. *Im Verlauf des 14. Jahrhunderts gewinnen die umliegenden Städte sukzessive an Bedeutung, allen voran Konstanz, in dessen Burgrecht das Kloster 1387 trat. Fortan dominieren Konstanzer Familien den Konvent, wie der Abgleich mit den städtischen Urkunden und den von Konrad Beyerle (1872–1933) edierten mittelalterlichen Ratslisten zeigt.*
4. *Anders als das nur dreißig Kilometer entfernte Zisterzienserinnenkloster Tänikon stand Feldbach in einem kontinuierlichen Austausch mit seinem Mutterkloster Salem, das regelmäßig die Beichtväter stellte und auch bei den Geschäften des Filialklosters Präsenz markierte. In der zweiten Hälfte des 15. Jahrhunderts verlor die Mutterabtei jedoch merklich an Einfluss. Der vorläufig letzte Salemer Abt, der sich in Feldbach einen Gedenktag einrichtete, war Georg Münch. Eingang in das Totenbuch fand er aber nicht als »Abt und Visititator«, sondern in seiner Eigenschaft als Onkel zweier Feldbacher Nonnen. Zu Beginn des 17. Jahrhunderts wurde Feldbach dem Mutterkloster Wettingen unterstellt, das an die Traditionen anknüpfte, die sich im Verlauf des 14. Jahrhunderts etabliert hatten.*
5. *Einzigartig im zeitgenössischen Vergleich ist schließlich auch die Aufmerksamkeit, die das Feldbacher Nekrolog den Verwandtschaftsbeziehungen schenkte. Die überragende Mehrzahl der zu kommemorierenden Personen werden im Totenbuch als Mütter, Väter, Brüder oder Schwestern von nicht namentlich genannten Klosterfrauen (*pater, mater, frater *und* soror monialis*) herausgestellt. Entwickelt worden sein dürfte das eigenwillige Formular schon für das Nekrolog, das die Vorlage für die Abschrift bildete, die um die Mitte des 15. Jahrhunderts entstand. Dasselbe Formular sollte bis 1703, als man in Feldbach damit aufhörte, neue Namen in das alte Buch einzutragen, weiter benutzt werden.*

*Über die nachreformatorische Geschichte des Zisterzienserinnenklosters Feldbach ist vergleichsweise wenig bekannt. Im Nekrolog zeichnen sich drei Phasen ab: Die erste Phase betrifft den Wiederaufbau des Klosters nach der* luttery *unter Äbtissinnen, die aus den benachbarten katholischen Orten der Eidgenossenschaft, aus dem St. Gallischen Magdenau (Schmid) und dem St. Gallischen Wil (Wirt und Zimmermann) stammten. Es sind zum Teil dieselben Familien, die auch den Wiederaufbau der Zisterzienserinnenklöster Kalchrain, Magdenau und Tänikon leiteten. Um die Mitte des 17. Jahrhunderts ging die Klosterleitung dann aber an Geschlechter aus Oberschwaben und dem Allgäu über. Ähnlich verhält es sich mit dem Filialkloster Kalchrain (Thurgau). Darin unterscheiden sich Feldbach und Kalchrain markant von den benachbarten Schwesterklöstern Magdenau (St. Gallen) und Tänikon (Thurgau). In demselben Zeitraum nahm auch die Zahl der Töchter wieder zu, die aus dem rekatholisierten Konstanz stammten (Guldinast, Hietlin, Labhart, Leiner, Mehrhardt, Sättelin, Schenk). Die Namen lassen den Wiederaufbau und die Neubelebung des Konventslebens im 17. Jahrhundert als eine von ausgewählten Familien getragene Erneuerungsbewegung erscheinen. Erst gegen Ende des 18. Jahrhunderts ging die Klosterleitung wieder an Äbtissinnen aus der katholischen Eidgenossenschaft über; aber erst als Konstanz zum Großherzogtum Baden kam, »verschweizerte« der Konvent.*

## 7. Editionsrichtlinien

*Ziel der Edition ist es, das Nekrolog nach den Empfehlungen des Archivars Bruno Meyer (1911–1991) möglichst originalgetreu wiederzugeben*[140]*. Zur besseren Lesbarkeit wurden die Informationseinheiten mit Kommata getrennt und die Schreibweisen* u *und* v *dem Lautwert angepasst. Dabei folgt die Interpunktion der alten Rechtschreibung. Abkürzungen und Nasalstriche sind gewöhnlich aufgelöst, letztere meist mit einem ›n‹. Die Abkürzungen für Pfund (lib) und Denar (₰) werden beibehalten und auch die römischen Zahlen (Geldbeträge, Anzahl oder Jahreszahlen) als solche belassen*[141]*. In eckigen Klammern aufgelöst werden die Abkürzungen* o[biit] *und* o[bierunt] *sowie, zur besseren Orientierung, die Jahreszahlen. Häufig wiederkehrende Wendungen (*davon, darumb, *etc.), die im Original auseinander geschrieben sind, werden zusammengeführt, abermals aus Gründen der besseren Lesbarkeit. Eigennamen (Personen, Orte, auch Institutionen) werden groß, Nomina sacra hingegen klein geschrieben. Durchgestrichene Wörter, Buchstaben oder Sätze werden, soweit lesbar, in spitze Klammern* <…> *gesetzt, die von der Bearbeiterin vorgenommenen Kommentare und Ergänzungen in eckige Klammern* […]. *Am Rand nachgetragene oder interlinear ergänzte Wörter werden an entsprechender Stelle im Text mit Schrägstrichen ›/ /‹ kenntlich gemacht und in den Anmerkungen als Ergän-*

---

[140] *Meyer, Das Totenbuch von Wagenhusen, S. 87–187.*
[141] *Derschka, Heller, Pfennige und Gulden, S. 139–143.*

*zung oder Korrektur ausgewiesen. Die Gestaltung der Absätze schließlich folgt, soweit sinnvoll und möglich, der von den zeitgenössischen Händen vorgegebenen Ordnung.*

# II. Das Nekrolog

|| [p. 1]

**Januarius.**

[1.] A. kl. januarii. Circumcisio domini. iii.
[A] Obiit Richenza de Clingen, mater monialis.[1] Obiit Wernherus, dictus der Hund.[2] Obiit Margareta Wursterin, soror monialis.[3] Goldaͤstin, mater monialis.[4] Obiit Ursula Landoltin, monialis, septem psalmos.
[E] Obiit Agnes Bridlerin de Winfelden, mater. Elizabeth Bridlery, monialis [huius] monasterio.[5]
[1659] Obiit Margreta Küngin von Walingen, mater monialis, 1659.[6]
[1681] Obiit junckher Joß Melchior zur [G]ilgen von Lucern, frater monialis, 1681.[7]
[1682] Obiit Ursula Laxnerin von Bludentz, soror laicæ, anno 1682.[8]

[2.] b. iiii. nonas. Octava sancti Stephani.
[A] Obiit Elisabeth Vochotzin, monialis, git vi den. den frowen, dem bichter vi ₰ und ain zwo̊lffer win, und setzt man ier ain vigil zebetten und die vii psalmen und gatt ir úber das grab nach der vesper und nach der meß.
[1634] Obiit Joannes Casparus Schenck, frater monialis ⟨pater⟩ de Constantia, 1634.[9]

---

*An dieser Stelle sei Patrick Fiska (Universität Wien), der für die frühneuzeitlichen Nachträge verantwortlich zeichnet, von Herzen für seine Mitwirkung gedankt.*

1 *Richenza von Hohenberg, die Ehefrau Ulrichs V. zu Neuenburg (1273–1299), vgl. Pupikofer, Geschichte der Freiherren von Klingen, Stammtafel; Kindler von Knobloch, Oberbadisches Geschlechterbuch, Bd. 2, S. 297–299; Die Wappenrolle von Zuͤrich, S. 28 f., Nr. 51.*

2 *Jahrzeitstiftung der Bertha und des Werner Hund vom 7. Juli 1309 (Thurgauisches Urkundenbuch. Bd. 4: 1300–1340, Nr. 1116, S. 198–200: 1309 u. Nr. 1127, S. 214–216: 1310). Zum Stifterpaar vgl. Sonderegger, Zum eigenen und zum Nutzen anderer, S. 226–233.*

3 *Tochter der Adelheid Wursterin (Nekrolog, p. 117).*

4 *Vgl. Die Wappenrolle von Zuͤrich, S. 166, Nr. 441.*

5 *Elisabeth Bridlerin hatte ihre Memoria beim Gedenktag ihrer Mutter eintragen lassen. Sie ist die einzige Feldbacher Klosterfrau, die in den Einträgen ihrer Eltern und Geschwistern konsequent mit ihrem Namen herausgestellt wird. Die Einträge stammen alle aus den ersten Dezennien des 16. Jahrhunderts. Zur Familie Bridler vgl. Rickenmann, Thurgauische Familienwappen, S. 11; André Salathé, Art. Bridler. In: Historisches Lexikon der Schweiz (https://hls-dhs-dss.ch/de/articles/005029/2002-12-30/. Letzter Zugriff am 20. 8. 2019).*

6 *Es ist nicht klar, um welchen Ort es sich handelt. Sollte das schwäbische Balingen gemeint sein?*

7 *Bruder der 1687 verstorbenen Klosterfrau Maria Regina zur Gilgen (Nekrolog, p. 122). Vgl. Messmer/Hoppe, Luzerner Patriziat, S. 512, Nr. 333.*

8 *Im Nekrolog sind mehrere Laienschwestern und ein Laienbruderaus der Familie Laxner belegt, samt Eltern und Geschwister, die fast alle aus dem österreichischen Bludenz kamen (Nekrolog, p. 1, 32, 72, 112, 113, 122).*

9 *Zwei Felderbacher Klosterfrauen tragen den Nachnamen Schenk: Maria Anna und Maria Helena (Nekrolog, p. 15, 104). Als Vater bezeichnet wird der 1645 verstorbene Bernhard Schenk aus Konstanz und als Mutter die 1674 verstorbene Maria Elisabeth Schenkin, eine Geborene Liertzerin ((Nekrolog, p. 6, 12). Im Nekrolog verzeichnet sind außerdem vier*

[3.] c. iii. nonas. Octava sancti Johannis. xi
[A] Obiit Hainricus de Abunrot, pater monialis.[10] Obiit Mechildis de Meßkilch, monialis. Obiit Berchtoldus, conversus. Obiit Anna Schmerlin, mater monialis. Obiit Adelhaidis de Stoffeln, monialis.[11] Obiit Elyzabeth Andrassin, monialis.
[E] Obiit Melchildis de Veldpach et filius eius Hilpoldus, eodem die conventui vinum.[12]
[1637] Obitt f[rater] Simplicianus Schmeid von Gersthoffen, confessarius [?] bey unsser frauwen hilf zu Augspurg, fratter monialis, 1637.[13]
[1638] Obiit frow Afra Meningerin von Magtenaw, soror monialis, 1638.[14]

[p. 2] ||
[4.] d. ii. nonas. Octava Innocentum.
[A] Obiit Katherina Anhorn, monialis. Obiit Hainrich de Roßeneck, frater monialis. Obiit Margareta, soror laica. Obiit Hainricus Vischer, pater monialis.[15]
[16. Jahrhundert] Obiit Wollfgang Herster, ⟨fratter monialis⟩, patter monialis.[16]
[1693] Obiit soror Maria Anthonia Gallin, monialis, 1693.[17]

[5.] e. nonas. januarii.
[A] Obiit Mia Naterin, soror monialis. Obiit Anna Godentzin, monialis.
[1640] Obiit junckher Jörg Friderich von Hallweil, der hochwol adelichen ritterschafft auß schutz, 1640 jahrs, vergabet zu seiner und seiner lieben frawen und kinder sellen hail dem gottshuß 200 gulden ihrer sellen zu gedenkhen. Gott sey im barmhertzig.[18]

*Brüder und zwei Schwestern (Nekrolog, p. 8, 18, 26, 46, 70, 91): Marx, Johann Ulrich, Johann Kaspar und Johann Georg sowie Maria Magdalena, Klosterfrau im etwa dreißig Kilometer von Feldbach entfernten Zisterzierinnenkloster Tänikon, und Maria Ursula, Stiftsdame in Münsterlingen vor den Toren der Stadt Konstanz.*

10 *Verschiedene Schreibweisen Abunrot, Ebenrötin, Ebenröttin (Nekrolog, p. 2, 12, 14, 28).*

11 *Die Wappenrolle von Zürich, S. 76, Nr. 169; Rüeger, Chronik der Stadt und der Landschaft Schaffhausen, S. 973–983.*

12 *Bei den Nachträgen aus den Jahren 1481 bis 1527 sind mehrere Hände zugleich am Werk, die sich zum Teil nur sehr schwer auseinanderhalten lassen (B–D). Der Eintrag zu Mechthild und Hildbold dürfte sich auf die Frühzeit des Klosters Feldbach beziehen und nachträglich in das Totenbuch übertragen worden sein.*

13 *Simplicianus Schmid war Bruder der 1687 verstorbenen Schwester Maria Johanna Schmidin (Nekrolog, p. 46). Gersthofen liegt vor den Toren der Stadt Augsburg. Die Wallfahrtskirche Maria Hilf im Lechfeld, eine Stiftung des Augsburger Bürgermeisters Raimund von Imhof, wurde seit 1606 von Franziskanerbrüdern betreut.*

14 *Schwester der Verena und des Ulrich Meninger, die beide im Pestjahr 1611 verstarben (Nekrolog, p. 6, 93). Im Nekrolog sind nur die Geschwister verzeichnet, nicht die Eltern.*

15 *Vater der Engla Vischerin (Nekrolog, p. 26).*

16 *Vater der 1590 verstorbenen Priorin Katharina Herster aus Zug (Nekrolog, p. 28).*

17 *Im Nekrolog sind nur die Geschwister Anna Maria, Anna Barbara und Hans Jörg Gall vertreten, nicht die Eltern (Nekrolog, p. 3, 45, 91).*

18 *Kindler von Knobloch, Oberbadisches Geschlechterbuch, Bd. 1, S. 528: Georg Friedrich von Hallwil, Rat in Radolfszell, verheiratet mit Maria Magdalena von Bodman.*

[1688] Der woll ehrwürdige und geistliche herr, pater Fridrich von Hallwill, ordinis s. Franncisci, der h[erren] vätern capuciner, vergabet dem gottshauß Feldtbach (zuovor als er in den heiligen orden getretten zuo seiner und seiner lieben elteren und geschwistrigen sellen heill an barren gelt – 300 gulden zuo einem ewigen jahrdag, welcher alle jahr auf Liechtmeß mit 2 heiligen meßen, eine von unßer lieben frawen und /die[19]/ ander für die abgestorbne soll unabläßlich gehelten werden, und ist der erste jahrdag gehalten 1688 worden.[20]

[6.] f. viii. idus januarii. Epyphania domini.
[A] Obiit Conrat Spůl, frater monialis. Obiit Cůnrat Wilphung, frater monialis. Obiit Hainricus de Tetikoven, frater monialis.[21] Obiit Ludwig […].[22] Obiit Katherina Ebenrőtin. Obiit Elisabeth Schmidin, conventualis.
[1637] Obiit ⟨her⟩ Johanes Jeorichius Setele von Costanz, frater monialis, 1637.[23]

|| [p. 3]

[7.] g. vii. idus februarii [!].
[A] Obiit Margareta Livin, mater monialis.[24] Obiit Agneß Arnoltin, mater monialis.
[K] Obiit Dorothea Zimermenin, soror duarum monialium.[25]
[1623] Obiit Elisabet Kollin ex Zug, mater confessarii et avia monialis, anno 1623.[26]
[1668] Obiit Hans Heinrich Wey von Utznach, vergabet dem gotts hauß 20 gulden zue seiner seelen heill, 1668, welches angewendt ist worden an einen weissen tabernacl mandtell.

---

[19] *Über der Zeile eingefügt.*

[20] Der woll … 1688 worden*: Auf nachträglich zwischen Seite 2 und 3 eingebundenem Zettel, mit Nota Bene-Vermerk und Verweiszeichen auf diese Stelle und dieses Datum bezogen.*

[21] *Zu den von Dettighofen/Tettikofen, vgl. Kindler von Knobloch, Oberbadisches Geschlechterbuch, Bd. 1, S. 213 f.; Die Wappenrolle von Zůrich, S. 166 f., Nr. 442; Heiermann, Die Gesellschaft »zur Katz« in Konstanz, S. 275 f., Nr. 334–339.*

[22] *Leere Stelle.*

[23] *Bruder der 1668 verstorbenen Klosterfrau Maria Christina Sättelin (Nekrolog, p. 112).*

[24] *1335 statteten Heinrich Livi, Bürger von Konstanz, und seine Frau Margaretha, ihre Töchter Agnes und Fid, die in der Urkunde als* pfrůndenerin *bezeichnet werden, mit einem Leibgedinge aus (Thurgauisches Urkundenbuch. Bd. 5: 1341–1359. Nachtrag 1206–1359, Nachtrag Nr. 111, S. 814–817).*

[25] *Die Namen der beiden Klosterfrauen kennen wir nicht. Gemeint sein dürften die beiden späteren Äbtissinnen Magdalena und Anna Zimmermännin (1582–1590 und 1590/1591). Im Nekrolog eingetragen sind — alle von derselben Hand K, die gegen Ende des 16. Jahrhunderts tätig war — ihr Vater Jakob, ihre Brüder Konrad, Bernhardin und Jakob sowie ihre Schwestern Dorothea und Barbara und ihre Mutter Barbara Müllerin (Nekrolog, p. 3, 29, 54, 82, 86). Von anderer Hand stammen die Gedenktage ihrer nach 1590 verstorbenen Schwester Elisabeth und ihres 1590 verstorbenen Bruders Heinrich Zimmermann (Nekrolog, p. 25, 35), der Vater der Äbtissin Barbara Zimmermännin (1632–1638).*

[26] *Ehefrau des Melchior Müller, Mutter des Beichtvaters Bernhard Müller und der Barbara Müllerin, deren Tochter Nonne in Feldbach war (Nekrolog, p. 23, 56, 112).*

[8.] A. vi. idus. xvi.
[A] Obiit Agnes de Bolschusen, mater monialis.[27] Obiit Gebhardus Gorius de Merspurg, pater monialis, uff fritag nach dem zwoͤlfften tag [8. Januar], anno domini lxxiii [1473].
[J] Barbaren Sailerin starb uff disen tag, gott sy ir barmhertzig, sy wass 94 iar alt, wass 70 iar im clůster gsint, gab dem gotshůss ain silberinen irden becher, wigt xii lott, im 1566 iar.[28]
[1621] Obiitt Sebastian Linsenboll, probst zu Schinen.[29] Gott sy im barmhertzig. Er vergabet dem gottshauss 100 fl., 1621.
[1676] Obiit junkher Johann Melchior /Münderlin[30]/ von Ravaspurg, frater monialis, 1676.[31]

[9.] b. v. idus. v.
[A] Obiit Williburgis de Burg, familiaris. Obiit Katherina Bo̊schin, monialis. Obiit Gůta de Schinun, monialis.[32] Obiit Margareta Baigrerin, monialis, git die aͤptissin iiii ß von ier, und spricht man ier ain vigil und gat ir úber das grab.
[1638] Obiit Francisca Hoffmanin von Lucern, laica, 1638.[33]
[1685] Obit fr[auw] Maria Catherina von Sonnenberg, gebohrne Pfeiferin, soror monialis, 1685.[34]
[1687] Obiit herr Hanß Jörg Gally, frater monialis, starb den 19. jenner 1687.[35]

[p. 4] ||
[10.] c. iiii. idus. Wilhelmi episcopi.
[A] Obiit Mangoldus de Merspurg, pater monialis. Obiit Mechhildis, soror laica. Obiit Waltherus, des Maigers von Altstetten, pater monialis.[36]
[D] Obiit Ůrsal Gelterin, sarer abatisa [!].[37]
[1679] Obiit Maria Underseein uss dem Dall, soror laicæ, anno 1679.[38]

---

[27] *Mutter der Klosterfrau Katharina von Bolschusen (Nekrolog, p. 113), urkundlich gegen Ende des 13. Jahrhunderts belegt (Thurgauisches Urkundenbuch. Bd. 3: 1251–1300, Nr. 876, S. 860–861: 1294).*

[28] *Schwester des Hans Sailer (Nekrolog, p. 26).*

[29] *Müller, Schienen. In: Die Benediktinerklöster in Baden-Württemberg, S. 559: Sebastian Linsenboll, 1591–1621.*

[30] *Über der Zeile eingefügt.*

[31] *Bruder der 1682 verstorbenen Priorin Maria Cäcilia Minderlin (Nekrolog, p. 31).*

[32] *Die Wappenrolle von Zuͤrich, S. 69, Nr. 150.*

[33] *Schwester des 1633 verstorbenen Peter Hoffmann aus Luzern (Nekrolog, p. 86).*

[34] *Schwester der 1687 verstorbenen Anna Katharina Schweitzerin, eine geborene Pfeiferin (Nekrolog, p. 119).*

[35] *Bruder der 1693 verstorbenen Klosterfrau Maria Anthonia Gallin (Nekrolog, p. 2).*

[36] *Vielleicht Vater der Klosterfrau Anna von Altstätten (Nekrolog, p. 18). Zu den von Altstätten vgl. Die Wappenrolle von Zuͤrich, S. 76, Nr. 170.*

[37] *Schwester der 1512 verstorbenen Äbtissin Helena Gelterin (Nekrolog, p. 13).*

[38] *Eines der zahlreichen Geschwister der 1684 verstorbenen Laienschwester Maria Martha Unterseein aus dem St. Gallischen Thal. Darunter befinden sich auch zwei Laienschwestern aus dem Dominikanerinnenkonvent St. Katharina in Wil (Nekrolog, p. 12, 14, 41, 45, 46, 74, 85).*

[11.] d. iii. idus. Commemoratio episcoporum et abbatum. Presta domine, quaesumus /lorum larum/[39]
[A] Obiit Benigna de Blůmenberg, soror monialis.[40] Obiit dicta Gőtzlin, soror monialis.
[1651] Obiit Anna Wollfen Zoferin von ⟨Zell⟩ Radollfzell, matter monialis, 1651.[41]

[12.] e. ii. idus.
[A] Obiit Fridricus de Tetikoven, pater monialis. Obiit Conrat de Rűdlingen, monachus.[42] Obiit Cůn[radus], scolasticus, monachus.[43] Obiit Johannes de Solidoro, monachus et confessores [!].[44] Obiit Hainr[ich] de Dorflingen, conversus. Obiit Wilburgis de Bermatingen, mater monialis.[45] Obiit Diethelmus Anwiß, pater monialis.[46] Obiit Adelhaidis, dicta Sidenvåldin, monialis.

|| [p. 5]

[13.] f. idus januarii. Octava Epiphanie. Hylarii, Remigii.
[A] Obiit Adelhaidis de Frődenowe, monialis. Obiit Mech[ildis] de Battenhusen, monialis. Obiit serenissimus Romanorum rex Fridricus, noster dilectissimus, qui dedit nobis xxx marcas pro cottidiana missa perpetuo celebranda, hat ain ewig meß und ain vigili.[47] Obiit Agnes Annwis, monialis et cantrix, petanceri vinum, und sol man ir úber das grab gon, die vii psalmen.[48]
[16./17. Jahrhundert] Fridericus […][49] mortuus anno domini 1440, 7. idus septtembris.

---

[39] *Die* Oratio Presta domine, quaesumus *ist von späterer Hand nachgetragen und über dem Nachtrag* lorum larum *ergänzt, dessen Bedeutung sich nicht klären ließ.*

[40] *Die Wappenrolle von Zürich, S. 54, S. 117.*

[41] *Anna Wolfertshoferin, Mutter der 1676 verstorbenen Klosterfrau Maria Barbara Suterin (Nekrolog, p. 33).*

[42] *Baumann, Das Totenbuch von Salem, S. 356:* O. fr. C. de Rúdlingen subprior.

[43] *Unter demselben 12. Januar ist im Totenbuch von Salem, S. 356, vermerkt:* O. magister C. de Brugge sac.

[44] *Urkundlich bezeugt ist Johannes im Jahr 1312 (Codex diplomaticus Salemitanus, Bd. 3: 1300–1498, S. 133).*

[45] *Mutter der Anna von Bermaringen/Bermatingen (Nekrolog, p. 117).*

[46] *1357 stattete Diethelm Anwies von Steckborn seine Tochter Agnes mit einem Leibgedinge in Form zweier Weingärten aus (Thurgauisches Urkundenbuch. Bd. 5: 1341–1359, Nr. 2318, S. 569–570).*

[47] *Necrologium habsburgicum monasterii Campi regis, S. 357; Necrologium Wettingense, S. 589: Friedrich der Schöne († 1330), der Sohn Albrechts I. Siehe hierzu sowie zu allen anderen genealogischen Angaben, die das Haus Habsburg betreffen,* Krieger, *Die Habsburger, S. 238 f. (Stammtafel).*

[48] *Agnes war die Tochter von Diethelm Anwies, der sie 1357 mit einem Leibgedinge ausgestattet hatte. 1372 erscheint dieselbe Agnes zusammen mit einer Lugi/Luitgard von Urach (Nekrolog, p. 67) als Nutzniesserin des Weingartens, der damals einem Diethelm von Marbach gehörte (Thurgauisches Urkundenbuch. Bd. 3: 1251–1300, Nr. 3162, S. 631–633).*

[49] *Der Nachname ist ausradiert worden.*

[1618] Obiit Clemenz Ott von Basendingen, frater abbatisse et pater monialis. Ehr war deß gottshauß hofmaister 20 jar, 1618.[50]

[14.] g. xix. kl. februarii. Felicis in pincis, confessoris.
[A] Obiit Andreas, rex Ungarie.[51] Obiit Elisabeth Gúttingerin, monialis.[52]

[15.] A. xviii. kl. Mauri abbatis.
[A] Obiit Cecilia de Schina, soror monialis.

[p. 6] ||
[16.] b. xvii. kl. Marcelli pape et martyris.
[1611] Obiit Verena Meningerin von Maganow, soror monialis, 1611.[53]
[1693] Obiit Maria Elisabeth Schieggin, soror layce, 1693.

[17.] c. xvi. kl. Anthonii. confessoris.
[A] Obiit Melchildis Goldåstin, mater monialis, eodem die conventui i lib pro servicio. Obiit Adelhaidis, dicta Baderin, mater monialis. Obiit Petrus Mannenbach, frater monialis. Und gat man der Goldåstin úber das grab und ain vigili.
[1619] Obiit Marttin Wilhelm Schmidt von Gersthoffen, patter monialis, 1619 jar.[54]

[18.] d. xv. kl. Prisce virginis.
[A] Obiit domina Katharina, duxissa de Apulia.[55]
[1645] Obiit Bernhardinus Schenck von Constantz, pater monialis, anno 1645.

[p. 7] ||
[19.] e. xiiii. kl.
[A] Obiit Margareta Satlerin, infans monialis.[56]
[1668] Obiit Adam Zärringer von Buochenbach, pater monialis, anno 1668.[57]

---

[50] *Clemens Ott aus Basadingen bei Dießenhofen war Bruder der Äbtissin Ursula Öttin (1591–1616), siehe* Meyer-Marthaler, *Feldbach. In: Die Zisterzienser und Zisterzienserinnen (Helvetia Sacra III, 3, 2), S. 646, 661. Zu Basadingen vgl.* Raimann, *Die Kunstdenkmäler des Kantons Thurgau, Bd. 5: Der Bezirk Diessenhofen, S. 229–253.*

[51] *Necrologium habsburgicum monasterii Campi regis, S. 357; Necrologium Wettingense, S. 589: Andreas von Ungarn († 1301), der Ehemann von Agnes, der Tochter Albrechts I.*

[52] *Tochter der Elisabeth und des Konrad Güttinger (Nekrolog, p. 40, 73).*

[53] *Schwester der 1638 verstorbenen Klosterfrau Afra Meningerin (Nekrolog, p. 1).*

[54] *Vater der 1687 verstorbenen Klosterfrau Maria Johanna Schmidin (Nekrolog, p. 46).*

[55] *Necrologium habsburgicum monasterii Campi regis, S. 357: Katharina († 1323), die Tochter Albrechts I.*

[56] *Tochter der Margaretha und des Konrad Sattler (Nekrolog, p. 30, 121).*

[57] *Buchenbach bei Kirchzarten im Schwarzwald?*

[20.] f. xiii. kl. Fabiani et Sebastiani martyrum.
[A] Obiit Cúngundis de Clingen, monialis. Obiit Ursula Genedingin, soror monialis. Obiit Johannes Kårlin, plebanus in Hemenhoven.[58] Obiit Jeorius de Randenburg, pater monialis.[59] Obiit Petrus, dictus Wiphinch, frater monialis.
[1603] Obiit Johannes Theodoricus Locher, frater monialis, anno 1603.[60]
[1704] Obiit Ulrich Baur, gewester thorwart undt pfriender alhier, vermacht dem gottshauß 300 guldy, 1704.

[21.] g. xii. kl. Agnetis virginis.
[A] Obiit Berchta de Tetikoven, monialis. Obiit Margareta de Buͤselingen, monialis. Obiit Mechthildis Closnerin. Obiit Mangoldus Hartman. Obiit Anna de Schoͤnenbúchel, monialis.[61]
[E] Obiit Margret Oͤtin, soror monialis.

|| [p. 8]

[22.] A. xi. kl. Vincencii martyris.
[A] Obiit Mechthildis de Altnowe, monialis. Obiit Adelhaidis Harterin, mater monialis. Obiit Johannes Kaiser, pater monialis, anno domini m cccc° xxxiii [1433].[62]
[E] Obiit pie memorie Bernhardus Walder, pater monialis, 1509.[63]
[M] Obiit Kathrina Schmidin, monialis, soror abathis[e], abathisin in Kalcheren.[64]

---

58 *Pfarrkirche St. Agatha in Hemmenhofen, heute ein Ortsteil von Gaienhofen (Landkreis Konstanz), vgl. Müller, Hemmenhofen, S. 119–126.*

59 *Vater der Äbtissin Anna von Randenburg (1460–1485). Zu den Herren von Randenburg vgl. Kindler von Knobloch, Oberbadisches Geschlechterbuch, Bd. 3, S. 330–332; Rüeger, Chronik der Stadt und der Landschaft Schaffhausen, S. 917–929; Die Wappenrolle von Zuͤrich, S. 87, Nr. 199.*

60 *Bruder der 1614 verstorbenen Priorin Verena Locherin (Nekrolog, p. 69).*

61 *Im Nekrolog sind zwei Klosterfrauen mit Namen Schönenbüchel belegt, Anna und Margaretha (Nekrolog, p. 94), aber nur ein Elternpaar, nämlich Vater Ulrich und Mutter Verena, zwei Brüder namens Burkhard und Heinrich sowie eine Schwester namens Adelheid (Nekrolog, p. 18, 63, 76, 79, 88). Vgl. Die Wappenrolle von Zuͤrich, S. 117, Nr. 294.*

62 *In der Urkunde vom 13. Januar 1431 heißt er Heinrich Kaiser, Vater der Klosterfrau Sophia. Er kam aus Konstanz (Reding, Die Regesten der Frauenklöster Feldbach und Tänikon, S. 18, Nr. 150).*

63 *Vater der Klosterfrau Elisabeth Walderin (Nekrolog, p. 14).*

64 *Katharina war die Schwester der Äbtissin Afra Schmidin (1549–1582). Bevor sie nach Kalchrain wechselte, war sie Konventualin in Feldbach gewesen, siehe Meyer-Marthaler, Kalchrain. In: Die Zisterzienser und Zisterzienserinnen (Helvetia Sacra III, 3, 2), S. 757 f. Im Nekrologium des Zisterzienserinnenklosters Mariazell zu Kalchrain, S. 50, wird sie als erste Äbtissin nach der Reformation vorgestellt:* O. F. Catharina Schmidin, erste Abbtissin nach enderung der religion 1585.

[23.] b. x. kl. Emerenciane virginis.
[G] Obiit Ůlrich von Ryschach, pater monialis. Obiit Osterbrund von Ryschar, frater monialis.[65]
[1654] Obiit Maria Ursula Schenckhin, convendtualin in Münsterlingen, sorror monialis, anno 1654.[66]
[1691] Obiit Maria Rauetzin, soror læice, 1691.[67]

[24.] c. viiii. kl.
[A] Obiit Berchta de Úberlingen, monialis. Obiit Margareta, dicta Sprutnhoverin[68], soror monialis.

[p. 9] ||

[25.] d. viii. kl. Conversio sancti Pauli.
[A] Obiit Růdolffus Volmer.[69] Obiit Johannes de Langenhart, frater monialis.[70] Obiit Margareta Schriberin de Ow, mater monialis.[71] Obiit Sophia Dittikúsin, mater monialis. Obiit Lucia de Lindow, conventualis, úber das grab, vii psalmos.[72]
[L] Obiit eodem die Johannes Schmid de Magganow, pater Afre Schmidin, quandam abbattissa in Velpach, qui moratus est in eodem monasterio octo annis et vita functus ettatis sue 70 circa annum domini 1557, cuius anima requiescat in pace.[73]

[26.] e. vii. kl.
[A] Obiit Jacobus de Rogwille, qui dedit nobis x lib[ras] pro con[structio]ne.
⟨Obiit soror Maria Flora Reutin von Weill, monialis, 1694.⟩

---

65 *Vermutlich Vater und Sohn.*

66 *Schwester der Äbtissin Maria Gertrud Schenkin (1676–1688), siehe* Meyer-Marthaler, *Münsterlingen. In: Frühe Klöster (Helvetia Sacra III, 1, 3), S. 1879.*

67 *Eine der zahlreichen, aus dem St. Gallischen Gossau stammenden Angehörigen der Familie Rütz.*

68 *Hofname.*

69 *Wohl Vater oder Bruder der Klosterfrau Adelheid Volmerin (Nekrolog, p. 42).*

70 *Bruder der Klosterfrau Ursula Langenhartin (Nekrolog, p. 90).*

71 *Eine Elisabeth Schriberin von Ow ist in den Jahren 1392, 1400–1401 als Äbtissin des Zürcher Zisterzienserinnenklosters Selnau belegt, siehe* Wehrli-Johns, *Selnau. In: Die Zisterzienser und Zisterzienserinnen (Helvetia Sacra III, 3, 2), S. 901.*

72 *Zusammen mit Luzia sind vier Klosterfrauen mit Namen von Lindau belegt, aber weder Eltern noch Geschwister (Nekrolog, p. 29, 116, 119).*

73 *Vater der Äbtissin Afra Schmidin (1549–1582). Der Eintrag ist in einer Humanistenkursive [L] hervorgehoben.*

27.] f. vi. kl.
[H] Obiit pie memorie Johannes Fantz de Merchstetten[74] uber [...].[75]
[1694] Obiit soror Maria Flora Reutin von Weill, monialis, 1694.[76]

|| [p. 10]

28.] g. v. kl. Agnetis secundo.
[A] Obiit Anna von Sandegg, monialis. Obiit Ita von Ow, monialis. Obiit Wernherus de Schinen, frater monialis. Obiit Ursula Landoltin, mater monialis, detur conventui vinum, jacent [!] hic. Obiit Margareta am Búhel, monialis, úber das grab, vii psalmos.[77] Und ist jarzit der Landoltin mů̊tter úber das grab, und wen das gů̊t von Mettendorff[78] wider zinst, so git die custerin iiii ₰.

29.] A. iiii. kl. Juliani episcopi.[79]
[A] Obiit Gerbúrgis Lindin, monialis. Obiit Berta Stollin, monialis. Obiit Eberhardus am Horn, pater monialis.[80] Obiit Annna Hornboͤgin, mater monialis. Obiit Adelhait, dicta Búrstin, mater monialis.[81] Obiit Johannes Bů̊tzbart, pater monialis.[82]
[1635] Obiit Barbara Schmidin von Gersthofen, soror monialis 1635.[83]
[1663] Obiit Gallus Wielandt, conversus in dem gotthaus Reichenauw, frater sororis laycæ 1663.[84]

---

[74] *Märstetten im Bezirk Weinfelden, Kanton Thurgau.*

[75] *Rasur. Von Hand H stammen nur fünf Einträge, die zeitlich in das beginnende 16. Jahrhundert weisen (Nekrolog, p. 9, 59, 102, 112, 114).*

[76] *Tochter des 1679 verstorbenen Joachim Rüti sowie vermutlich Schwester des Wettinger Abtes Basilius Rüti/Reuty, 1694–1703 (Nekrolog, p. 48, 110). Vgl. HÄGLER/KOTTMANN,* Wettingen. *In: Die Zisterzienser und Zisterzienserinnen (Helvetia Sacra III, 3, 1), S. 479f.*

[77] *Tochter der Elisabeth am Büchel (Nekrolog, p. 85).*

[78] *Mettendorf, vgl. KNOEPFLI, Die Kunstdenkmäler des Kantons Thurgau, Bd. 1: Der Bezirk Frauenfeld, S. 43, 215, 441.*

[79] *Julian, Bischof von Le Mans; sein Festtag wurde 1193 in den Ordenskalender aufgenommen (ROCHAIS, L'exemplar du martyrologe cistercien, S. 77).*

[80] *Am 26. November 1365 verschrieb Eberhard an Horn, Bürger von Konstanz, seinem Bruder Rudin und dessen Sohn Eberlin sowie seiner Schwester Margaretha, der Ehefrau des Johann Schneewis und deren Sohn seinen Zehnten zu Wolfsacker (Thurgauisches Urkundenbuch. Bd. 6: 1359–1362, S. 380, Nr. 2843).*

[81] *Die Wappenrolle von Zuͤrich, S. 102f., Nr. 245.*

[82] *Ehemann der Luzia Bützbartin (Nekrolog, p. 92).*

[83] *Schwester der 1687 verstorbenen* soror *Maria Johanna Schmidin (Nekrolog, p. 46).*

[84] *Bruder der 1668 verstorbenen Laienschwester Maria Cordula Wielandin (Nekrolog, p. 107).*

[30.] b. iii. kl.
[A] Obiit Katherina von Sandegg, monialis. Obiit Judintha de Hergenberg, anno domini m° ccc° xxx° [1330]. Obiit domina Elisabeth, abbatissa monasterii in Veltbach.[85] Obiit Mechildis de Diesenhoven, monialis. Obiit Adehaidis, dicta Túwingerin. Obiit Marquardus de Haimenhoven, miles, pater monialis.[86]
[1661] Obiit soror Anna Maria Gúldinestin von Costantz, monialis, ligt in dem gottshauß Wettingen begraben, 1661.[87]

[p. 11] ||
[31.] c. ii. kl.
[A] Obiit Waltherus, Johannes, Ůlr[ich], filii C. dei [!] Breitveld, qui Cůnr. dedit nobis xiii lib pro con[structio]ne, eodem die servicium conventui. Obiit Mechilt de Liebenfels, soror monialis. Obiit Hermannus de Liebenfels, frater monialis, conventui servicium.[88]
[1695] Obiit Maria Ruetzin von Gosauw, soror layce, 1695.

## [Februar]

[1.] d. kl. februarii. Ignacii episcopi et martyris.
[A] Obiit Johannes Mutler, pater monialis. Obiit Mechthildis Guntzerin, soror monialis. Obiit Engla Meckenbúrin, monialis.[89] Obiit Conradus Wundrar, frater monialis, de quo detur vinum et quolibet [!] moniali iiii ₰, und spricht i vigili. Obiit Margareta Asterin, mater monialis.
[1706] Obiit sch[wester] Maria Scolastica Gundtlin, proffes in dem gotshauß zu Appenzeel, soror monialis, 1706.[90]

---

85 *Meyer-Marthaler, Feldbach. In: Die Zisterzienser und Zisterzienserinnen (Helvetia Sacra III, 3, 2), S. 654 f.: Elisabeth, Elisabeth Hohenzinen (1415).*

86 *Vater der Klosterfrau Anna von Heimenhofen (Nekrolog, p. 74). Vgl. Die Wappenrolle von Zuͤrich, S. 129, Nr. 328.*

87 *Tochter des 1623 verstorbenen Michael Guldinast und der 1649 verstorbenen Anna Maria Weiblin aus Konstanz (Nekrolog, p. 28, 89).*

88 *Hermann wählte den Gedenktag seiner Schwester Mechthild von Liebenfels für seine Memoria. Zu den von Liebenfels vgl. Die Wappenrolle von Zuͤrich, S. 74, Nr. 164.*

89 *Am 28. Juni 1400 verkaufte Engla zusammen mit ihrem Bruder Ulrich und anderen Verwandten ein Gut zu Dietingen (Thurgauisches Urkundenbuch. Bd. 8: 1391–1400, Nr. 4662, S. 473–474).*

90 *Kapuzinerinnenkloster St. Maria der Engel in Appenzell, fertiggestellt in den Jahren 1679–1682, vgl. Fischer, St. Maria der Engel in Appenzell. In: Der Franziskusorden (Helvetia Sacra V, 2, 2, 6), S. 979–990.*

[2.] e. iiii. nonas. Purificacio sancte Marie virginis.

[A] Obiit Sepa von Crútzlingen, mater monialis. Obiit Margareta Appoteggerin, soror monialis.[91] Obiit Katherina Roderin, monialis.[92]

[F] Obiit Agatha Freyn, soror laica.[93]

[1643] Obiit Maria Magdalena Stockhlin von Zug, mater so[ro]ris laycæ ⟨monialis⟩, 1643.[94]

[1675] Obiit Maria Elisabetha Minderlin von Rafaspúrg, soror monialis, anno 1675.[95]

[1694] Obiit herr Andreaß Meyer von Mölingen[96], pater layce 1694.[97]

|| [p. 12]

[3.] f. iii. nonas.

[A] Obiit Adelhaidis Ebenrőttin, monialis. Obiit Gůtta de Úberlingen, monialis. Obiit Adelhait Spisserin, monialis. Obiit Hainr[ich], clarissimus dux Austrie.[98] Obiit Conr[adus] de Burron, pater monialis.[99] Obiit Adelhaidis Spiserin, mater monialis.[100] Obiit Katherin de Marpach, mater monialis.[101]

[1630] Obiit Adam Brandenberg von Zúg, frater sororis laica[e], 1630.[102]

[1675] Obiit soror Maria Elisabetha Schneiderin von Melingen, monialis, anno 1675.[103]

---

91 *Wohl Schwester der Adelheid Apothekerin, Tochter des Hans Apotheker und der Adelheid Härdlerin (Nekrolog, p. 93).*

92 *Tochter des Konrad Roder (Nekrolog, p. 56).*

93 *Tochter des Bastian Frey (Nekrolog, p. 117).*

94 *Die Bezeichnung* sororis laicæ *ist nachträglich korrigiert aus* soror laica *durch Beifügung von is und Bildung einer æ-Ligatur (in der Tinte der Schreiberin von 1670).*

95 *Schwester der 1682 verstorbenen Priorin Maria Cäcilia Minderlin (Nekrolog, p. 31).*

96 *Mellingen im heutigen Kanton Aargau.*

97 *Die jüngsten Einträge des Nekrologs datieren aus dem Jahr 1706, weswegen es wenig wahrscheinlich ist, Kinder von Eltern, die im ausgehenden 17. Jahrhundert gestorben sind, im Nekrolog vertreten zu finden.*

98 *Necrologium habsburgicum monasterii Campi regis, S. 357; Necrologium Wettingense, S. 590: Heinrich von Österreich († 1327), der Sohn Albrechts I.*

99 *Ehemann der Adelheid de Burren (Nekrolog, p. 48).*

100 *Die Wappenrolle von Zůrich, S. 105, Nr. 253. Es scheint, als habe die Mutter den Gedenktag ihrer Tochter für ihr eigenes Gedenken gewählt.*

101 *Die Wappenrolle von Zůrich, S. 52, Nr. 110.*

102 *Bruder der 1635 verstorbenen Laienschwester Ursula Brandenbergin (Nekrolog, p. 85).*

103 *Tochter des 1610 verstorbenen Hans Schneider aus Mellingen (Nekrolog, p. 60).*

[4.] g. ii. nonas.
[A] Obiit Berchtoldus de Burch, pater monialis.[104] Obiit Cůnr[adus], conversus, de Gailingen[105]. Obiit nobilissimus dux Otho de Austrie.[106] Obiit Katherin Aggwilerin, mater monialis.
[F] Obiit Caspar von Klingenberg.[107]
[1620] Obiit domina Barbara Liechtin, pryorissa in sant Catrina by Wyl, gott sy ihr barmhertzig, 1620.[108]
[1681] Obiit frauw Maria Regina von Pflaumeren von Biberach, die 27. abbtissin alhie[109], hat in ihrer loblichen regierung schwäre kriegs empörung außgestanden, vill gebüer, so wol ihnnert alß aussert dem closter in höffen gefüert, die kirchen neben vill anderen kostlichen zierden mit dem heilligen leib S. Flora sampt instellung der ertzbruoderschafft des h[eiligen] rossencrantzes geziert, ist entlichen voller guten tagen und vill thugenten in dem 81. jahr ihreß alterß, in den 34. ihrer regierung und 64. ihreß geistlichen ordenß stand seligklich in gott entschlaffen den 4. hornung anno 1681.[110]
[1674] Obit fr[auw] Maria Elisabetha Schencklin[111], geborne Liertzerin, mater monialis 1674.

[5.] A. nonas februarii. Agathe virginis.
[A] Obiit Cecilia de Stoffeln, mater monialis. Obiit Geza Tarrin, mater monialis. Obiit Cůnr[adus] Goldast iunior. Obiit Margareta Arnoltin, soror monialis.
[F] Obiit Verena Frigine, soror layca.[112]
[1676] Obiit Sibila Undersehin auß dem Thall, sororis laicæ [!], anno 1676 jahrs.

---

[104] *1276 vergabte ein* Berchtold de Burch *dem Kloster einen Weingarten. Im Thurgauischen Urkundenbuch (Bd. 3: 1251–1300, Nr. 625, S. 490f.) wird ein* Bertold von Burch *als* canonicus *in Oberzell auf der Reichenau vorgestellt (vgl. ebd., Nr. 746, S. 666–669).*

[105] *Gailingen im heutigen Landkreis Konstanz.*

[106] *Weder im Necrologium habsburgicum monasterii Campi regis, noch im Necrologium Wettingense. Herzog Otto der Fröhliche war ein weiterer Sohn Albrechts I.*

[107] *Nach Kindler von Knobloch, Oberbadisches Geschlechterbuch, Bd. 2, S. 301f., war dieser Kaspar 1499 im Gefecht bei Rielasingen gefallen. Im Nekrolog verzeichnet ist Kaspars Bruder Heinrich sowie seine Vettern Eberhard und Wolfgang, die Söhne des Hans von Klingenberg (Nekrolog, p. 18, 57, 113).*

[108] *Dora, Wil, St. Katharina. In: Die Dominikaner und Dominikanerinnen (Helvetia Sacra IV, 5, 2), S. 1000: Barbara Liecht, 1585–1620. Sie stammte aus Winterthur, starb 1620 aber in Münsterlingen anlässlich eines Besuchs bei der Äbtissin Barbara Wirtin (1616–1632).*

[109] *Meyer-Marthaler, Feldbach. In: Die Zisterzienser und Zisterzienserinnen (Helvetia Sacra III, 3, 2), S. 662: Maria Regina von Pflumern, 1646–1681, Tochter des Bernhard von Pflumern und der Katharina Straub, die beide im Jahr 1635 verstarben. Maria Regina war im Jahr 1601 geboren worden und hatte ihre Profess im Oktober 1617 abgelegt.*

[110] Obiit … 1681*: Auf eingebundenem Blatt nachgetragen und mit Verweiszeichen auf diese Stelle bezogen.*

[111] *Als Tochter käme Maria Helena oder Maria Anna in Frage (Nekrolog, p. 15, 104).*

[112] *Tochter der Margaretha Frigin (Nekrolog, p. 35).*

|| [p. 13]

[6.] b. viii. idus. Vedasti et Amandi episcoporum.
[A] Obiit Anna Verin, soror laicalis. ⟨Ist jarzit Elisabeth Goldåstin, die åptissin waß, von der git man i ß ₰. und i brot und i måß win ab dem gůt von Wangen, man got ir über das grab und spricht i vigili.⟩
[D] Obiit Margret von Hassenstain, monialis.[113] Domina Helena Geltery[114], abbatissa.[115]
[J] In dem xii jar starb min brúder Hainrich Schmid[116], Margretten und Elsbetten, pfrindinen, vatter. Gott sy im barnhertzig, ligt in Welschland in der stat, da sant Johanns Baptist hopt ist, haißt Damiyan.[117]

[7.] c. vii. idus februarii.
[A] Obiit Gůta de Schauffhusen, monialis. Obiit Adelhaidis. Obiit Adelhaidis, dicta Kåserin, mater monialis.[118]

[8.] d. vi. idus.
[A] Obiit Adelhaidis de Marpach, monialis. ⟨Obiit Elisabeth Goldåstin.⟩
[1674] Obiit Lorrentz Müller von Wollzach[119], pater sororis laice, anno 1674.[120]
[1694] Obiit Margreth Schieggin, gebohrene von Ach, mater layce 1694.

|| [p. 14]

[9.] e. v. idus.
[A] Obiit Marga[retha] Gebzin, soror monialis.[121] Obiit Margareta Paigerin, monialis.[122]
[E] Obiit Elizabeth Waltheri, monialis.[123]
[1635] Obiit Udalrich Undersee von Sant Gallen, pater sororis laicæ, 1635.

---

113 *Tochter des Hug und der Margaretha von Hasenstein (Nekrolog, p. 38, 97). Sonst stammen fast alle Einträge zu den von Hasenstein von derselben markanten Hand I aus den ersten Dezennien des 16. Jahrhunderts (ebd., p. 38, 39, 99).*

114 *Meyer-Marthaler, Feldbach. In: Die Zisterzienser und Zisterzienserinnen (Helvetia Sacra III, 3, 2), S. 658 f.: Helena, 1502–1507, (1512).*

115 *Am rechten Rand glossiert:* abattissa.

116 *Bruder der Schreiberin mit Namen Schmid, wohl die Äbtissin Afra Schmidin (1549–1582).*

117 *Gemeint ist die nordfranzösische Bischofsstadt Amiens, die 1206 infolge der Plünderung von Konstantinopel in den Besitz der Kopfreliquie Johannes des Täufers gelangte.*

118 *Mutter der Klosterfrau Adelheid Käserin (Nekrolog, p. 76).*

119 *Korrigiert anstelle von:* Rororach.

120 *Vater der Laienschwestern Maria Afra, Maria Barbara, Maria Klara und Maria Rosa Millerin/Müllerin von Wolzach (Nekrolog, p. 28, 47, 117).*

121 *Schwester der Anna Gebzin (Nekrolog, p. 15).*

122 *Verschiedene Schreibweisen Baiger, Paiger.*

123 *Tochter der Elisabeth und des Bernhard Walder (Nekrolog, p. 8, 55).*

[10.] f. iiii. idus. Sotheris virginis et Scolastice virginis.
[Textura] Obiit[124] Elizabeth Goldåͤstin, von der git man ielicher frowen und öͧch dem bichter ainen schilling pfenning und ain wissbrot und ain mäͧss wins, die öͧch vil gúttes disem gotzhus hat getan, do si abbtissin was und darvor und darnach, und häͧt öͧch disú Regel gefrúmet und gestifftet.[125]
[A] Obiit Mangoldus, dictus Ramung, frater monialis.[126] Gertrudis Ebenro̊ͤtin. Obiit Adelhadis Winnenbergin, soror monialis.[127] Obiit Elizabeth de Sunnanberg, ava monialis.[128] Obiit Gůta de Hohenfels, amita monialis. Obiit Mechthildis Raims[…].[129] Obiit Kůne de Meckingen, frater monialis.[130] Obiit Verena Bergeri, monialis.
[1609] Obiit Andreas Werlin von Öningen, frater monialis, 1609 jar.[131]

[11.] g. iii. idus.
[A] Obiit Ita de Petershusen, monialis. Obiit Hailwigis Uff dem Kelr.
[N] Obiit Dorothea Locherin von Frowenfeld, sy vermacht dem gottshaus 100 gulden.[132]
[1675] Obiit Conradus Schiegg von Stekhboren, pater layce, 1675.[133]
[1695] Obiit Frantzciscus Ruetz von Gosauw, frater layce, 1695.
[1703] Obiit fraw Maria Chathrina [von] Schlechtin, conventuallin in dem gottshauß Heggbach, soror monialis, anno 1703.[134]
⟨Nimb den buchstaben u bey den forderen schnirel.⟩

---

124 *Am linken Rand glossiert:* abbattissa.

125 *Meyer-Marthaler, Feldbach. In: Die Zisterzienser und Zisterzienserinnen (Helvetia Sacra III, 3, 2), S. 655: Elisabeth Goldast, 1431.*

126 *Die Wappenrolle von Zůrich, S. 147 f., Nr. 387.*

127 *Schwester der Klosterfrau Anna und/oder Gůta Wirnenberch (Nekrolog, p. 33, 99).*

128 *Die Wappenrolle von Zůͤrich, S. 61, Nr. 130.*

129 *Im Falz.*

130 *Möggingen bei Radolfzell.*

131 *Öhningen im heutigen Landkreis Konstanz.*

132 *Es ist nicht klar, in welchem Bezug Dorothea zu der 1614 verstorbenen Priorin Verena Locherin von Frauenfeld stand (Nekrolog, p. 69).*

133 *Vater der 1693 verstorbenen Laienschwester Maria Elisabeth Schiegg (Nekrolog, p. 6).*

134 *Totenbuch des Cistercienser-Frauenklosters Heggbach, S. 113:* 1703 gest. Fr. M. Catharina Schlechtin ihres Alters im 48. der hl. Prof. im 29. Jahr. *Maria Katharina war Tochter der 1690 verstorbenen Maria Jakoba und des 1695 verstorbenen Johann Otto von Schlecht, Landvogt der Herrschaft Mindelheim (Nekrolog, p. 33, 96). Ihre Schwester muss nach 1703 verstorben sein, weswegen sie nicht im Totenbuch vertreten ist.*

|| [p. 15]

[12.] A. ii. idus februarii.
[A] Obiit Willibirgis de Frowenfeld, mater monialis. Obiit Dorothea Illikůssin[135], monialis, git i ß ₰, dem bichter vi ₰, ab dem garten von Ermatingen.[136]
[1654] Obiit Maria Wintzerlin von Costantz, mater monialis 1654.

[13.] b. idus februarii.
[A] Obiit Willeburgis de Úberlingen, monialis. Obiit Margareta Ann Horn, monialis. Obiit Katherinen Kåserin, soror monialis.[137] Obiit Elisabeth von Riet, soror monialis.
[1665] Obiit /soror[138]/ Maria Helena Schenkhin /von[139]/ Costantz, monialis, anno 1665.

[14.] c. xvi. kl. marcii. Valentini martyris.
[A] Obiit Hainricus Lutischuser. Obiit Lupurgis, dicta Wenni, monialis. Anna Gebzin, monialis.[140] Obiit Anna Gaißhuserin, soror monialis.[141]

|| [p. 16]

[15.] d. xv. kl.
[A] Obiit Conr[adus], dictus Spicher, frater monialis.[142] Obiit Elisabeth, dicta Goldåstin, mater monialis, que valde videlis fuit huic monosterio [!], man setz ir i vigili. Obiit [!].

[16.] e. xiiii. kl. Juliane virginis.
[A] Obiit Margareta, dicta Kellerin, mater monialis. Obiit Berchtoldus de Blůmberch, pater monialis. Obiit Gerdrudis Gůtlerin, monialis. Obiit Hiltruht Schůlmaisterin, mater monialis.[143] Obiit Adelhait Lifin, mater monialis. Rockwillerin. ⟨Ist jarzit Elisabeth Goldåstin, gat man úber das grab, i vigili.⟩

---

135 *Tochter des Johann Illikusen (Nekrolog, p. 89), siehe* Reding, *Die Regesten der Frauenklöster Feldbach und Tänikon, S. 18, Nr. 150 und S. 19, Nr. 154 (1435).*

136 *In anderer Schrift ergänzt:* ab … Ermatingen:

137 *Schwester der Klosterfrau Adelheid Käserin (Nekrolog, p. 76).*

138 *Über der Zeile ergänzt.*

139 *Über der Zeile ergänzt.*

140 *Schwester der Margaretha Gebzin (Nekrolog, p. 14).*

141 *Schwester der Klosterfrau Katharina Gaishuserin (Anm. 587).*

142 *Sohn der Mechthild und des Heinrich Spicher (Nekrolog, p. 18, 68).*

143 *Vermutlich die Mutter der beiden Klosterfrauen Elisabeth und Ursula Schulmeisterinnen aus St. Gallen (Nekrolog, p. 90, 107). Zu den Schulmeistern vgl. Die Wappenrolle von Zůrich, S. 167, Nr. 444.*

[1686] Obiit admodum reverendus dominus dominus Niclaus Göldty a Diefenauw, abbas Wettigensis[144], vicarius generalis et visitator noster, starb den 16. Februarii 1686.[145]

[17.] f. xiii. kl.
[E] Obiit domina Margaretha Vǒgtin de Cella Rattolfi, genitrix duarum monialium huius cenobii, anno domini etc. quingentesimo septimo [1507].[146]
[1682] Obiit Anna M. Lugartiß Omlin von Wettingen, soror monialis, anno 1682.

[p. 17] ||
[18.] g. xii. kl.
[A] Obiit Elisabeth de Liebenfels, monialis.[147] Obiit Soffia Kaiserin, mater monialis.[148]
[1661] Obiit Anna Hüettlene von Costantz, mater monialis, 1661.[149]

[19.] A. xi. kl.
[A] Obiit Elisabeth, dicta Goldåstin, que dedit nobis xx lib pro con[structio]ne. Obiit Mechthildis, dicta Amort, burgermaisterin in Úberlingen, que dedit nobis vineam.[150] Obiit Huganus, dictus Demůtler, presbiter. Obiit Anna de Búslingen, monialis.[151] Obiit Ursula Aignerin, mater monialis.[152]
[1640] Obiit domina Maria von Landenberg, abbtißin zue Münsterlingen, gott sey ihr barmhertzig, 1640 jahrs.[153]

---

144 *Hägler/Kottmann, Wettingen. In: Die Zisterzienser und Zisterzienserinnen (Helvetia Sacra III, 3, 1), S. 477 f.: Nikolaus Göldlin von Tiefenau, 1676–1686.*

145 Obiit … 1686*: Auf Zettel nachträglich eingebunden und mit Verweiszeichen auf diesen Tag bezogen.*

146 *Margaretha Hofmännin war Mutter der Klosterfrau Elisabeth und der Priorin Beatrix Vögtin (Nekrolog, p. 24, 97). Vgl. Schwarzmaier, Die Familie Vogt in Radolfzell und ihre geistlichen Stiftungen, S. 77.*

147 *Aus dem Geschlecht sind drei Klosterfrauen im Feldbacher Nekrolog aufgeführt: Elisabeth, Margaretha und Agnes aus dem St. Gallischen Zisterzienserinnenkloster Kalchrain (Nekrolog, p. 17, 26, 29).*

148 *Vermutlich die Mutter der Klosterfrau Sophia Kaiserin (Reding, Die Regesten der Frauenklöster Feldbach und Tänikon, S. 18, Nr. 150).*

149 *Hütlin, Konstanzer Familie.*

150 *Die Wappenrolle von Zůrich, S. 160, Nr. 426.*

151 *Zu den von Büßlingen vgl. Kindler von Knobloch, Oberbadisches Geschlechterbuch, Bd. 1, S. 180 f.; Rüeger, Chronik der Stadt und der Landschaft Schaffhausen, S. 667 f.*

152 *Mutter der Elisabeth Aigner (Nekrolog, p. 106).*

153 *Meyer-Marthaler, Münsterlingen. In: Frühe Klöster (Helvetia Sacra III, 1, 3), S. 1878 f.: Maria Landenberger, 1625–1640.*

20.] b. x. kl.
[A] Obiit Margareta de Kúrnegg, soror monialis.[154] Obiit Hainricus de Helmstorff, miles, de quo dat cuilibet monialis vi ₰.[155]
[1608] Obiit Elsbett Öttin von Rechenwil[156], soror munialis [!], 1608.
[1633] Obiit domina Barbara Zimmermannin von Wil, /abttißin diß gottshauß[157]/, hatt geriergt [!] 6 jahr, under dißer frauwen ist die belegerung von dem obereristen veldtmarchschalck Horn zu Constantz anno 1633 beschechen, welche in wererden belegerung in dem gottshauß mitt großer sorgfeltigkeitt und schwerer kranckheitt verbliben und mitt gottes hilff daz gottshauß erhalten worden[158], und endtlich in gott verscheiden zwischendt acht und neün uhren vor mittnacht anno 1638, deren gott barmhertzig sain welle.[159]

|| [p. 18]
21.] c. ix. kl.
[A] Obiit Anna am Grieß, soror monialis. Obiit Wernherus, conversus. Obiit Mechthildis, dicta Spicherin, mater monialis. Obiit her Jeorius Múnch, abbas in Salem, anno domini m° cccc° lviiii [1459], patruus duarum monialium.[160]
[D] Obiit Eberhardus de Klingenberg.[161]

22.] d. viii. kl. Kathedra sancti Petri.
[A] Obiit Mechthildis de Stain, soror laica. Obiit Růdolffus Wachurli, pater monialis. Obiit Adelh[aidis] de Rorgawise[162], mater monialis. Obiit Ůlricus de Schoͤnenbúchel, pater monialis. Obiit Anna de Hoͤdorff, monialis, dedit vinum.[163] Ist jarzit Anna von Hoͤwdorff, monialis, úber das grab gon, vii psalmos.

---

[154] *Die Wappenrolle von Zuͤrich, S. 67, Nr. 145.*

[155] *Heinrich von Helmsdorf († 1387), Vater der Klosterfrau Anna von Helmsdorf (Nekrolog, p. 68). Vgl. Die Jahrzeitbücher des Konstanzer Domkapitels, Teil 1, S. 210; ebd., Teil 2, S. 607, Nr. 268.*

[156] *Reckenwil, Gemeinde Homburg, im heutigen Bezirk Steckborn.*

[157] *Über der Zeile eingefügt.*

[158] *Zur Belagerung von Konstanz vgl. BURKHARDT u. a., Konstanz in der frühen Neuzeit, S. 224–234.*

[159] *MEYER-MARTHALER, Feldbach. In: Die Zisterzienser und Zisterzienserinnen (Helvetia Sacra III, 3, 2), S. 661: Barbara Zimmermann, 1632–1638.*

[160] *KALLER, Salem. In: Die Zisterzienser und Zisterzienserinnen (Helvetia Sacra III, 3, 1), S. 358 f.: Georg Münch, 1441–1458 (1459?). Münch stammte aus Konstanz.*

[161] *Nach KINDLER VON KNOBLOCH, Oberbadisches Geschlechterbuch, Bd. 2, S. 301 f., war Eberhard ein Bruder des 1519 verstorbenen Landkomturs Wolfgang von Klingenberg (Nekrolog, p. 57).*

[162] *Rorgenwies, Ortsteil der Gemeinde Eigeltingen im heutigen Landkreis Konstanz.*

[163] *Zu denen von Heudorf vgl. KINDLER VON KNOBLOCH, Oberbadisches Geschlechterbuch, Bd. 2, S. 52–58; Die Wappenrolle von Zuͤrich, S. 77 f., Nr. 172; RÜEGER, Chronik der Stadt und der Landschaft Schaffhausen, S. 781–786.*

[E] Obiit pie memorie Petrus Raͧtgeb, pater monialis.[164]
[1599] Obiit Anna Wirtin ex Wil, soror monialis, anno 99.[165]

[23.] e. vii. kl.
[A] Obiit Anna de Altstetten, monialis. Obiit Andreas Peter, pater monialis.
[1620] Obiit Marx Schenck von Costanz, frater monialis 1620.
[1663] Obiit herr Oswald Lätter von Zug[166], pfarherr zu Diessenhoffen, frater monialis, 1663.[167]

[p. 19] ||
[24.] f. vi. kl. mathie apostoli.
[A] Obiit Conradus Gocheim, pater monialis.[168] Obiit Berchtoldus de Stain, frater monialis.[169] Obiit Ůlricus von Mazzingen.[170] Obiit Conradus, der Schencke. Obiit Ůlricus de Tengen, pater monialis.[171] Obiit Agnesa Bonerin, monialis.[172] Obiit Ůlricus von Tengen.[173] Obiit Agnetis de Hegi.[174] Eodem die dat bitancia Agnes Bonerin, monialis, úber das grab, vii psalmos. Agnes von Hegew úber das grab, vii psalmen.

[25.] g. v. kl.
[A] Obiit Margareta Maigerin, monialis. Obiit Conradus Colli, frater monialis. Obiit dominus Diethelmus de Stainegg, prepositus Constanciensis, frater monialis.[175]
[L] Obiit pie memoriæ venerabilis et reliosa domina Afra Schmidin de Maggenaw, abbatissa in Veldtbach, anno 1582.[176]

---

164 *Vater der Äbtissin Margaretha Ratgebin (1489–1502).*

165 *Das Wiler Geschlecht der Wirt ist im Nekrolog breit vertreten (Nekrolog, p. 18, 35, 36, 76, 90, 91, 105, 112). Der Äbtissin Barbara (gest. 1638) zugeordnet werden aber nur zwei Vertreter (Nekrolog, p. 70, 94).*

166 *Oswald Lätter war Bruder der 1667 verstorbenen Klosterfrau Maria Klara Lätterin (Nekrolog, p. 20).*

167 *Zur Pfarrkirche St. Dionysius in Dießenhofen, seit 1533 paritätisch genutzt, vgl.* Raimann, *Die Kunstdenkmäler des Kantons Thurgau, Bd. 5: Der Bezirk Diessenhofen, S. 66–85.*

168 *Vater der Äbtissin Walburga Gochain (Nekrolog, p. 54).*

169 *Die Wappenrolle von Zůrich, S. 89f., Nr. 203.*

170 *Die Wappenrolle von Zůrich, S. 91f., Nr. 211.*

171 *Vater der Klosterfrau Ursula von Tengen, der aber nicht in der Stammtafel der Familie verzeichnet ist (Nekrolog, p. 29). Vgl. Die Wappenrolle von Zůrich, S. 39, Nr. 72;* Bittmann, *»Uralten Geschlechts und Herkommen«, S. 61–92.*

172 *Tochter der Adelheid und des Johannes Boner (Nekrolog, p. 39, 79).*

173 *Wohl der Sohn des oben genannten Ulrich, der seinen Namen beim Gedenktag seines Vaters hatte eintragen lassen.*

174 *Die Wappenrolle von Zůrich, S. 113f., Nr. 282;* Rüeger, *Chronik der Stadt und der Landschaft Schaffhausen, S. 763f.*

175 *Die Jahrzeitbücher des Konstanzer Domkapitels, Teil, 1, S. 211f.; ebd., Teil 2, Nr. 455, S. 680: Diethelm von Steinegg († 1358).*

176 Meyer-Marthaler, *Feldbach. In: Die Zisterzienser und Zisterzienserinnen (Helvetia Sacra III, 3, 2), S. 659f.: Afra Schmidin, 1549–1582, Tochter des 1557 verstorbenen Johannes*

Dise yeztbemelte fraw abbtißin ist erstlich ain closterfraw zu Maggenaw gewesen, aber von dannen gen Veldtbach genomen und daselbst hin zu ainer abbtißin verordnet worden. Hat diß gotßhauß, so vorgender zeit bey verwaltung der gaistlichen personen und weltlichen vögten übel abkomen war inn 33 jaren irer regierung, durch vil fleiß, sorg, muhe unnd arbaith, mit erbawung der abbtey, deß schlaafhauß, der convent und anderer stuben darunder, auch mit auffüerung etlicher außwendiger gebew, zymmer und mauren, und den gotßdienst mit beßerung vnd zierung der kürchen, auffnemung der ordens personer und anrichtung der ordenlichen breuch und ceremonien im singen, betten, lesen und anderm, vil und wol geauffnet und also im zeitlichen und gaistlichen widerumb in sein wesen gebracht. Ist letstlichen uf diß alles im 33. irer prelatur und im 64. jar ires alters uf disen tag in gott christenlich unnd seligklich verscheiden [!].[177]
[1661] Obiitt Jacob Brandenberg von Zug, frater sororis layca, 1661.[178]

[26.] A. iiii. kl.
[A] Obiit Eberhart, dictus Maler, qui dedit nobis x lib pro communi[tate]. Obiit Conrat Stöltzlin, pater monialis. Obiit Margareta de Constancia, monialis. Obiit Hugo, dictus Schůlmaister, pater monialis.[179] Obiit Elisebeth [!] Langenhartin, mater monialis.[180] Obiit Verena Vischerin de Calcaren, soror monialis.[181] ⟨Ist jarzitt Ursula Schmerlin, abbatissa, úber das grab und i vigili, die selfrow gitt iiii ₰.⟩[182]
[1682] Obiit Anna M[aria] Justa Omlin von Wetingen, soror monialis, anno 1682.
[1686] Obiit herr Johanes Sol, frater monialis, starb den 26. hornung. Gott drost sein liebe sell, 1686.
⟨Obiit herr Johaneß Sol von Dießenhoffen, frater monialis.⟩

*Schmid und der 1549 verstorbenen Margaretha Dudlin (Nekrolog, p. 9, 26). Vgl. Büchi, Zur tridentinischen Reform der thurgauischen Klöster, S. 194 f.; Sennhauser, Feldbach. In: Zisterzienserbauten in der Schweiz, S. 101.*

177 Dise … verscheiden*: Auf einem Zettel notiert und angeheftet und mit Verweiszeichen auf diese Stelle bezogen.*

178 *Bruder der 1682 verstorbenen Laienschwester Maria Magdalena Brandenbergin (Nekrolog, p. 102)?*

179 *Im Nekrolog sind zwei Hugo Schulmeister belegt, vermutlich Vater (*dictus *und Sohn [Nekrolog, p. 88]). 1363 kaufte* Elsbethen, Hugen såligen des Schůlmaisters von Sant Gallen tohter, *zusammen mit ihrem Bruderkind, der Klosterfrau Anna, einen Zins in der Höhe von zehn Schillingen (Thurgauisches Urkundenbuch. Bd. 6: 1359–1375, Nr. 2705, S. 257–258).*

180 *Mutter der Ursula Langenhartin (Nekrolog, p. 90).*

181 *Schwester der Engla Vischerin, wobei nicht deutlich wird, ob sie in Kalchrain lebte oder Feldbacher Konventualin war (Nekrolog, p. 26).*

182 *Meyer-Marthaler, Feldbach. In: Die Zisterzienser und Zisterzienserinnen (Helvetia Sacra III, 3, 2), S. 654: Ursula Schmerl, 1378, 1387–1393, 1402.*

[p. 20] ||

[27.] b. iii. kl.
[A] Obiit Ursula Schmerlin, monialis, dedit annuatim i lib ₰ et git iiii ₰, unam urnam vini debent dare de bitancia.[183]
[1682] Obiit M[aria] Franzcisca Rossa Omlin von Wetingen, soror monialis, anno 1682.

[28.] c. ii. kl.
[A] Obiit nobilissimus Austrie dux Lúpoldus.[184] Obiit Jacobus, dictus am Ort.[185] Obiit Adelhait Knútlin, mater monialis, jacet hic, von der git das selampt vi ₰, dem bichter och vi ₰.
[E] Obiit Agta Win Unbroͤti, soror monialis.
[1688] Obiit der wohl edtl geboren herr Friderich Christoff von Pflaumeren[186], der Römischen reichstat Biberach bugermeister [!], frater et pater abbatissæ, 1688.[187]
[1654] Obiit soror Maria Humbelina Zellerin, monialis, 1654.[188]

## [März]

[1.] d. kl. marcii. Albini episcopi et confessoris
[A] Obiit Anna Anwise, soror monialis.[189] Obiit Elisabeth Segnerin, laica. Margareta ann Horn, monialis. Obiit Eberhardus, dictus Wager. Katherina Mannenbacherin, mater monialis. Obiit Hainr[icus], videlissimus amicus noster, cantor in Salem, monachus.[190] Obiit Margaretha Merstetterin, soror monialis.[191] Obiit Margaretha Gǒchannin, mater monialis. Obiit Adelhait Knútlin, úber das grab, i vigili, die selfrow git vi ₰ ab dem hoff von Hoͤnstetten[192], dem bichter och vi ₰. Item Gretten Vochentzerin sol man úber das grab gon, i vigili, die selfrow git vi ₰ ab demselben hoff, dem bichter och vi ₰.

---

[183] *1359 kauften Adelheid und Ursula, die Töchter des Konstanzer Bürgers Hugo Schmerlin, ein Leibgedinge (Thurgauisches Urkundenbuch. Bd. 5: 1341–1359, Nr. 2418, S. 686–687). Bei Ursula handelt es sich vermutlich um die spätere Äbtissin, unter der das Kloster 1387 in das Burgrecht der Stadt Konstanz eintrat (Das älteste Bürgerbuch der Stadt Konstanz, S. 24).*

[184] *Necrologium habsburgicum monasterii Campi regis, S. 357; Necrologium Wettingense, S. 590: Leopold von Österreich († 1326), Sohn Albrechts I.*

[185] *Rüeger, Chronik der Stadt und der Landschaft Schaffhausen, S. 880–882.*

[186] *Bruder der Äbtissin Maria Regina (1646–1681) und Vater der Äbtissin Maria Justina von Pflumern (1681–1708).*

[187] Obiit ... 1688: *Auf Zettel nachträglich eingebunden und mit Verweiszeichen auf diesen Tag bezogen.*

[188] *Der Eintrag ist neben dem Kalender platziert.*

[189] *Anna war vermutlich die Schwester der Kantorin Agnes Anwies (Nekrolog, p. 5).*

[190] *Nicht in Baumann, Das Totenbuch von Salem verzeichnet.*

[191] *Schwester der Klosterfrau Agnes Märstetterin (Nekrolog, p. 121).*

[192] *Hörstetten in der Gemeinde Homburg (Kanton Thurgau) oder Honstetten, ein Ortsteil der Gemeinde Eigeltingen (Landkreis Konstanz)?*

[E] Pie memorie Agata de Asch, mater monialis anno domini …[193]
[1667] Obiit soror Maria Clara Lätterin von Zug, monialis, anno 1667.[194]
[1705] Obiit f[rauw] Margretha Wagnerin von Costantz, mater monialis, 1705.[195]

|| [p.21]

[2.] e. vi. nonas marcii.
[A] Obiit Margareta Vochentzin, soror monialis, jacet hic, selampt, selampt [!], git vi ₰, dem bichter och vi ₰.[196]
[1679] Obiit fr[auw] Anna Maria Leinerin, gebohrne Hietlin[197], mater monialis von Costantz 1679.[198]

[3.] f. v. nonas.
[A] Obiit Adelhait de Hove, monialis.[199] Obiit Bernhardus de Ťtelingen, qui dedit nobis quinque lib pro communi[tate]. Obiit Vida Luum[200], novicius.[201] Obiit Agnes de Helmstorff, mater monialis.[202] Obiit Anna de Meckingen, monialis.[203]

[4.] g. iiii. nonas.
[A] Obiit Alberchtus de Marpach, pater monialis.[204] Obiit Růdolffus de Tetikoven, pater monialis. Obiit Conrat Vochentzer, pater monialis.[205]

---

193 *Ehefrau des 1481 verstorbenen Vitus von Asch (Nekrolog, p. 81). Der Eintrag ist so stark verblichen, dass die Jahreszahl nicht mehr erkennbar ist.*

194 *Tochter des 1649 verstorbenen Nikolaus Lätter (Nekrolog, p. 31).*

195 *Frau des 1692 verstorbenen Hans Jörg Wagner aus Konstanz (Nekrolog, p. 78).*

196 *Margaretha Vochentzin dürfte die Schwester der beiden Klosterfrauen Adelheid und Klara gewesen sein (Nekrolog, p. 70, 96; vgl. unten Anm. 205).*

197 *Hütlin (Anm. 149).*

198 *Ehefrau des 1695 verstorbenen Johann Leiner, der 1635 zu den „unkatholischen“ Bürgern der Stadt Konstanz zählte (Nekrolog, p. 40). Vgl. Burkhardt u. a., Konstanz in der frühen Neuzeit, S. 238 f.*

199 *Konstanzer Geschlecht, das im Nekrolog breit verteten ist.*

200 *Wohl Luvin, Livin. Es sind aber keine Punkte erkennbar.*

201 *Auch in anderen Nekrologen wird bei den Novizinnen mit den männlichen Formen* novicius *und* puer *operiert, vgl. Signori, The Günterstal Obituary. A Contribution to the History of the* Necrologia Germaniae.

202 *Vermutlich die Mutter der Klosterfrau* Anna junior *(Nekrolog, p. 68).*

203 *1363 stattete Johannes Löw, Bürger zu Radolfzell, seine Schwestertochter Anna von Möggingen mit einem Leibgedinge aus (Thurgauisches Urkundenbuch. Bd. 6: 1359–1375, Nr. 2715, S. 267). 1391 lebte diese Anna noch (Thurgauisches Urkundenbuch. Bd. 6: 1359–1375, Nr. 4258, S. 32–33).*

204 *Stadler, Die Stadt Radolfzell – ein Zentrum des Hegauer Adels? S. 199 (Jahrzeitbuch des Münsters von Radolfzell).*

205 *1356 verschrieb Konrad Vochentz, Bürger von Radolfzell, seiner Tochter Klara, Klosterfrau in Feldbach, einen Hauszins in der Höhe von zwei Pfund sowie drei Malter Kernen (Thurgauisches Urkundenbuch. Bd. 5: 1341–1359, Nr. 2276, S. 533). 1360 erweiterte er das Leibgedinge um vier Saum Wein. Inzwischen lebte auch seine Tochter Adelheid im Kloster Feldbach (Thurgauisches Urkundenbuch. Bd. 6: 1359–1375, Nr. 2528, S. 102).*

[1647] Obiit Peter Han von Bürß, pater laicæ, anno 1647.[206]

[p. 22] ||

[5.] A. iii. nonas.
[A] Obiit Mia Anhorn, mater monialis. Obiit domina Gůta, comitissa[207] de Öttingen.[208]

[6.] b. ii. nonas.
[A] Obiit Conradus Tetikover, frater monialis. Obiit Elisabeth Pfisterwerckin de Frowenfeld, mater monialis.

[7.] c. nonas marcii. Thome confessoris.
[A] Obiit Willeburgis de Frůtiwil, monialis. Obiit Conradus In Monte, pater monialis. Obiit Anna de Meckingen, mater monialis. Obiit Adelhait, dicta Wartzerin, mater monialis.[209] Obiit Verena, dicta Mårstetterin, junior. Ist jarzitt unsers vatters von Stain, von dem git die kellerin von Ostran bis zů Pfingsten ayer, setz im vigili.[210]
[E] Obiit domina Anna de Randenburg[211], abbatissa, im lxxxiiii [1484].[212]
[1654] Obiit Christian Wieland von Öningen, frater sororis laicæ, 1654.[213]
[1692] Obiit fr[auw] Eufemia Dorrerin, geborne Hounggerin, mater monialis 1692.[214]

[p. 23] ||

[8.] d. viii. idus marci
[A] Obiit Cůnradus de Stain, pater noster, eodem die conventui servicium.[215] Obiit Gůta Túbingerin, monialis.
[C] Obiit Johanes Brand, qui fuit prebendarius hic etc. Der haut um siner selhail geordnet ain guldin gelcz iarlich, getailt werden under den ckoffent[216], da sol man ym nach der vesper gan uber daz grab und mer des nach der mess und i vigil.

---

206 *Bürs bei Bludenz.*

207 *Darunter die Übersetzung:* gräffin.

208 *Necrologium habsburgicum monasterii Campi regis, S. 357: Guta bzw. Jutta († 1329), Tochter Albrechts I.*

209 *Mutter der Klosterfrau Margaretha Wurzerin (Nekrolog, p. 22).*

210 *Abt Konrad Goldast des St. Georgenklosters in Stein am Rhein (1383–1412), vgl. WALDVOGEL, Stein am Rhein. In: Frühe Klöster (Helvetia Sacra III, 1, 3), S. 1557f.*

211 *MEYER-MARTHALER, Feldbach (Helvetia Sacra III, 3, 2), S. 656f.: Anna von Randenburg, 1460–1485, Tochter des Georg und der Magdalena von Randenburg (Nekrolog, p. 7, 120).*

212 *Am linken Rand glossiert:* abbatissa de Randenburg.

213 *Bruder der 1668 verstorbenen Laienschwester Maria Cordula Wielandin (Nekrolog, p. 107).*

214 *Ehefrau des 1671 verstorbenen Johann Kaspar Dorrer und Mutter der Elisabeth Zimmermännin sowie der drei Söhne Bent Jakob, Damian und Hans Ulrich Dorrer aus Baden (Nekrolog, p. 34, 78).*

215 *Abt Konrad Goldast (Anm. 210).*

216 *Konvent.*

[1626] Obiit Barbara Müllerin von Zug, matter monialis et soror F. B. M.[217] , confessari anno 1626.[218]

[1669] Obiit Magdelena Schieggin, gebohrne Englin, von Frauenfeld, mater layice 1669.

[9.] e. vii. idus.

[A] Obiit Bernhardus Anhorn, frater monialis. Obiit Mia de Tetikoven, mater monialis.

[1647] Obiit herr Conrad Keller zue Bischoffzell, vergabt zue seiner seelen heil seiner im guetten zue gedenckhen dem gottshauß 100 gulden, gott tröst sein liebe seel 1647.[219]

[1666] Obiit frauw Helena Eslingspergein von Überlingen, geborne von Pflumern, soror abbatisa [!], anno 1666. NB. NB.[220]

[10.] f. vi. idus.

[A] Obiit Hainr[ich] Stocker, frater monialis.[221]

[G] Obiit Johannes Vogt de Radolffzell, frater duarum monialium, 1527.[222]

[1644] Obiit Magdalena Rüttin von Wil, supryorissa huius monast[e]rii, anno 1644.[223]

[1673] Obiit Jacob Pfluoger von Wangen, war hoffmeister alhie auff die 20 jahr vergabet dem gottshauß an seinen lidlohn 400 gulden und 50 gulden bareß gelt, soll jährlich für in und seine elteren seelig ein jahr dag mit 3 priestern gehalten werden, starb den 9. mertzen 1673 Jahrs, ligt hie begraben, gott sey im gnädig und barmhertzig. Ammen etc.

---

217 *Daneben zur Auflösung der Initialen ergänzt:* F. Bernh. Müller.

218 *Tochter des 1617 verstorbenen Melchior Müller und der 1623 verstorbenen Elisabeth Kollin (Nekrolog, p. 3, 56).*

219 *Zu Johann Konrad Keller siehe* Erni, *Erpressungspoker um die Herrschaft Berg, S. 115.*

220 *Schwester der Äbtissin Maria Regina (1646–1681), siehe Stamm-Tafeln des Adels des Großherzogthums Baden, S. 317.*

221 *Sohn der Anna und des Walter Stocker (Nekrolog, p. 41, 86). Vgl.* Rüeger, *Chronik der Stadt und der Landschaft Schaffhausen, S. 967–973.*

222 *Bruder der Klosterfrau Elisabeth und der Priorin Beatrix, Sohn des Gerold Vogt und der Margaretha Hofmännin (Nekrolog, p. 16, 24, 72, 97). Vgl.* Schwarzmaier, *Die Familie Vogt in Radolfzell und ihre geistlichen Stiftungen, S. 72.*

223 *Tochter des 1631 verstorbenen Johannes Rüti aus Will (Nekrolog, p. 37).*

[p. 24] ||

[11.] g. v. idus.

[A] Obiit Margareta Bútzerin, soror monialis. Obiitt Hainricus de Búßlingen eodem die conventui servicium.[224] Obiit Waltherus de Rot, pater monialis. Obiit Clara Stockerin, soror monialis.[225]

[B] Obiit Ursula Preinlinin, mater monialis.[226]

[1641] Obiit Clemens Ott von Basendingen, /des gottshuß[227]/ amann zu Hemenhofen, frater monialis, 1641 jahrs, gott sey im barmhertzig.[228]

[12.] A. iiii. idus. Gregorii pape.

[A] Obiit Eberhardus de Tetikouen, frater monialis. Obiit Cůnr[at] de Hohenfels, frater monialis. Obiit Hainr[ich], dictus Burgermaister, in Úberlingen.[229] Obiit Ortolffus, miles de Hoͤwdorff, pater monialis. Obiit Katherinen Englin, dedit i lib ₰ pro pitancia. Obiit Elysabeth Streblin, soror monialis. Obiit Leonhardus Walther, pater monialis, et Elisabeth et Frena, sorores eiusdem monialis. Ist jarzit Hainrichs von Búslingen, von dem git die kellerin iiii ₰ und setzt im ain vigili.[230] Uff den tag sol man der Englin úber das grab gon, sy litt im crútzgang under der Ganß, spricht ir i vigil.

[E] Obiit Elizabeth Voͤgtin de Zell, habuit hic tres sorores moniales.[231]

[E] Obiit pie memorie dominus Johannes Bridler, sacerdos et plebanus in Mulheim, frater Elizabeth Bridlery, monialis huius monasterii, 1523.[232]

[13.] b. iii. idus.

[A] Obiit Agnesa de Pfin, mater monialis.[233] Obiit Agnes Gochannin, monialis.

[F] Obiit Katherina Frygin, 1525.

[1608] Obiit Hanns Brandenberg von Zug, pater monialis 1608.[234]

---

[224] *1301 bestätigte Heinrich von Büßlingen,* dispensator noster, *die Schenkung seines Vaters an das Kloster Feldbach. Der Eintrag zum 11. März dürfte sich auf den Vater beziehen, nicht auf den Sohn (Thurgauisches Urkundenbuch. Bd. 4: 1300–1340, Nr. 991, S. 26–27).*

[225] *Tochter der Anna und des Walter Stocker (Nekrolog, p. 41, 86).*

[226] *Die mit dem Buchstaben B gekennzeichneten Hände sind formal ähnliche, markante Schönschriften, die ins ausgehende 15. und beginnende 16. Jahrhunderts datieren.*

[227] *Am linken Rand mit Verweiszeichen nachgetragen.*

[228] *Bruder der 1652 verstorbenen Klosterfrau Maria Margaretha Öttin aus Basadingen und Sohn des 1618 verstorbenen Clemens Ott aus Basadingen (Nekrolog, p. 5, 87).*

[229] *Gemeint ist die Familie Amort, genannt Bürgermeister, aus Überlingen.*

[230] *Siehe Anm. 224.*

[231] *Dies ist die einzige Stelle, wo von drei Schwestern aus der Familie Vogt die Rede ist, sonst sind es immer nur zwei Schwestern, nämlich Elisabeth und Beatrix (Nekrolog, p. 16, 23, 30, 86).*

[232] *Johannes Bridler (1483–1506), Pfarrer zu St. Verena im thurgauischen Müllheim, vgl.* RAIMANN/ERNI, *Die Kunstdenkmäler des Kantons Thurgau, Bd. 6: Der Bezirk Steckborn, S. 223–226.*

[233] *Mutter der Klosterfrau Agnes de/von? Pfin (Nekrolog, p. 97).*

[234] *Vater der Äbtissin Amalia Brandenbergin (1638–1646).*

[1649] Obiit reverendus dominus Heinricus Huwiler, ex monasterio Wettingen et huius monasterii confessarius 1649.[235]
[1654] Obiit soror Maria Catherina Huntzigkhoferin, monialis 1654.[236]

|| [p. 25]

14.] c. ii. idus.
[A] Obiit Mechthildis de Steckboren, monialis.[237] Obiit Petrus Wirnunberch, frater monialis.[238] Alberchtus de Marpach, frater monialis.[239] Obiit Elisabeth de Schinen, soror monialis, eodem die conventui vinum. Obiit Johannes Lúti et Engla, uxor eius.
[1624] Obiit herr Hainrich Zimmerman, frater monialis 1624.[240]

15.] d. idus marcii.
[A] Obiit Yrmengardis Verm, monialis. Obiit Mechthilt de Tetikoven, monialis. Dominus Diethelmus, abbas Augie Maioris.[241]
[G] Obiit nobilis Jodocus de Ryschach, frater unius sororis in Velbach, 1527.
[K] Obiit domina Magdalena Zimermenin von Wil, abbattisa monasterii im 90. jar.[242]

16.] e. xvii. kl. aprilis.
[A] Obiit Elysabeth Spůlin, monialis. Obiit Helcha, dicta Strubin, monialis. Obiit Mia Ebernendin, mater monialis.[243]
[C] Obiit domina Anna Wittenwilerin, abbatissa in Veldbach[244], m° cccc° lxxxviii° [1489].[245]

---

235 *Album Wettingense, S. 58, Nr. 539: Heinrich Huwiler aus Auw (Aarau).*

236 *Tochter des 1611 an der Pest verstorbenen Veit Hunzikofer, so auch Maria Katharinas Schwester Ursula und ihr Bruder Veit (Nekrolog, p. 91, 94).*

237 *Gemeint ist das Adelsgeschlecht der von Steckborn (Sablonier, Adel im Wandel, S. 267, Nr. 176), das mit fünf Klosterfrauen im Feldbacher Konvent vertreten ist. Von den fünf hießen drei Mechthild.*

238 *Bruder der Klosterfrau Anna und/oder Gůta Wirnenberch (Nekrolog, p. 33, 99).*

239 *Stadler, Die Stadt Radolfzell – ein Zentrum des Hegauer Adels? S. 199 (im Jahrzeitbuch des Münsters von Radolfzell unter dem 13. März aufgeführt).*

240 *Bruder der späteren Äbtissin Barbara Zimmermännin (1632–1638).*

241 *Begrich, Reichenau. In: Frühe Klöster (Helvetia Sacra III, 1, 2), S. 1084 f.: Diethelm von Kastell, 1306–1343. Das Kloster trat 1381 in das Burgrecht der Stadt Konstanz ein (Das älteste Bürgerbuch der Stadt Konstanz, S. 8).*

242 *Meyer-Marthaler, Feldbach. In: Die Zisterzienser und Zisterzienserinnen (Helvetia Sacra III, 3, 2), S. 660: Magdalena Zimmermännin, 1582–1590.*

243 *Die Mutter der Margaretha Ebernendin (Nekrolog, p. 26).*

244 *Darüber, am rechten Rand glossiert:* Anna abbattissa.

245 *Meyer-Marthaler, Feldbach. In: Die Zisterzienser und Zisterzienserinnen (Helvetia Sacra III, 3, 2), S. 657: Anna Wittenwilerin, 1485–1489. Insgesamt sind im Nekrolog sieben Namensträger verzeichnet; bei allen Einträgen handelt es sich um die letzten der von Hand A vorgenommenen Einträgen. Das heißt, sie dürften allesamt aus dem engeren Familienkreis der Äbtissin stammen (Nekrolog, p. 31, 34, 39, 83, 105).*

[1622] Obiitt Ursula Guldinestin von Costantz, soror monialis 1622.[246]
[1653] Obiit reverendus dominus Josephus Zimerman ex monasterio Wettingen et huius monasterii confessarius, anno 1653.[247]

[p. 26] ||

[17.] f. xvi. kl.
[A] Obiit Gerdrudis Wirnnenberch, mater monialis.[248] Obiit Anna Spůlin, monialis. Obiit Engla Vischerin, monialis.[249]
[E] Obiit Hans Sailer, frater monialis.[250]
[L] Obiit Margaretha, dicta Dudlin, ii. die martii[251], mater Affre Schmidin de Maganow, quondam abbatisse in Veldbach, anno domini 1549.[252]
[1641] Obiit admodum reverendus H. Christophorus Bachman, vigesimus septimus monasterii de Wettingen abbas, pater et visitator nostri monasterii de Veltbach, qui multa nobis beneficia praestitit, anno 1641.[253]

[18.] g. xv. kl.
[A] Obiit Ůlricus, dictus Mutler, pater monialis.[254] Obiit Margareta de Liebenvels, monialis.
[1664] Obiit herr Joannes Georgius Schenckh von Costantz, pfarherr zuo Immadingen, frater monialis, anno 1664.[255]
[1680] Obit frauw Catherina Haugerin, geborne Halblingin, mater monialiß, 1680.
[1688] Obit Hanß Eggly von Buoch, frater sororis laice, 1688, vergabet dem gotthauß zue seiner seellenheill an barem gelt – 100 gulden.[256]

---

246 *Schwester der 1661 verstorbenen Klosterfrau Anna Maria Guldinestin (Nekrolog, p. 10).*

247 *Album Wettingense, S. 67, Nr. 571: Joseph Zimmermann von Utznach, Sohn des Balthasar Zimmermann und der Maria Anna Kusterin.*

248 *Mutter der Klosterfrau Anna und/oder Gůta Wirnenberch (Nekrolog, p. 33, 99).*

249 *Tochter der Anna und des Heinrich Vischer (Nekrolog, p. 2, 97).*

250 *Bruder der 1566 verstorbenen Klosterfrau Barbara Sailerin (Nekrolog, p. 3).*

251 *Am linken Blattrand ergänzt:* In die lune proximo post Invocavit.

252 *Mutter der Äbtissin Afra Schmidin (1549–1582). Der Eintrag ist in einer Humanistenkursive [L] hervorgehoben, gleich wie bei Afra und ihrem Vater (Nekrolog, p. 9, 19).*

253 *Hägler/Kottmann,* Wettingen. *In: Die Zisterzienser und Zisterzienserinnen (Helvetia Sacra III, 3, 1), S. 471 f.: Christoph Bachmann, 1633–1641.*

254 *Ulrich dürfte der Vater des Ulrich Mutler gewesen sein, den das Nekrolog als* pater et frater *einer Klosterfrau vorstellt (Nekrolog, p. 75).*

255 *Pfarrherr der Kirche St. Peter und Paul, siehe Immendingen. Geschichte einer Gemeinde an der Donauversinkung, S. 285.*

256 *Bruder der 1691 verstorbenen* soror laica *Maria Theresia Egli aus Buch (Nekrolog, p. 82). Es gibt im Bodenseeraum mehrere Ortschaften mit Namen Buch. Welches Buch hier gemeint ist, ließ sich nicht klären. Der Ort erscheint im Totenbuch dreimal; alle drei Einträge gehen auf ein und dieselbe Familie Egli zurück (Nekrolog, p. 42, 107).*

19.] A. xiiii. kl.

[A] Obiit Margareta Ebernendin, monialis.[257] Obiit domina Blanck, relicta Růdolffi quodam regis Boemie.[258] Obiit domina Anna, ducissa de Presla.[259] ⟨Obiit Alberchtus de Clingenberg⟩ perpetuo iure sabatis conventui vinum de illo. Obiit Verena Englerin, monialis.[260] Obiit Elisabet Maigerin, monialis.

[1649] Obiit Michael Herttenstein von Hiltzingen, frater monialis 1649.[261]

|| [p. 27]

20.] b. xiii. kl. aprilis. Guthberti episcopi

[A] Obiit Clara de Eschibach, conventuum [!] servicium.[262] Obiit herr Conrat Gerung, monachus in Salem, nobis [!] confessoris [!].[263] Clara von Eschlenbach lit vor dem altar, gat ir úber das grab mit ainer selvesper, nit me.

21.] c. xii. kl. aprilis. Benedicti abbatis.

[A] Obiit Mechthildis de Schwamingen, monialis. Obiit Elisabeth Boͤschin, monialis. Obiit Nicolaus de Búslingen, frater monialis. Obiit dominus Alberchtus de Clingenberg, miles, de quo datur i zwoͤlffer wins, et conventus legit vigiliam.[264] Obiit Anna Hunnin, mater monialis. Ist jarzit her Aulbrechtz von Clingenberg, spricht man vigili, von dem hond wir den win von Bernang[265]. Item dem Landolt úber das grab, vii psalmos.

[C] Obiit Genofe Rússin de Costancia, mater monialis, lxxxviii jar [1488].[266]

---

257 *Die Tochter der Mia Ebernendin (Nekrolog, p. 25).*

258 *Necrologium habsburgicum monasterii Campi regis, S. 357. Es handelt sich um Blanche von Frankreich († 1306), Gemahlin des Königs Rudolf von Böhmen († 1305), Sohn Albrechts I.*

259 *Necrologium habsburgicum monasterii Campi regis, S. 357: Anna von Österreich († 1327), Tochter Albrechts I.*

260 *Vater und Sohn Engler tragen beide den Namen Nikolaus, Tochter beziehungsweise Schwester und Enkeltochter heißen beide Verena. Vgl.* Reding, *Die Regesten der Frauenklöster Feldbach und Tänikon, S. 18, Nr. 146 (1423).*

261 *Bruder der 1671 verstorbenen Subpriorin Maria Dorothea Hertensteinin (Nekrolog, p. 50).*

262 *Aus dem hochfreien Geschlecht der von Eschenbach (Die Wappenrolle von Zuͤrich, S. 93 f., Nr. 214).*

263 Baumann, *Das Totenbuch von Salem, S. 362:* O. fr. Cunradus Gerung de Constantia m. et sac. 1466. *Wie Konrad Gerung werden einzelne Mönche als* dominus *adressiert (Nekrolog, p. 32, 86).*

264 *Albrecht beziehungsweise Albert († 1308), Bruder der Bischöfe Konrad und Heinrich von Klingenberg. Vgl. Die Jahrzeitbücher des Konstanzer Domkapitels, Teil, 1, S. 220; ebd., Teil 2, Nr. 111, S. 546 f. Zu den von Klingenberg vgl.* Kindler von Knobloch, *Oberbadisches Geschlechterbuch, Bd. 2, S. 299–306; Die Wappenrolle von Zuͤrich, S. 54, Nr. 116;* Derschka, *Die Ministerialen des Hochstifts Konstanz, S. 148–158.*

265 *Bernang bei Konstanz.*

266 *Mutter der Klosterfrau Genofa Rusin/Russin (Nekrolog, p. 40).*

[22.] d. xi. kl.
[A] Obiit Willebirgis de Frůtwil, monialis. Ursula Arnoltin, monialis.
[G] Obiit Marty Fer, frater sorer layca.[267] Obiit pie memorie Dorethea Prineri, que fuit fidelis priorissa hic, anno 1527.
[1590] Obiitt Hainricus Zimmerman von Wyl, fratter duarum abbattissarum et pater abbtisæ [!], 1590 jar.[268]

[p. 28] ||

[23.] e. x. kl.
[1605] Obiit Balthasar Rütiman, patter monialis 1605.[269]
[1649] Obiit fraw Anna Maria Weibline von Costantz, herren Michael Guldinast selligen haußfraw[270], vergabet dem gottshauß ein meßgwand, gott tröst ihr liebe sell 1649.
[1672] Obiit Hanß Ulrich Mehrhardt von Costantz, pater monialis, anno 1672.[271]

[24.] f. ix. kl.
[A] Obiit Hugo Spůl, frater monialis.[272] Obiit Růdolffus de Úberlingen, pater monialis. Obiit Elysabeth de Hohenvels, soror monialis. Obiit Anna Appini, soror monialis. Obiit Verena Unwillerin, mater monialis.
[1590] Obiit Katarina Hersterin von Zug, priorissa in Veldbach, 1590. Obiit Osthwald Herster von Zug, frater monialis.[273]
[1683] Obiit Veit Gnädig von Wangen, thorwartt allhie, vergabet zue seiner sellen heil dem gottshauß 40 gulden und daß groß creütz auf dem kirchhoff, starb den 24. Mertzen 1683, ligt alhie vergraben.[274]
[1699] Obiit Schwester Maria Affra Millerin von Woltzach, laycæ, 1699.[275]

---

267 *Sohn der Margaretha und des Jodocus Fer (Nekrolog, p. 59, 102).*

268 *Bruder der beiden Äbtissinnen Magdalena und Anna Zimmermännin (1582–1590 und 1590/1591), Vater der Äbtissin Barbara Zimmermännin (1632–1638).*

269 *Vater der 1644 verstorbenen Priorin Anna Rütimännin aus Gailingen (Nekrolog, p. 118).*

270 *Ehefrau des 1623 verstorbenen Michael Guldinast (Nekrolog, p. 89).*

271 *Vater der 1689 verstorbenen Klosterfrau Maria Sophia Mehrhardtin aus Konstanz (Nekrolog, p. 113).*

272 *Im Jahr 1303 verkauften Hugo und seine Söhne Hermann, Thomas und Andreas Spůl dem Kloster Feldbach Besitzungen in Möggingen (Thurgauisches Urkundenbuch. Bd. 4: 1300–1340, Nr. 1029).*

273 *Oswald Herster war Bruder der Priorin Katharina, an deren Gedenktag er seine eigene Memoria einschreiben ließ.*

274 Obiit … vergraben: *Auf Zettel, der auf p. 29 eingenäht ist, mit Verweiszeichen auf diese Stelle bezogen.*

275 *Tochter des 1674 verstorbenen Lorenz Miller/Müller und der 1675 verstorbenen Kunigunde Gotthartin aus „Wolzach" (Nekrolog, p. 13, 33). Es ist nicht klar, ob damit das bayerische Wolznach bei Ingolstadt gemeint ist.*

25.] g. viii. kl. Annunciacio dominica.
[A] Obiit Mechthild Ebenro̊tin, monialis. Obiit Adilhait de Cella, soror monialis. Obiit Mechthildis Gúndelhartin, soror monialis. Obiit Elisabet Boͤschin, mater monialis. Obiit Anna Voͤgtin, monialis. Obiit Barbara Griffin, mater monialis. Ist jarzit Anna Voͤgtin, monialis, úbers grab, vii psalmos, und Elßbeth Heschlinen jarzit sol die custrin iiiiii[276] ₰ genn ab dem gůt von Marcholfingen[277] und sol ire i vigilii sprechen.
[D] Obiit Hainricus Struß de Stain, pater monialis.[278]
[K] Obiit domina Anna Zimermenin von Wil, abbatisa im 91. jar.[279]
[1675] Obiit Maria Eüfrasina Harderin von Wittenweil, soror monialis[280], anno 1675 jahrs.

|| [p. 29]

26.] A. vii. kl.
[A] Obiit Margareta de Lindow, monialis. Obiit Diepoldus de Lutrah, pater monialis.[281] Obiit magister Uͦlricus de Sancto Gallo. Obiit Růdolffus Schmerli.[282] Obiit Johannes, dicto Wartter, pater monialis.[283]
[1614] Obiitt herr Christoffel Marttin von Ittingen, fratter monialis 1614.

27.] b. vi. kl.
[A] Obiit Uͦlricus, presbiter sancti Stephani.[284] Obiit Ursula de Tengen, monialis, de qua datur vinum, das ist kofft umb x lib ₰, und gat ir úber das grab, vii psalmos.[285]
[K] Obiit Barbara Zimermenin, soror duarum monialium.[286]

---

276 *Am linken Rand* ii *nachträglich hinzugefügt.*

277 *Markelfingen bei Radolfzell.*

278 *Vater der Klosterfrau Adelheid Struss (Nekrolog, p. 111).*

279 *Meyer-Marthaler, Feldbach. In: Die Zisterzienser und Zisterzienserinnen (Helvetia Sacra III, 3, 2), S. 660: Anna Zimmermann, 1590/1591, Tochter des Jakob Zimmermann und der Barbara Müllerin, Schwester der Äbtissinnen Magdalena und Anna Zimmermännin (1582–1590 und 1590/1591).*

280 *Tochter des 1680 verstorbenen Hans Ludwig Harder, Schwester von Franz Ludwig, Anna Margaretha und Johann Benedikt Harder (Nekrolog, p. 35, 53, 81, 95).*

281 *Vater der Klosterfrau Klara von Lutrach (Nekrolog, p. 41). Vgl. Die Wappenrolle von Zuͤrich, S. 86, Nr. 195.*

282 *1357 richteten sich Rudolf Schmerlin, Bürger von Konstanz, und seine Frau Adelheid Jahrzeiten sowohl in Feldbach als auch Kalchrain ein (Thurgauisches Urkundenbuch. Bd. 5: 1341–1359, Nr. 2326f., S. 575–577), siehe Meyer-Marthaler, Kalchrain. In: Die Zisterzienser und Zisterzienserinnen (Helvetia Sacra III, 3, 2), S. 754. Adelheid ist nicht beziehungsweise nicht unter dem Namen Schmerlin im Nekrolog vertreten.*

283 *Vater der Priorin Elisabeth Warterin (Nekrolog, p. 50).*

284 *Dieser Ulrich ist nicht nachweisbar bei Maurer, Das Stift St. Stephan in Konstanz.*

285 *Tochter des Ulrich von Tengen (Nekrolog, p. 19).*

286 *Vor 1582 verstorbene Schwester der Äbtissinnen Magdalena und Anna Zimmermännin (1582–1590 und 1590/1591).*

[28.] c. v. kl.
[A] Obiit Gredrudis [!] von Ahe, monialis. Obiit Mechthildis, monialis. Obiit Hainr[icus] Anhorn, monachus in Salem, frater monialis.[287] Obiit Agnes de Liebenfels, monialis inn Kalckeren.[288]
[N] Obiit Alexander Guldinast von Costantz, fratter monialis, et Cattrina Guldinästin, soror monialis.[289]
[1673] Obiit Johann Frantziscus Wagner von Solothurn, pater monialis, anno 1673.[290]
[1700] Obiit Anna Brünin von Berentzriet by Fischingen, portnerin alhie, vergabet dem gottshauß zue ihrer sellen heill an ihrem lidtlohn – 120 gulden. Starb den 28. mertzen 1700, ligt alhie begraben.

[p. 30] ||

[29.] d. iiii. kl.
[A] Obiit Adelhaidis de Clingenberch, monialis. Obiit Ůlrich Wirnnensch, frater monialis.[291] Obiit Eberhardus de Steckboren, pater monialis. Obiit Elisabeth Goldåstin, conventui ī [= mille] lib.[292] Obiit Anna Weckerin, monialis.[293] Item am fúnfften tag nach Annunciacio Elisabet Goldåstin úbers grab, i vigili. Obiit Lucia de Stoffel, monialis.
[1649] Obiit herr Michael Guldinast von Costantz, frater monialis 1649, gott sey im barmhertzig.[294]
[1699] Obiit Caspar Ruetz von Gosau, frater layce 1699.

[30.] e. iii. kl.
[A] Obiit Hermannus de Útwile, sacerdos, qui dedit nobis cxx marcas. Johannes Gaishuser, frater monialis.[295]
[1679] Obiit Johanes Schönenberger, pater layce 1679.

---

287 *Nicht in Baumanns Edition des Totenbuchs von Salem verzeichnet.*

288 *Meyer-Marthaler, Kalchrain. In: Die Zisterzienser und Zisterzienserinnen (Helvetia Sacra III, 3, 2), S. 756, gibt als Todesdatum der Agnes von Liebenfels entsprechend dem Nekrolog von Kalchrain (Henggeler, Das Nekrologium des Zisterzienserklosetrs Mariazell zu Kalchrain, S. 53) das Jahr 1495 an. Kindler von Knobloch, Oberbadisches Geschlechterbuch, Bd. 2, S. 505, nennt die Jahreszahl 1482. Der Eintrag zu Agnes von Liebenfels ist von Hand A vorgenommen worden, die bis 1473/1474 tätig war.*

289 *Geschwister Alexander, Ludwig und Katharina, ihre im Kloster lebende Schwester ist nicht im Nekrolog verzeichnet. Zu Alexander vgl. Burkhardt u. a., Konstanz in der frühen Neuzeit, S. 175, 191, 193, 195, 257 (Oberbaumeister).*

290 *Vater der 1682 verstorbenen Klosterfrau Maria Anna Wagnerin (Nekrolog, p. 61).*

291 *Bruder der Klosterfrau Anna und/oder Gůta Wirnenberch (Nekrolog, p. 33, 99).*

292 *Die Stiftung von tausend Pfund ist überaus beachtlich, urkundlich aber nicht belegt.*

293 *Tochter der Mia Weckerlin (Nekrolog, p. 32).*

294 *Der nach seinem Vater Michael nachbenannte Bruder der 1661 verstorbenen Klosterfrau Anna Maria Guldinestin und Ehemann der im gleichen Jahr verstorbenen Anna Maria Weiblin aus Konstanz (Nekrolog, p. 10, 28).*

295 *Bruder der Klosterfrau Katharina Gaishuserin (Anm. 587).*

[31.] f. ii. kl.
[A] Obiit Willebirgis de Hoven, monialis. Obiit Mechthildis de Veltbach, monialis. Obiit Ursula von Welterin, monialis, abbatissa.[296] Obiit Margareta Satlerin, mater monialis.[297]
[B] Obiit Elysabeth Tŏcherin, soror monialis.[298] Obiit Martinus Vogt /von Zell[299]/, frater duarum monialium, m ccccc xx anno [1520].[300]
[J] Obiit pie memorie, soror Katherina Merckoferin, monialis et priorissa in Veldpach.[301]

|| [p. 31]

## [April]

[1.] g. kl. aprilis.
[A] Obiit Berchtoldus, conversus. Obiit Růdolffus, dictus Burst, pater monialis.[302] Obiit Conradus de Lobegge, frater monialis.[303] Obiit Johannes de Blůmberch, frater monialis.[304] Obiit Conradus Witwiler, pater duos monialis [!], m cccc l [1450].[305]
[1649] Obiit Niclaus Lätter von Zug, patter monialis 1649.[306]

[2.] A. iiii. nonas.
[A] Obiit Hainricus Helwart, pater monialis. Obiit Elena Hŏschlin, monialis.[307] Von der git das selampt vi ₰, und dem bichter och vi ₰.
[E] Obiit Salome von Stetten, die man nempt von Rischach, 1525, mater duarum monialium.
[1682] Obiit soror M[aria] Cecilia Münderlin von Raffenspurg, priorin in Feldbach, anno 1682.[308]

---

296 *MEYER-MARTHALER, Feldbach. In: Die Zisterzienser und Zisterzienserinnen (Helvetia Sacra III, 3, 2), S. 633: Ursula Welter, 1365 (Familie Ryf, genannt Welter von Blidegg).*
297 *Mutter der* infans *Margaretha Sattlerin (Nekrolog, p. 7).*
298 *Schwester der Barbara Thöcherin/Döcherin (Nekrolog, p. 86).*
299 *Am linken Rand mit Verweiszeichen nachgetragen.*
300 *Bruder der Klosterfrau Elisabeth und die Priorin Beatrix, Sohn des Gerold Vogt und der Margaretha Hofmännin (Nekrolog, p. 16, 24, 72, 97). Vgl. SCHWARZMAIER, Die Familie Vogt in Radolfzell und ihre geistlichen Stiftungen, S. 72.*
301 *Tochter des 1515 oder 1519 verstorbenen Adam Merkofer aus Stein am Rhein (Nekrolog, p. 86).*
302 *Ehemann der Adelheid Burstin (Nekrolog, p. 10). Zu den Burst vgl. Die Wappenrolle von Zůrich, S. 102 f., Nr. 245.*
303 *Bruder der Klosterfrauen Elisabeth und Katharina de Lobegge (Nekrolog, p. 40, 43). Zu den von Lobegge vgl. Die Wappenrolle von Zůrich, S. 89, Nr. 201.*
304 *Wohl Johannes († 1380), Sohn des Rudolf von Blumenberg (KINDLER VON KNOBLOCH, Oberbadisches Geschlechterbuch, Bd. 1, S. 110).*
305 *Vater der Äbtissin Anna Wittenwilerin (1485–1489).*
306 *Vater der 1667 verstorbenen Klosterfrau Maria Klara Lätterin (Nekrolog, p. 20).*
307 *Tochter des Simon Höschlin (Nekrolog, p. 77).*
308 *Tochter des 1633 verstorbenen Christoph Minderlin aus Ravensburg (Nekrolog, p. 38).*

[3.] b. iii. nonas.
[A] Obiit Ita de Lobegge, mater monialis.[309] Obiit Cůnradus Pfister, pater monialis.[310] Obiit [Ber]tha, dicta Húndin.[311] Obiit Johannes, dictus Merck, de quo datur vinum, frater monialis.[312] Obiit dominus Johannes Wundrar, de quo datur vinum, vii psalmos.[313] Obiit Egg von Rischach, frater monialis, m cccc liiii [1454].
[1676] Obiit Adelhelmuß zur Gilgen, conventual deß gottshauß Engelberg, frater monialis 1676.[314]

[p. 32] ||
[4.] c. ii. nonas. Ambrosii episcopi.
[A] Obiit Gerdrudis de Meßkilch, monialis. Obiit Mia Weckerlin, mater monialis.[315] Obiit Adelhait Gŏmorin, mater monialis, conventui servicium. Obiit Lúpfridus, frater monialis. Obiit Verena, dicta Maisterin, conventui servicium custrice, úbers grab, vii psalmos. Obiit Mia, dicta Pflegerin, de Constancia, dedit pro co[n]ventui iiii^or lib ₰.
[D] Obiitt Elizabeth Schererin, monialis.[316] Obiit Anna fon Ast, monyalis.[317]
[Ende 17. Jahrhundert] Obiit Eva Böekhin, mater layce.

[5.] d. nonas aprilis.
[A] Obiit Gůta de Schellenberg, monialis. Obiit dominus Nůbro, monachus et confessor.[318] Obiit Cůnradus, miles de Lŏbegge, frater monialis. Obiit Anna Blůmin de Cella Ratolffi[319], de qua sacrista debet dare conventui vinum, vii psalmen.
[17. Jahrhundert] Obiit Wolffgang Laxner /von Bludentz[320]/, pater sororis laicæ, et Maria Nudëscherin, mater sororis laicæ.[321]
[1692] Obiit herr Philip Omle von Underwalden, cantzler zue Wetingen, pater monialis, 1692.

---

309 *Mutter der Klosterfrauen Elisabeth und Katharina von Lobegge (Nekrolog, p. 40, 43).*
310 *Vermutlich der Vater der beiden Klosterfrauen Sophia und Katharina Pfisterin (Anm. 440).*
311 *Im Necrologium Magdenaugiense, S. 448, ist Bertha Hund unter dem 2. April eingetragen, im Totenbuch von Tänikon unter dem 22. April.*
312 *Bruder der Klosterfrau Anna Märkin (Nekrolog, p. 56).*
313 *Pleban der Dorfkirche von Hemmenhofen, siehe* MÜLLER, *Hemmenhofen, S. 119 (1390, 1393).*
314 *Bruder der 1687 verstorbenen Klosterfrau Maria Regina zur Gilgen (Nekrolog, p. 122).*
315 *Mutter der Anna Weckerin (Nekrolog, p. 30).*
316 *Vermutlich Tochter der Barbara Schererin (Nekrolog, p. 115).*
317 RÜEGER, *Chronik der Stadt und der Landschaft Schaffhausen, S. 636.*
318 BAUMANN, *Das Totenbuch von Salem, S. 363:* O. Nůbro, sac.
319 *Cella Ratolfi, Radolfzell.*
320 *Mit Verweiszeichen oberhalb der Zeile eingefügt.*
321 *Es ist nicht klar, welche Laienschwester gemeint ist: Anna, Ursula oder Maria Waldburg (Nekrolog, p. 1, 72, 112, 122)?*

[6.] e. viii. idus.
[A] Obiit Mechild[is] Spiserin, monialis. Obiit Clara Rockwilerin, monialis, úber das grab i vigili. Obiit Elisabeth Baderin, monialis.
[D] Obiit Anna Blaverrin, monialis.[322]
[17. Jahrhundert] Obiit Heinricus Schmid, statschreiber in Steckburen, dedit monasterio 50 florenos.

|| [p. 33]

[7.] f. vii. idus.
[A] Obiit Johannes Schmerlin, frater monialis. Obiit Cůnr[at] Raming, pater monialis.[323] Obiit dominus Johannes Gúttinger, prepositus Sancte Johannes [!].[324]
[E] Pie memorie Lúburg von ⟨Witerlingen mater monialis⟩ Rischach, mater monialis.[325]
[1676] Obiit soror Maria Barbara Sutterin von Radolfzell, monialis, 1676.[326]
[1698*]

[8.] g. vi. idus.
[A] Obiit Berchtoldus de Stain, pater monialis. Obiit Juliana de Marpach, mater monialis. Obiit Gůta Winenbergin, monialis.[327] Obiit dominus Conradus, episcopus Frisingensis, spricht im ain vigil von de[s] gůtz wegen von Bernang und vil gůtz, das er disem gotzhus geton hat, und ist ainer von Clingenberg.[328]
[1646] Obiit Jannes Casparus Piller von ze Radolfzell, pater monialis, 1646.
[1690] Obiit f[rauw] Maria Jacobe v. Schlechtin, gebohrne Freybergerin, mater monialis, 1690.[329]
[1698*] Obiit f[rauw] Maria Barbara von Pflumern, gebohrne Meyerin von Biberach, matter abbatissæ[330], starb den 8. apprill 1698.[331]

---

322 *Tochter des 1513 verstorbenen Ulrich Blarer und der Katharina Blarerin (Nekrolog, p. 104, 122). Vgl.* Heiermann, *Die Gesellschaft »zur Katz« in Konstanz, Nr. 37, S. 227.*

323 *Raming, Ramung, Konstanzer Geschlecht.*

324 Beyerle, *Die Geschichte des Chorstifts und der Pfarrei St. Johann zu Konstanz, S. 401: Johann Güttinger, 1345–1347, starb 1348, aus der Familie der von Güttingen, Thurgau, Lehensleute des Bischofs.*

325 Rischach, mater monialis *korrigiert aus:* Witerlingen, mater monialis.

326 *Tochter des 1647 verstorbenen Bartholomäus Suter und der 1651 verstorbenen Anna Wolfertshoferin (Nekrolog, p. 4, 74).*

327 *Tochter der Gertrud Winnenbergin (Nekrolog, p. 26)?*

328 *Jahrzeitenbücher des Konstanzer Domkapitels, Teil 2, Nr. 120, S. 551 f.: Konrad von Klingenberg († 1340), Bischof von Freising, vgl.* Gatz, *Die Bischöfe des Heiligen Römischen Reiches, S. 296 f.*

329 *Ehefrau des 1695 verstorbenen Johann Otto von Schlecht, Landvogt in Mindelheim (Nekrolog, p. 96).*

330 *Mutter der Äbtissin Maria Justina von Pflumern (1681–1708), siehe Stamm-Tafeln des Adels des Großherzogthums Baden, S. 317.*

331 Obiit … 1698: *Irrtümlich unter dem 7. April (Nekrolog, p. 33) angeführt und mit Verweiszeichen [*] an diese Stelle gerückt.*

[9.] A. v. idus.

[A] Obiit Agnes, dicta Ramungin iunior, monialis. Obiit Johannes, dictus Maͤrck, anno domini ccc lxxx° viii [1388].[332] Obiit Anna, uxor Alberchti, der Kilcher, de Constancia, anno domini 1393, eodem die conventui servicium, mater monialium.[333]

[1675] Obiit Künigunda Gotthardtin von Woltzach, mater laice, anno 1675.

[p. 34] ||

[10.] b. iiii. idus.

[A] Obiit Hainrich Priner, frater monialis.

[1611] Obiit Anna Beningna Wehrlin von Öningen, in Veldtbach novitius, anno 1611.[334]

[spätes 17. Jh.] Obiit herr Bent Jacob Dorrer[335], frater monialis, anno 16[..][336]

[11.] c. iii. idus.

[A] Obiit Hilteburgis von Owe, monialis.

[E] Obiit dominus Johannes Wittenwiler, canonicus in Bůchow, determinator acrcium [!], anno domini m cccc lxxxv⟨i⟩$^{\text{to}}$[337], frater duorum m[o]nialium.[338]

[1633] Obiit soror Maria von Tobel, priorissa huius monasterii, anno 1633.

[12.] d. ii. idus.

[A] Obiit Gerdrudis de Wilisdorff, soror laica. Obiit frater Hainricus Gegunwint. Obiit Petrus de Meckingen, pater monialis.

[1625] Obiitt domina Barbara Wirtin, abbtissin in Minsterlingen, soror priorisse et cognata abbatissæ in Veldtbach, 1625.[339]

---

332 *Vater der Klosterfrau Anna Märkin (Nekrolog, p. 56).*

333 *Die Mutter der beiden Klosterfrauen Adelheid und Elisabeth (Nekrolog, p. 78). Vgl. Die Jahrzeitbücher des Konstanzer Domkapitels, S. 539, Nr. 1101: Albert Kilchherr († 1. August 1418).*

334 *1611 war am Bodensee die Pest ausgebrochen, mit verherenden Folgen, siehe* Burkhardt *u. a., Konstanz in der frühen Neuzeit, S. 271–274.*

335 *Sohn der 1692 verstorbenen Eufemia und des 1671 verstorbenen Johann Kaspar Dorrer (Nekrolog, p. 22, 78).*

336 *Im Falz.*

337 lxxxv [1485] *korrigiert aus:* lxxxvi$^{\text{to}}$.

338 Theil, *Das (freiweltliche) Damenstift Buchau am Federsee, S. 312: Johannes war Bruder der Äbtissin Anna Wittenwilerin (1485–1489). Annas Schwester ist im Nekrolog nicht nachzuweisen.*

339 Meyer-Marthaler, *Münsterlingen. In: Frühe Klöster (Helvetia Sacra III, 1, 3), S. 1878: Barbara Wirth, 1611–1625, aus Wil.*

|| [p. 35]

3.] e. idus aprilis.
[A] Obiit Cůntz Gochain, frater monialis.
[1611] Obiitt Barbara Locherin, soror priorissæ, 1611 jar.[340]

4.] f. xviii. kl. maii. Tyburcii, Valeriani et Maximi m[artyrum]
[A] Obiit Hainrich Sutor, conversus[341]. Obiit Johannes, dictus Arnolt, frater monialis.
[E] Obiit Margreta Frigin, mater sororis layce.[342]
[16./17. Jahrhundert] Obiit Elsbeth Zimmermenin von Wil, soror duarum abbatissarum.[343]
[1628] Obiit Elisabet Reittingerin von Hilzingen, matter monialis, 1628.

5.] g. xvii. kl.
[A] Obiit Walther Ůlrich de Clingen, frater monialis.[344] Obiit Margreta de Burch, monialis. Obiit Anna Paulin, mater monialis.
[1596] In die obiit Anthonius Wirt ex Wil, pater monialis, anno 96.[345]
[1675] Obiit Johann Benedict Harder von Wittenweyl, frater monialis, ist in der Thur verthrunkhen anno 1675. Ligt zue Wittenweyl in der capell begraben. Gott sey im gnädig und barmhertzig.[346]

|| [p. 36]

6.] A. xvi. kl.
[A] Obiit Růdolffus de Blůmberch, frater monialis.[347] Obiit Hailwigis de Bernang, monialis. Obiit Adelhaidis de Stain. Obiit Burckhardus de Volshusen, frater monialis.[348] Obiit Agnes Lúfin, monialis, von der hond wir die húpschen monstrantz, úber das grab, vii psalmen.

---

340 *Schwester der 1614 verstorbenen Priorin Verena Locherin (Nekrolog, p. 69).*

341 *Buchstabenbestand:* convereus.

342 *Mutter der Laienschwester Verena Frigin (Nekrolog, p. 12).*

343 *Nach 1590 verstorbene Schwester der Äbtissinnen Magdalena und Anna Zimmermännin (1582–1590 und 1590/1591).*

344 *Die beiden „Spitzenahnen" der von Klingen heißen Walter und Ulrich. Im Nekrolog lassen sich die entsprechenden Namensträger, weil zu zahlreich, nicht auseinanderhalten. Gemäß Urkunden spielten Walter und Ulrich von Klingen in der Gründungsphase des Klosters eine zentrale Rolle. Stifter* (fundatores) *aber waren sie nicht, siehe Meyer-Marthaler, Feldbach. In: Die Zisterzienser und Zisterzienserinnen (Helvetia Sacra III, 3, 2), S. 634.*

345 *Vater des Antonius Wirt (Nekrolog, p. 90).*

346 *Sohn des 1680 verstorbenen Hans Ludwig Harder, Bruder von Franz Ludwig, Anna Margaretha und Maria Euphrosina (Nekrolog, p. 28, 53, 81, 95).*

347 *Vielleicht Rudolf, der mit Anna von Klingenberg verheiratet war (Kindler von Knobloch, Oberbadisches Geschlechterbuch, Bd. 1, S. 110). Fast alle Söhne derer von Blumenberg hießen Rudolf, Albrecht und Johannes.*

348 *Bruder der Klosterfrau Katharina von Bolschusen (Nekrolog, p. 113).*

[17.] b. xv. kl.
[A] Obiit Gerdrudis Wirnnenberch, soror monialis.[349] Obiit Katherina de Lutrach, mater monialis.[350] Obiit Berta Búrstin.

[18.] c. xiiii. kl.
[A] Obiit Ita de Swarza, soror monialis. Obiit Williburgis de Clingenberch, monialis. Katherina Roggwilerin, soror monialis. Obiit Elysabeth, puer Ekartin, monialis. Obiit Margareta Mannenbacherin, soror monialis.
[D] Elssbet Echingerin, prioriisa im viii [1508].
[1634] Obiit reverendus dominus Urbanus Wirtt de Wila, sacerdos, frater monialis, 1634.[351]
[1652] Obiit Ludwig Brogle von Stäckhboren[352], hoffmeister deß gottßhauß Veldtbach, hat dem gottshauß in allen thrüwen und ehren gedienet auff die funffzig jahr, nebend andren gutthatten, die er unß geduon, /vergabet er dem gottshauß[353]/ sechs hundert gulden, und daß regal in die kirchen, dißes alles zue seiner seelen heil und daß ehr alles gueten soll theilhafftig werden, gott tröst sein liebe seel, 1652.[354]

[p. 37] ||
[19.] d. xiii. kl.
[A] Obiit soror Agnes de Marpach, monialis. Obiit Elysabeth Mutlerin, monialis. Obiit Margareta Prinerin, soror monialis.
[1631] Obiit herr Johannes Rüty, schulttheis zů Weil, pater monialis, 1631 jar.[355]

[20.] e. xii. kl.
[A] Obiit Růdolffus, conversus. Obiit soror Ita, monialis, de Hemenhoven.
[1597] Obiit Elßbetha Rüttimanin, soror monialis, 1597.[356]

---

349 *Schwester der Klosterfrau Anna und/oder Gůta Wirnenberch (Nekrolog, p. 33, 99).*
350 *Mutter der Klosterfrau Klara von Lutrach (Nekrolog, p. 41).*
351 Wila oder Wil?
352 *Meyer-Marthaler, Feldbach. In: Die Zisterzienser und Zisterzienserinnen (Helvetia Sacra III, 3, 2), S. 646.*
353 *Mit Verweiszeichen am linken Rand eingefügt.*
354 *Auf eingebundenem Zettel, in kleinen Details abweichend:* Obiit Ludwig Brogle von Steckhboren, hoffmaister deß gottshauß Veldtbach, hat dem gottshauß in allen thrüwen und ehren auff die funffzig jahr gedienet und nebend anndern gutthatten, die er unß geduon, vergabet er dem gottshauss sechs hundert gulde, und daß regal in die kirchen. Dißes alles zuo seiner seelen heil und daß er alles guotten soll theilhafftig werden. Gott thröst sein liebe seel, 1652.
355 *Vater der 1644 verstorbenen Subpriorin Magdalena Rüti aus Wil (Nekrolog, p. 23).*
356 *Schwester der 1644 verstorbenen Priorin Anna Rütimännin aus Gailingen (Nekrolog, p. 118).*

1.] f. xi. kl.
[A] Obiit Johannes Ranning, frater monialis. Obiit Hainr[i]ch, scriptor Goldasti. Obiit Adilhaidis de Diessenhofen, mater monialis.
[N] Obiitt Hanß Eggli und Anna Strässlin, pater et mater sororis laice.[357]

|| [p. 38]

2.] g. x. kl.
[A] Obiit Katherina Raimungin, soror monialis. Obiit Methildis, die Graͦvin, mater monialis. Obiit Johannes Kaͦser, frater monialis.[358]
[1599] Obiit Johannes Wagner, parochus in Hemenhofen, 1599.
[1611] Obiit Anna Suterin Constantiensis, priorissa, anno 1611.

3.] A. ix. kl. Georgii martyris.
[A] Obiit Adilhait, famula dicti Goldaͤsti. Obiit Berchtoldus Vilipus, frater monialis. Obiit Margareta de Stoffel, soror monialis. Obiit Waltherus [de] Rott, miles, pater monialis. Obiit Agnes Imberg, monialis. Obiit Cuͦnrat Oͤ[bi]nger[359], conventui vinum, ist jarzit, gat úber das grab, spricht vii psalmen.[360]
[I] Obiit Margret von Hassenstain, mautter [!] monialis.[361]
[1672] Obiit Elisabetha Werrin von Diesenhoffen, mater monialis, 1672.[362]

4.] b. viii. kl.
[A] Obiit Hainr[ich], dictus Wiphinch, frater monialis. Obiit Adilhait de Warthusen, monialis. Obiit Hainrich, dictus Livi, pater monialis, de Altstetten.[363] Obiit Seppa Truchssaͤssin, uxor Waltheri, dicti Villicus.
[1633] Obiit Christoph Minderlin von Rafenspurg, patter monialis, 1633.[364]

---

357 *Eltern der 1691 verstorbenen* soror laica *Maria Theresia Egli (Nekrolog, p. 82).*
358 *Bruder der Klosterfrau Adelheid Käserin (Nekrolog, p. 76).*
359 *Teilweise Rasur.*
360 *1293 kaufte ein Konrad von Öhningen, Bürger von Stein am Rhein, und seine Frau für 15 Mark ein Leibgedinge, das nach dem Tod des Ehepaares in eine Eierspende umgewandelt werden sollte (Thurgauisches Urkundenbuch. Bd. 3: 1251–1300, Nr. 858, S. 834–835).*
361 *Mutter der Klosterfrau Margaretha von Hasenstein (Nekrolog, p. 13).*
362 *Im Nekrolog ist keine Tochter mit diesem Namen vertreten.*
363 *Altstätten oder Altstetten?*
364 *Vater der 1682 verstorbenen Priorin Maria Cäcilia Minderlin (Nekrolog, p. 31).*

[p. 39] ||

[25.] c. vii. kl. Marci ewangeliste.
[A] Obiit Johannes de Lobegge, pater monialis.[365] Obiit Elisabeth de Búslingen, monialis. Obiit Ůlricus, dictus Goldast, amicus noster fidelissimus, eodem die conventui unam libram pro servicio.[366] Obiit Adilh[aidis] de Hohenvels, mater monialis.[367] Obiit Wernher Essviswler, pater monialis.[368] Obiit Adelhaidis, dicta Bonerin, de qua datur vinum.[369] Obiit dominus Jo[hannes] Berger, canonicus regularis in Crútzlingen, frater monialis, anno domini m° cccc liii [1453].[370]
[17. Jahrhundert] Obiit Barbara Stocherin von Zug, matter monialis.[371]
[1657] Obiit Johanneß Leütti von Wartt, frater sororis laycæ, 1657.[372]
[1695] Obiit herr, pater Wonibaldt von Pflaumeren[373], prister der Sociedet Jesu, frater abbadisa, 1695.[374]
[1697] Obiit frau Lißabethn Zimermenin, geborne Dorerin von Bad[en],[375] soror monialis, 1697[376].

[26.] d. vi. kl.
[A] Obiit Clara Widin, mater monialis. Obiit Adilhait de Wilisdorff. Obiit Conradus Wittenwiler, frater monialis.[377]
[I] Obiit har Ůlrich von Hassenstain, frautter [!] monialis.[378]
[1690] Obiit Barbara Brandholtzerin von Gosauw, mater layce, 1690 jahr.[379]

---

365 *Vater der Klosterfrauen Elisabeth und Katharina von Lobegge (Nekrolog, p. 40, 43).*
366 *Sennhauser, Feldbach. In: Zisterzienserbauten in der Schweiz, S. 98.*
367 *Mutter der beiden Äbtissinnen Katharina und Ursula von Hohenfels (Thurgauisches Urkundenbuch. Bd. 4: 1300–1340, Nr. 1501, S. 623: 1333). Zu den von Hohenfels vgl. Die Wappenrolle von Zürich, S. 84, Nr. 189.*
368 *Vater der Klosterfrau Margaretha Esserswilerin (Nekrolog, p. 101).*
369 *Mutter der Klosterfrau Agnes Bonerin (Nekrolog, p. 19).*
370 *Bruder der Klosterfrau Verena Bergerin (Nekrolog, p. 14). Vgl. Schmutz/Stöckly, Kreuzlingen. In: Die Augustiner-Chorherren und die Chorfrauen-Gemeinschaften (Helvetia sacra IV, 2), S. 248–302.*
371 *Im Nekrolog ist keine Klosterfrau mit dem Namen Stocher/Stocker aus Zug vertreten. Es dürfte sich um den Namen der Herkunftsfamilie handeln, eingeheiratet in das Geschlecht der Brandenberger oder der Lätter.*
372 *Warth, heute Warth-Weiningen bei Frauenfeld.*
373 *Bruder der Äbtissin Maria Justina von Pflumern (1681–1708).*
374 *Auf eingebundenem Zettel, mit Verweiszeichen auf diese Stelle bezogen.*
375 *Tochter der 1692 verstorbenen Eufemia und des 1671 verstorbenen Johann Kaspar Dorrer aus Baden (Nekrolog, p. 22, 78).*
376 *Datum in anderer Tinte, vielleicht auch von anderer Hand.*
377 *Er dürfte aus dem engeren Familienkreis der Äbtissin Anna Wittenwilerin (1485–1489) stammen.*
378 *Bruder der Klosterfrau Margaretha von Hasenstein (Nekrolog, p. 13).*
379 *Ehefrau entweder des Ulrich Rütz oder einer der beiden Johannes Rütz, alle drei aus Gossau (Nekrolog, p. 41, 49, 69).*

27.] e. v. kl.
[A] Obii [!] Hainricus, rector ecclesie sancti Georii in Augea Maiori, eodem die conventui servicio.[380] Obiit Adelhaidis de Stain, soror monialis. Jacob Gaißhuser. Obiit Clara Wittenwilerin, soror monialis.[381]
[I] Obiit Anna von Hassenstain, soror moniaulis [!].[382]

|| [p. 40]

28.] f. iiii. kl. Vitalis martyris.
[A] Obiit Hailwigis de Alaspach, monialis. Obiit Adelh[aidis] an der Hůbe, monialis. Obiit Berchtoldus, conversus. Obiit Anna de Hove, monialis.
[1695] Obiit herr Johanneß Leiner von Costantz, pater monialis, 1695.

29.] g. iii. kl. Ruperti abbatis. Hugonis confessoris.[383]
[A] Obiit Gerdrudis de Bischoffcella, monialis.
[D] Obiit Jenafe Růsin, monialis.[384]
[1668] Obiit schwester Maria Salome Herbstin von Nesselwang, laicæ, 1668.[385]

30.] A. ii. kl. Petri martyris.[386]
[A] Obiit Gerdrudis, monialis. Obiit Soffia Lindin, monialis. Obiit Elysabeth de Lobegge, monialis.[387] Obiit Elizabeth Gúttingerin, mater monialis. Obiit Adelhaidis Gúttingerin, soror monialis.[388]
[1627] Obiit haubtman Hanß Jost zur der Gillgen von Lucern, patter manialiß, 1627.[389]
[1667] Obiitt frauw Maria Barbara zur Gilgen, conventualin in dem gotshauß bey S. Peter zur Schweitz, soror monialis, 1667.[390]

---

380 *St. Georg in Oberzell auf der Reichenau, vgl. Adler, Die Kloster- und Stiftskirchen auf der Reichneau, S. 9–14.*

381 *Klara dürfte aus dem engeren Familienkreis der Äbtissin Anna Wittenwilerin (1485–1489) stammen.*

382 *Schwester der Klosterfrau Margaretha von Hasenstein (Nekrolog, p. 13).*

383 *Der Festtag des Abtes Robert von Molesmes († 1111), der 1222 in den Ordenskalender aufgenommen wurde (Rochais, L'exemplar du martyrologe cistercien, S. 77), ist hier nicht eingetragen, im Martyrologium von Feldbach aber schon (C 14, S. 174).*

384 *Tochter der Genovefa Rusin/Russin (Nekrolog, p. 27).*

385 *Tochter der 1623 verstorbenen Walburga Herbstin (Nekrolog, p. 63).*

386 *Petrus von Verona beziehungsweise Petrus Martyr († 1252); sein Festtag wurde 1255 in den Ordenskalender aufgenommen (Rochais, L'exemplar du martyrologe cistercien, S. 77).*

387 *Tochter des Johannes und Ita von Lobegge (Nekrolog, p. 31, 39).*

388 *Mutter und Schwester der Klosterfrau Elisabeth Güttingerin (Nekrolog, p. 5). Adelheid ließ ihren Gedenktag bei der Memoria ihrer Mutter Elisabeth eintragen.*

389 *Vater der 1687 verstorbenen Klosterfrau Maria Regina zur Gilgen (Nekrolog, p. 122). Vgl. Messmer/Hoppe, Luzerner Patriziat, S. 511, Nr. 330.*

390 *Schwester der 1687 verstorbenen Klosterfrau Maria Regina zur Gilgen (wie oben). Sie hatte sich am Gedenktag ihres Vaters Hans Jost zur Gilgen eintragen lassen. Maria Barbara war Nonne im Dominikanerinnenkonvent St. Peter am Bach in Schwyz, vgl. Hoppe, Schwyz.*

[p. 41] ||

## [Mai]

[1.] b. kl. maii. Philippi et Jacobi.
[A] Obiit Ůlr[icus], miles de Clingen, pater monialis. Obiit Anna Stockerin, mater monialis.[391] Obiit serenissimus Romanorum rex, Alberchtus.[392] Obiit Hainricus, prepositus de Clingenberg. Obiit Agnes Livin, monialis.[393] Obiit her Gőßwin von Hohenfels, frater monialis. Obiit Verena de Bechmaringen, soror monialis.[394] Item herr Hainrich von Clingenberg, tůmbropst zů Costentz, lit undern den amplen, übers grab, i vigili sprechen.[395]

[2.] c. vi. nonas.
[A] Obiit Ůdilhildis de Marpach, monialis. Obiit Anna, dicta Gochim, monialis.
[E] Obiit pie memorie Baldisher de Wartenberg, confrater monialis.[396]
[1682] Obiit Johanneß Ruetz von Goßauw, pater laicee, anno 1682.
[1676] Obiitt Beatus Heinrichuß zur Lauben, pater monialis, starb den anderen meyen 1676.[397]

[3.] d. v. nonas. Invencio sancte crucis.
[A] Obiit Hermannus de Liebenfels, pater monialis.[398] Obiit Lútholdus Widiman, eodem die conventui servicium de vinea, que dicta Arnoltes wingart. Obiit Clara de Lutra, monialis.[399]

*In: Die Dominikaner und Dominikanerinnen (Helvetia Sacra IV, 5, 2), S. 875. Der Neubau von Kloster und Kirche wurde 1625 begonnen unter der Priorin Marina Schmid aus Konstanz.*

391 *Ehefrau des Walter Stocker (Nekrolog, p. 86).*

392 *Necrologium habsburgicum monasterii Campi regis, S. 357 f.; Necrologium Wettingense, S. 592: König Albrecht I. († 1308), Sohn Rudolfs von Habsburg.*

393 *Eine zweite Agnes Livi ist unter dem 16. April eingetragen (Nekrolog, p. 36).*

394 *Schwester der Monialen Katharina von Bechmaringen (Nekrolog, p. 42).*

395 *Die Jahrzeitenbücher des Domstifts Konstanz, Teil 2, Nr. 115, S. 548 f.: Heinrich von Klingenberg († 1279).*

396 *Die Hand weist sein Todesdatum ins späte 15. oder beginnende 16. Jahrhundert. Baumann, Die Freiherren von Wartenberg, S. 209, rekurriert auf das Totenbuch von Feldbach.*

397 *Ehemann der 1697 verstorbenen Anna Maria zur Lauben, geborene Spulin (Nekrolog, p. 114).*

398 *Hermann ist der einzige von Liebensfels, den das Nekrolog als Vater vorstellt. Er dürfte der Vater oder Großvater der Geschwister Hermann und Mechthild sein, die sich einen gemeinsamen Gedenktag eingerichtet hatten (Nekrolog, p. 11).*

399 *Klara war die Tochter der Katharina und des Diebold von Lutrach (Nekrolog, p. 3, 97). Etwa zeitgleich war eine Anna von Lutrach († 1367) die erste Äbtissin der St. Gallischen Zisterze Kalchrain (Henggeler, Das Nekrologium des Zisterzienserklosters Mariazell zu Kalchrain, S. 53).*

[1616] Obiit Maria Martin von Mammeren[400], soror monialis, 1616 jar.[401]
[1658] Obiit Johanna Underseein, conversin bey S. Cathrina zuo Wil, soror laica, anno 1658.[402]
[1663] Anno 1663 den 2ten tag meyen ist der hoche altar in der kirchen zuo Veldtbach gewicht worden in der ehr der allerheiligsten jungfrauwen Mariæ, deß hl. Johannis des taüffers, des hl. v[atters] Bernardi, hl. Sebastiani, des hl. Josephs, der hl. Mariani undt Getulii zuo Wettingen, des hl. Leontii zuo Muri, (undt sindt von dißen 3 letsten heiligen martyren reliquiæ in den altar ingeschlossen), so dan auch in der ehr der heiligen jungfrauwen undt martyren Catherinæ, Barbaræ undt Agathæ, von dem hochw[ürdigen] herren, herren Gerardo, abbten zuo Wettingen[403], bey der regierung frauwen Mariæ Reginæ von Pflumeren, abbtißin zuo Veldtbach.

|| [p. 42]

[4.] e. iiii. nonas.
[A] Obiit Mechildis, dicta Tugwasin, soror monialis. Obiit Johannes, dictus Lew, pater monialis.[404] Obiit domina Ursula de Fridingen, soror monialis, eodem die conventui servicium.[405] Obiit Katherina de Bechmaringen, monialis.[406] Obiit Jacobus Meckenbúr, frater monialis.
[1677] Obiit Elisabeth Egli von Buoch, soror laicæ, 1677.[407]

[5.] f. iii. nonas.
[A] Obiit Adelh[aidis] de Winttertur, laica. Obiit Adelhaidis Volmarin, monialis.[408] Obiit Anna Unwillerin, soror laica.
[D] Obiit domina Margret Ratgebin[409], abbatisa in Velbach, anno domini m° ccccc ii° [1502].[410]

---

400 *Mammern im heutigen Bezirk Steckborn (Kanton Thurgau).*

401 *Schwester der 1667 verstorbenen Klosterfrau Maria Veronika Martin (Nekrolog, p. 56).*

402 *Schwester der 1684 verstorbenen Laienschwester Maria Martha Unterseein aus dem Tal (Nekrolog, p. 98).*

403 *Hägler/Kottmann, Wettingen. In: Die Zisterzienser und Zisterzienserinnen (Helvetia Sacra III, 3, 1), S. 474f: Gerhard Bürgisser, 1659–1670.*

404 *Vater der Klosterfrau Margaretha Löwin, die nicht im Nekrolog verzeichnet ist (Thurgauisches Urkundenbuch. Bd. 6: 1359–1375, Nr. 2638, S. 205: 1362)?*

405 *Ende Juli 1346 richtete ihr Mann Heinrich von Friedingen für Ursula eine Jahrzeit ein (Thurgauisches Urkundenbuch. Bd. 5: 1341–1359, Nr. 1863, S. 162–163). Nach seinem Tod sollten die Frauen auch seine Jahrzeit feiern, die aber ist nicht im Nekrolog eingetragen. Zu dem Geschlecht vgl. Die Wappenrolle von Zůrich, S. 59f., Nr. 128. Ein Johann von Friedingen trat im Übrigen 1378 in das Burgrecht der Stadt Konstanz ein (Das älteste Bürgerbuch der Stadt Konstanz, S. 5).*

406 *Schwester der Verena von Bechmaringen (Nekrolog, p. 41).*

407 *Schwester der 1691 verstorbenen* soror laica *Maria Theresia Egli (Nekrolog, p. 82).*

408 *Tochter oder Schwester des Rudolf Volmer (Nekrolog, p. 9).*

409 *Meyer-Marthaler, Feldbach. In: Die Zisterzienser und Zisterzienserinnen (Helvetia Sacra III, 3, 2), S. 657f.: Margaretha Rathgeb, 1489–1502.*

410 *Am linken Rand glossiert:* Margretta Rattgebinn abbatissa.

[1687] Obiit Maria Cleopha Hungerin, sorror monialis, 1687.
[1693] Obiit f[rauw] Maria Hellena Labartin von Costantz, mater monialis, 1693.[411]

[6.] g. ii. nonas. Johannis ante portam latinam.
[A] Obiit Conr[adus] Hůber, pater monialis. Obiit Margareta Kilcherin, monialis.
[17. Jahrhundert] Obiit Jacob Eggli vom Buoch, frater soror[is] laicæ.[412]

[p. 43] ||
[7.] A. nonas maii.
[A] Obiit Burckhardus de Hohenfels, pater monialis.[413] Obiit Katherin de Lobegge, monialis.[414]
[E] Obiit Dorothea Hedorffin, fidelissima huius monasterii[415].

[8.] b. viii. idus. Petri episcopi Tharentasiensis.[416]
[A] Obiit Berchta Pfepherhartin, monialis. Obiit Fridericus de Stoffeln, pater monialis. Obiit Lieba de Tetikoven. Obiit Adilhaidis de Úberlingen, mater monialis. Obiit Conradus Vochentzer, frater monialis.[417]
[1611] Obiit Elisabetha Strasburgerin ex Ermatingen, monialis, anno 1611.

[9.] c. vii. idus.
[A] Obiit Růdolffus de Lobegge, frater monialis.[418]
[J] Starb Thorotea Riggenschwilerin, an closterfraw, /ist von Wil[419]/, gott sy ir barmhertzig. Wavil dem gotshús an gelt xx gulden, brůcht ich zů der nüwen tafflen im cor, ouch ain silberinen [becher][420], wavil dem gotshůss im 1563 jar.
[1699] Obiit soror Maria Ursula Suterin von Konstantz, monialis, 1699.[421]

---

[411] *Zur Konstanzer Familie Labhart vgl.* Burkhardt *u. a., Konstanz in der frühen Neuzeit, S. 314 f.*
[412] *Bruder der 1691 verstorbenen* soror laica *Maria Theresia Egli (Nekrolog, p. 82).*
[413] *Vater der beiden Äbtissinnen Katharina und Ursula von Hohenfels (14. Jahrhundert).*
[414] *Tochter des Johannes und Ita von Lobegge (Nekrolog, p. 31, 39).*
[415] *Nota-Hand am rechten Rand.*
[416] *Petrus von Bonnevaux; sein Festtag wurde 1191 in den Ordenskalender aufgenommen (*Rochais*, L'exemplar du martyrologe cistercien, S. 77).*
[417] *Konrad dürfte der nach seinem Vater Konrad Vochentzer nachbenannte Bruder der Klosterfrauen Adelheid und Klara gewesen sein (Anm. 205).*
[418] *Bruder der Klosterfrauen Elisabeth und Katharina von Lobegge (Nekrolog, p. 40, 43).*
[419] *Am linken Rand nachgetragen.*
[420] *Konjektur.*
[421] *Tochter des 1653 verstorbenen Heinrich Suter aus Konstanz (Nekrolog, p. 109).*

|| [p. 44]

10.] d. vi. idus. Gordiani et Epymachi.
[A] Obiit Katherinen Vochentzin, mater monialis.[422] Obiit dominus Berchtoldus Adan, sacerdos, qui dedit officio custode [!] viii lib ₰, de quo datur vinum, vii psalmen.[423]
[1680] Obyitt pater Pelagi Kiöny von Schallmenschweill, frater, fratter monialis, 1680 Jahr.[424]

11.] e. v. idus. Mamerti episcopi.
[A] Obiit Cristina Widin, monialis. Obiit Elizabeth, dicta Petrin, mater monialis. Obiit dominus Wernherus Ehinger, frater et pater monialium.[425]
[J] Starb min vetter Jacob Bruggman im 71. jar, wass hoffmayster zu Kalchren, wie man das clůster bůwtt, gott sy im barmhertzig.[426]
[1675] Obiit Helenna Löwin von Engen, soror monialis, anno 1675.[427]

12.] f. iiii. idus. Nerei, Achillei et Pancracii martyrum.
[A] Obiit Petrus de Tetikoven, frater monialis. Obiit Hainr[ich], dictus Amgrieß, pater monialis. Obiit Ita Túwingerin, mater monialis. Obiit Egloffus, miles, dictus Om, pater monialis.[428] Obiit Diethelmus de Stoffeln, frater monialis. Obiit Elysabeth von Hoff, soror monialis. Item ist jarzit her Egloffs, úbers grab, die vii psalmen, er lit under dem stain, als man inn chor inhin gaut.
[J] Ist verwent in die fronfasten jarzeit.

---

422 *Katharina Vochentzin dürfte die Mutter der Klosterfrauen Adelheid und Klara gewesen sein (Anm. 205).*

423 *Vetter der Elisabeth, Ehefrau des Hans Notnagel, Witwe des Simon Höschlin, aus Radolfzell (Thurgauisches Urkundenbuch. Bd. 8: 1391–1400, S. 22–24, Nr. 4246: 1391). Im Nekrolog von Kalchrain ist sie nicht verzeichnet.*

424 *Mitglied der Familie Kini aus Mannenbach? Er ist nicht in* Baumann, *Das Totenbuch von Salem verzeichnet.*

425 *Im Nekrolog sind mehrere Mitglieder der Familie Ehinger vertreten, die bei* Heiermann, *Die Gesellschaft »zur Katz« in Konstanz, nicht verzeichnet sind. Die Generationen lassen sich aber nicht auseinanderhalten.*

426 *Vetter der Schreiberin (Hand J) mit Namen Schmid, wohl die Äbtissin Afra Schmidin (1549–1582).*

427 *Ehefrau des 1671 verstorbenen Johannes Löw (Nekrolog, p. 105).*

428 *Vater der Elisabeth Omin (Nekrolog, p. 92). Vgl.* Sennhauser, *Feldbach. In: Zisterzienserbauten in der Schweiz, S. 98; Die Wappenrolle von Zůrich, S. 66 f., Nr. 143.*

[p. 45] ||

[13.] g. iii. idus. Servacii episcopi.
[A] Obiit Hainrich Vorster de Sancto Gallo, frater monialis. Obiit domina Anna de Tetingen, soror monialis. Item Hainrich Goldast, úber das grab gon, und setzt imm die vii psalmen.[429]
[1667] Obiit M[aria] Sabina Kymin von Manenbach[430], soror monialis, 1667.[431]
[17. Jahrhundert] Obiit fr[auw] Anna Maria Streitfelderin, gebohrne Gallin, sorror [!] monialis.[432]

[14.] A. ii. idus. Bonifacii episcopi.
[A] Obiit Egg von Rischach, pater monialis.
[1607] Obiit Dorathea Hofferin, matter monialis, 1607.
[1679] Obiit Magdalena Underseein uß dem Dall, soror laicæ, anno 1679. Obiit Jörg Undersee aus dem Dahl, frater laicæ, anno 1679.

[15.] b. idus maii.
[A] Obiit Hainricus Goldast, frater monialis, amicus noster fidelissimus. Obiit Gerdrudis de Griessenberch, monialis.[433] Obiit Agneß de Meckingen, soror monialis. Obiit Alberchtus Plårer, pater monialis.[434] Obiit Johannes, dictus Arnolt, carpentarius, pater monialis.
[1628] Obiit Marya Rütin von Wyl, soror monialis, 1628 jar.[435]
[1632] Obiit Cathrina, gräffin von Öningen, mater soro[ris] layca, 1632.[436]

---

429 *Der Eintrag gehört nach unten zu seinem Gedenktag, der auf den 15. Mai fällt.*

430 *Mannenbach im heutigen Bezirk Steckborn.*

431 *Tochter des 1669 verstorbenen Leonhard Kini und der 1670 verstorbenen Anna Straßburgerin (Nekrolog, p. 57, 100).*

432 *Schwester der 1693 verstorbenen Klosterfrau Maria Anthonia Gallin (Nekrolog, p. 2).*

433 *1278 wird eine Gertrud, Tochter des Lütold VI. von Regensberg, als Witwe des Albert von Grießenberg vorgestellt (Thurgauisches Urkundenbuch. Bd. 3: 1251–1300, Nr. 677, S. 566–568), siehe* Bütler, *Die Freiherren von Bussnang und von Griessenberg, S. 34. Die Klosterfrau Gertrud dürfte Gertruds Tochter oder Enkelin gewesen sein.*

434 *Die Wappenrolle von Zůrich, S. 152, Nr. 397;* Staerkle, *Zur Familiengeschichte der Blarer, Stammtafel IV: Albrecht Blarer 1346–1396;* Heiermann, *Die Gesellschaft »zur Katz« in Konstanz, Nr. 27, S. 225.*

435 *Schwester der 1644 verstorbenen Subpriorin Magdalena Rüti aus Wil (Nekrolog, p. 23).*

436 *Zu den Grafen von Öhningen vgl.* Kindler von Knobloch, *Oberbadisches Geschlechterbuch, Bd. 3, S. 268.*

|| [p. 46]

[16.] c. xvii. kl. junii.
[A] Obiit Conradus de Schanbach, monachus et confessor.[437] Obiit Adelhaidis de Steckboren. Obiit domina Anna de Clingen, monialis.[438]
[1634] Obiit Joannes Ůdalricus Schenck, frater monialis, anno 1634.

[17.] d. xvi. kl.
[A] Obiit Clāra de Stainegg, monialis.[439] Obiit soror Katherina Pfistrin, monialis.[440]
[1636] Obiit Sara Voglerin von Costantz, matter monialis, 1636.
[1670] Obiit Maria Eggissin von Meckhingen[441], mater monialis, anno 1670.

[18.] e. xv. kl.
[A] Obiit Agnes Prinerin, soror monialis.
[1636] Obiit dominus Joannes Rütti von Wil, frater monialis, 1636.[442]
[1676] Obiit Anna Maria Underseein, conversin bey S. Catharina zue Weyll, soror laicæ, anno 1676.[443]
[1687] Obiit soror Maria Johanna Schmidtin von Gersthoffen, monialis 1687.[444]

|| [p. 47]

[19.] f. xiiii. kl. Ivonis confessoris. Potenciane virginis.
[A] Obiit Adalhaidis de Kolmer, monialis. Obiit Adilhaidis Lôwin, mater monialis.[445] Obiit Petrus, abbas in Salem.[446] ⟨Obiit Magdalena Vôgly, monialis.⟩
[E] Obiit Magdalena Dyfferin, soror monialis, 1509.[447]

---

437 *Baumann, Das Totenbuch von Salem, S. 361:* O. fr. C. de Schanbach, sac. et prior.

438 *Anna von Klingen lässt sich mit Pupikofers Stammtafel keinem Zweig zuordnen. Der Titel* domina *wird für Klosterfrauen sonst nicht verwendet, nur für Äbtissinnen.*

439 *Die Wappenrolle von Zürich, S. 63, Nr. 135.*

440 *1359 kauften die Schwestern Sophia und Katharina, vermutlich die Töchter der Mechthild und des Konrad Pfister, ein Leibgedinge in Form eines jährlichen Zinses von sechs Eimern Wein (Thurgauisches Urkundenbuch. Bd. 6: 1359–1375, Nr. 2464, S. 37–38). Sophia ist im Nekrolog aber nicht vertreten.*

441 *Möggingen am Mindelsee bei Radolfzell.*

442 *Bruder der 1644 verstorbenen Subpriorin Magdalena Rüti aus Wil (Nekrolog, p. 23).*

443 *Schwester der 1684 verstorbenen Laienschwester Maria Martha Unterseein aus dem Tal (Nekrolog, p. 98).*

444 *Tochter des 1619 verstorbenen Martin Wilhelm Schmid (Nekrolog, p. 6).*

445 *Mutter der Klosterfrau Adelheid Löwin (Thurgauisches Urkundenbuch. Bd. 6: 1359–1375, Nr. 3118, S. 596: 1371)?*

446 *Kaller, Salem. In: Die Zisterzienser und Zisterzienserinnen (Helvetia Sacra III, 3, 1), S. 358: Peter Ochser, 1417–1441.*

447 *Ehefrau des Albrecht Dyffer/Tiffer. Sie stammte aus Bregenz. Ihr Testament datiert auf den 12. Februar 1502; das Kloster Feldbach berücksichtigt sie darin allerdings nicht (Stadtarchiv Konstanz, Gemächtebuch II, S. 374–375). An demselben Tag hatte auch ihr Mann sein Testament aufgesetzt und darin das Kloster Feldbach berücksichtigt, dem damals seine Base Margaretha Ratgebin (1489–1502) vorstand und in dem die mit ihm verwandten*

[1669] Obiit reverendus, pater Gabriel Mosser, conventual deß lobwirdigen gottshauß Wettingen und beichtvatter alhie, hat im geistlichen und zeitlichen nutzen unsers gottshauß sich vil bearbeitet, gott tröst sein liebe seel, starb den 19. meyen 1669 jahrs.[448]

[20.] g. xiii. kl. Anniversarium monachorum et monialium
[A] Obiit Albertus de Stoffeln, frater monialis. Burckhardus, famulus de Stoffeln, servicium conventui. Obiit[449] Elisabeth, ducissa[450] de Lutringen.[451]

[21.] A. xii. kl.
[A] Obiit frater Burcardus de Hove, frater monialium. Obiit Anna ob dem Brunnen. Obiit pie memorie dominus Wilhelmus, abbas in Salem, qui dedit nobis xxxi lib ₰ ad reparandum tectum monasterio, de quo datur vinum et legitur sibi vigilia a conventui [!].[452]
[17. Jahrhundert] Obiit Christina Krütlin von Radollffzell, mater monialis.
[1696] Obiit M[aria] Clara Millerin von Voltzach, soror layca, 1696.[453]

[p. 48] ||
[22.] b. xi. kl.
[A] Obiit Anna de Swarza, soror monialis. Obiit Adelhaidis de Búrren, mater monialis.[454] Johannes Bentzen, frater monialis.
[1680] Obiit der wohl edtel gebohrne herr, herr Wilhelmb Augustin von Lichtenstein, pater monialis, 1680 jahrs.

*Schwestern Müller lebten (Stadtarchiv Konstanz, Gemächtebuch II, S. 368–369 und 460–461). Acht Jahre später veränderte er seinen letzten Willen. Margaretha Ratgebin war nicht mehr am Leben. Sein Gedenktag ist nicht im Totenbuch von Feldbach eingetragen.*

448 *Album Wettingense, S. 68, Nr. 578: Gabriel Moser aus Luzern.*

449 *Darunter von späterer Hand: 1335.*

450 *Über das c ein x.*

451 *Weder im Necrologium habsburgicum monasterii Campi regis, noch im Necrologium Wettingense aufgeführt. Elisabeth von Lothringen († 1352) war eine weitere Tochter Albrechts I.*

452 *Kaller, Salem. In: Die Zisterzienser und Zisterzienserinnen (Helvetia Sacra III, 3, 1), S. 357: Wilhelm Schrailk, 1373–1395. Unter seinem Abbatiat war Salem als eines der ersten Klöster der Region 1378 in das Konstanzer Burgrecht getreten (Das älteste Bürgerbuch der Stadt Konstanz, S. 1).*

453 *Tochter des 1674 verstorbenen Lorenz Miller/Müller und der 1675 verstorbenen Kunigunde Gotthartin aus Wolzach (Nekrolog, p. 13, 33).*

454 *Ehefrau des Konrad von Burren (Nekrolog, p. 12).*

23.] c. x. kl. Desiderii episcopi et martyris
[A] Obiit Margareta Gmoͤrin, monialis. Obiit Adilhaidis Wursterin, soror monialis.[455]
[E] Obiit Agata Bláwrerin, monialis 1487.[456]
[1693] Obiit herr Hanß Casper Roschacher von Kostan[z], [p]ater monialis, 1693.
[1703] Obiit admodum reverendus dominus Basilius Reuty, abbas Wetingensis et visitator noster, anno 1703.[457]

24.] d. ix. kl. Donati et Rogacioni martyrum
[A] Obiit Bartholomeus Goldast, pater monialis.[458] Obiit Hans Livi, frater et pater monialis.

|| [p. 49]

25.] e. viii. kl. Urbani pape et martyris
[A] Obiit Agneß de Rotwil, monialis. Obiit Conradus, conversus. Obiit Via Phisterin, monialis. Obiit magister Hainricus de Sancto Gallo.

26.] f. vii. kl.
[A] Obiit Berchtoldus Spůl, pater monialis. Obiit Conr[adus] Wurster. Obiit Růdolfus Stocker, frater monialis.[459]
[1690] Obiit Johaneß Ruetz von Gosauw, pater layce, 1690 jahr.

27.] g. vi. kl.
[A] Obiit Adelhaidis de Sulgen, monialis.
[1616] Obiit domina Ursula Öttin ex Basendingen, abbatissa in Veldbach, si regiert bis in das 26. jar und ist das gotshaus in irer regierung widerum reformiert worden, hat sy im gaistlichen und zitlichen wol geflissen, gott sye ir barmherzig, 1616.[460]
[1684] Obiit Anna Barbara Müllerin von Weil, mater monialis, starb anno 1684 den 27. may am abendt der hl. hl. Dreyfaltigkait.[461]
[1689] Obiit Franzcißcuß et Johaneß Huzigkoffer, frater monialis, 1689.

---

455 *Tochter der Adelheid Wursterin (Nekrolog, p. 117).*

456 *Tochter der Katharina und des Ulrich Blarer (Nekrolog, p. 104).*

457 *HÄGLER/KOTTMANN, Wettingen. In: Die Zisterzienser und Zisterzienserinnen (Helvetia Sacra III, 3, 1), S. 479 f: Basilius Reuty, 1694 – 1703.*

458 *Vater der geistlichen Frauen Klara und Agnes (Thurgauisches Urkundenbuch. Bd. 6: 1359 – 1375, Nr. 2639, S. 206 f.). Er wird in der Urkunde vom 14. Juli 1362 als verstorben bezeichnet. Weder Klara noch Agnes sind im Nekrolog vertreten.*

459 *Sohn der Anna und des Walter Stocker (Nekrolog, p. 41, 86).*

460 *MEYER-MARTHALER, Feldbach. In: Die Zisterzienser und Zisterzienserinnen (Helvetia Sacra III, 3, 2), S. 661: Ursula Ott, 1591 – 1616; SENNHAUSER, Feldbach. In: Zisterzienserbauten in der Schweiz, S. 101 f.*

461 *Wohl Ehefrau des 1679 verstorbenen Joachim Rüti und Mutter der 1694 verstorbenen Maria Flora Rüti ((Nekrolog, p. 9, 110).*

[p. 50] ||

[28.] A. v. kl.
[ausgehendes 16. Jahrhundert] Obiit Hanns Hainrich von Dobell, patter monialis.[462]
[1671] Obiit Maria Dorothea Herttasteinin von Hiltzingen, supryorisa huius monasterii, anno 1671.[463]

[29.] b. iiii. kl.
[E] Obiit Verena Millerin, que fuit mater duarum monialium presentis monasterii, anno domini lxxxxiiii [1494].
[J] Obiit Barbara Müllerin, matter [!] duarum monialium.[464]

[30.] c. iii. kl.
[A] Obiit Ůlr[icus], miles de Clingen, frater monialis. Obiit Hainricus Goldast, pater monialis. Obiit Elisabeth, dicta Warterin, olim priorissa.[465]

[p. 51] ||

[31.] d. ii. kl. Petronelle virginis
[A] Obiit Wilipirgis de Sirnach, monialis. Obiit Ůlrich Wipphing, pater monialis, dicte Schnewissin, de quo datur vinum, vii psalmen.[466] Obiit Adelhait Wåchßlerin, monialis.

## [Juni]

[1.] e. kl. junii. Nicomedis. martyris
[A] Obiit Jacobus Raimung, junioror [!]. Obiit Conradus de Meckingen, frater monialis.
[1629] Obiit Hanss Casper Guldinast von Costantz, frater monialis, 1629.[467]

[2.] f. iiii. nonas. Marcellini et Petri.
[A] Obiit Johannes Arnolt, pater monialis. Obiit Hainr[icus] de Tetikoven, pater monialis. Obiit Elysabeth [de] Swarza, monialis. Obiit Margreta Roggwilerin, monialis, de quo datur vinum conventui, úbers grab, die syben psalmen.

---

462 *Vater der 1633 verstorbenen Priorin Maria von Tobel (Nekrolog, p. 34).*
463 *Tochter des 1632 verstorbenen Jakob Hertenstein aus Hilzingen (Nekrolog, p. 53).*
464 *Vor 1582 verstorbene Mutter der beiden späteren Äbtissinnen Magdalena und Anna Zimmermännin (1582–1590 und 1590/1591).*
465 *Tochter des Johannes Warter (Nekrolog, p. 29).*
466 *Vater der Klosterfrau, genannt Schneewissin (Nekrolog, p. 95).*
467 *Bruder der 1661 verstorbenen Klosterfrau Anna Maria Guldinestin (Nekrolog, p. 10).*

|| [p. 52]

[3.] f. iii. nonas.
[A] Obiit Mechildis de Monwang, monialis. Obiit Elysabeth, dicta Adamin, mater monialis.[468]
[1640] Obiit Baltthasar Brandenberg von Zug, frater sororis laica, 1640.[469]
[1686] Obiit soror Maria Agatha Saxin von Dießenhoffen, monialis, starb den 3ten junii 1686, gott dröst ire liebe sell etc.

[4.] A. ii. nonas.
[A] Obiit Adilhait hern Atzen, monialis. Obiit Adelh[aidis] Goldastin, monialis. Obiit Ůlricus Lentsch, molitor, noster familiaris et fidelis.

[5.] b. nonas. Bonifacii episcopi et martyris
[A] Obiit Cristina Tumbin, monialis. Obiit Hainr[ich], conversus. Obiit Agnes Widin. Obiit Ursula Spiserin, monialis. Obiit Johannes, dictus der Schriber von Ow, pater monialis, qui dedit nobis x lib ad servicium.
[1671] Obiit reverendus dominus Meinradus Wigier ex monasterio Wettingen et huius monasterii confesarius [!], anno 1671.[470]

|| [p. 53]

[6.] c. viii. idus.
[A] Obiit Ursula de Schinen, soror monialis. Obiit Agnes Lifin, monialis.[471]
[1632] Obiit Jacob Herttenstain von Hilzingen, patter monialis, 1632.[472]
[1669] Obiitt Anna Margretha Harderin von Wittenwyll, soror monialis, anno 1669. Ligt zue Einsidlen begraben.[473]

[7.] d. vii. idus.
[A] Obiit Conradus, dictus Stamler, pater monialis.
[1681] Obiit soror Maria Angneß Seillerin von Weyll, monialis, 1681.

---

468 *Ehefrau des Heinrich Adam (Nekrolog, p. 87).*

469 *Bruder der 1635 verstorbenen Laienschwester Ursula Brandenbergin (Nekrolog, p. 85).*

470 *Album Wettingense, S. 72, Nr. 588: Meinrad Vigier aus Solothurn, im Kloster Frauenthal im heutigen Kanton Zug begraben.*

471 *Im Nekrolog sind zwei weitere Klosterfrauen mit Namen Agnes Livi aufgeführt (Nekrolog, p. 36, 41).*

472 *Vater der 1671 verstorbenen Subpriorin Maria Dorothea Hertensteinin (Nekrolog, p. 50).*

473 *Tochter des 1680 verstorbenen Hans Ludwig Harder, Schwester von Johann Benedikt, Franz Ludwig und der Maria Euphrosina (Nekrolog, p. 28, 35, 81, 95).*

[8.] e. vi. idus. Medardi episcopi.
[A] Obiit Soffia hinder der Metzi, monialis.[474] Obiit Ber[nardus] Gemor, pater monialis.
[B] Obiit Agnes Strusin, mater monialis.[475]
[1605] Obiit Ursula Mörin von Öningen, mater monialis, 1605 jar.
[1624] Obiit Hanns Melcher Guldinast von Costantz, frater monialis. Ligt zu Wien begraben, 1624.[476]

[p. 54] ||
[9.] f. v. idus.
[A] Obiit Agnes de Merspurg, monialis. Obiit Adelh[aidis] de Schina, mater monialis. Obiit dominus Hainricus, dictus Mårstetter, frater monialis.[477] Obiit Wernher Ehinger, pater monialis.
[1607] Obiitt Margreta von Dobell, monialis in Far[...][478], soror monialis, 1607.[479]
[1633] Obiit domina Maria Cleophe von Danckentschwill, abbatissa in Gynttersstahl, sepulta est in hoc monasterio, 1633.[480]
[1694] Obiit admodum reverendus dominus Udalricus Meyer[481], abbas Wettingensis et visitator noster, anno 1694.[482]

[10.] g. iiii. idus.
[A] Obiit frater Berchtoldus de Stain, predicator, frater monialis. Obiit Lucia Spiserin, soror monialis. Obiit Ůlricus, miles de Stainegge, frater monialis. Obiit Agnes, regina Ungarie, mitissima nobis quondam et matri nostra in Christo et omnium religiosorum, in cuius aniversario celebretur missa pro defunctis in conventui et oretur vigilia defunctorum a singulis mortalibus, de qua datur i libra ₰ pro pitancia in refectorium [!] de qua multa hora[483] [!] acceppimus [!].[484]
[K] Obiit Cůnrad Zimerman, frater duarum monialium.[485]

---

[474] Soffia, monialis, hinder der Metzi *durch darübergestellte Zahlen in die richtige Reihenfolge gebracht. Sie ist zweimal im Nekrolog vertreten (Nekrolog, p. 60).*
[475] *Ehefrau des Heinrich Struss aus Stein am Rhein und Mutter der Klosterfrau Adelheid Strussin (Nekrolog, p. 28, 111).*
[476] *Bruder der 1661 verstorbenen Klosterfrau Anna Maria Guldinestin (Nekrolog, p. 10).*
[477] *Bruder der Klosterfrau Agnes Märstetterin (Nekrolog, p. 121).*
[478] *Rasur.*
[479] *Tochter des Hans Heinrich von Tobel (Nekrolog, p. 50).*
[480] *Collectio septemdecim cum antiquorum ut vocant librorum vitæ, Bd. 1, S. 32.*
[481] *Hägler/Kottmann, Wettingen. In: Die Zisterzienser und Zisterzienserinnen (Helvetia Sacra III, 3, 1), S. 478 f.: Ulrich Meyer, 1686–1694.*
[482] Obiit ... 1694: *Auf eingebundenem Zettel, mit Verweiszeichen auf diese Stelle bezogen.*
[483] *Wahrscheinlich irrig für* bona.
[484] *Necrologium Wettingense, S. 593. Zu Agnes von Ungarn vgl. Boner, Königsfelden und Königin Agnes von Ungarn, S. 193–232.*
[485] *Vor 1582 verstorbener Bruder der Äbtissinnen Magdalena und Anna Zimmermännin (1582–1590 und 1590/1591).*

[11.] A. iii. idus. Barnabe Apostoli.
[A] Obiit Anna Plaurerin, monialis. Obiit Hermannus Boͤsche, pater monialis. Conr[adus] [de] Detikoven, conventui servicium. Hainr[ich], cappellanus noster, conventui servicium. Obiit Anna Gúndelharterin, soror monialis. Obiit Ursula Aignerin, soror monialis.[486] Obiit Johannes Ruh, qui dedit x talenta eodem die servicium. Ist jarzit der kúngin von Unger, hat ain ewig meß und i vigili. Item Walpurg Gochmenni úbers grab, i vigili der apptissin, git iiii ₰.[487] Anna Plaurem úbers grab, vii psalmen.
[1675] Obiit meister Jacob Ruetz von Magtenauw, gewäsner müller alhie, vergabet dem gottshauß an seinem lidlohn zue seiner sellen heil 100 gulden, starb den 11. junii 1675, ligt hie vergraben, gott sey im gnädig.[488]

|| [p. 55]

[12.] b. ii. idus. Basilidis Cyrini et Naboris.
[A] Obiit Methildis Pfistrin, mater monialis.[489] Obiit Katherinen Ehingerin, monialis.
[E] Obiit Michel Hermen, pater monialis.[490] Obiit Anna Waͤpferin, gott gnad ir.
[1670] Obiit admodum reverendus dominus Gerardus Byrgisser, abbas Wettingensis et visitator noster, anno 1670.[491]

[13.] c. idus junii.
[A] Obiit Hainr[ich] Kramer, famulus. ⟨Obiit Valpurga Gochannen, monialis conventui vinum, jeklicher frawen git man iiii ₰.⟩
[E] Obiit Elisabet Walderin de Ratolfzel, mater monialis, m cccc lxxxxv [1495].[492]
[1603] Obiit Wilpradis Huntzikoferin, soror monialis, anno 1603.[493]

[14.] d. xviii. kl. julii.
[A] Obiit Willibúrgis Hůterin, mater monialis. Obiit soror Adelhaidis Gastmaisterin[494]. Obiit Adilhadis de Hoͤwdorff. Obiit Johannes Gudentz, pater monialis.

---

[486] *Schwester der Elisabeth Aignerin (Nekrolog, p. 106).*
[487] *Meyer-Marthaler, Feldbach. In: Die Zisterzienser und Zisterzienserinnen (Helvetia Sacra III, 3, 2), S. 654: Wal[d]burga Gochaim, 1407, 1409.*
[488] Obiit … gnädig: *Auf eingebundenem Zettel, mit Verweiszeichen auf diese Stelle bezogen.*
[489] *Vermutlich die Mutter der beiden Klosterfrauen Sophia und Katharina Pfisterin (Anm. 440).*
[490] *Vater der Agatha Hermannin (Nekrolog, p. 114).*
[491] *Hägler/Kottmann, Wettingen. In: Die Zisterzienser und Zisterzienserinnen (Helvetia Sacra III, 3, 1), S. 474 f.: Gerhard Bürgisser, 1659–1670.*
[492] *Mutter der Elisabeth Walderin (Nekrolog, p. 14), siehe Albert, Geschichte der Stadt Radolfzell, S. 170.*
[493] *Schwester der 1654 verstorbenen Klosterfrau Maria Katharina Hunzikoferin (Nekrolog, p. 24).*
[494] *Es ist nicht klar, ob damit nicht das Amt der Gastmeisterin gemeint ist, das in Feldbach erstmals im Jahr 1387 belegt ist, siehe Meyer-Marthaler, Feldbach. In: Die Zisterzienser und Zisterzienserinnen (Helvetia Sacra III, 3, 2), S. 636.*

[1639] Obiit Cattarina Wickin von Weill, gott gnad ihren, 1639.
[1688] Obit schw[ester] Maria Josepha Meckhin von Oberstorf, layce, 1688.

[p. 56] ||

[15.] e. xvii. kl. Viti martyris
[A] Obiit Adelhaidis de Stain, laica. Obiit Adelhaidis de Rúlasingen, monialis. Obiit Anna de Merspurg, mater monialis. Obiit Adilhaidis Gastmaistrin. Obiit Verena de Stain, soror monialis. Obiit Hainricus, dictus Keller, frater monialis.
[1617] Obiit Melchior Müller ex Zug, pater confessarii et avus monialis, 1617.[495]
[1660] Obiit Maria Zäblerin von Esselwang, mater sororis laicæ, anno 1660.[496]

[16.] f. xvi. kl. Cirici et Julite martyrum
[A] Obiit Conradus Roder, pater monialis.[497] Obiit Katherina de Tengen, soro[r] monialis.[498] Obiit Anna Merkin, monialis, conventui vinum.[499]
[1635] Obiit Maria Prechin von Will, mater monialis, 1635.

[17.] g. xv. kl.
[A] Obiit Adilhaidis Schaittingin, monialis.
[E] Obiit Barbara Müllerin, /monialis[500]/, anno domini m ccccc xvi [1516].
[1595] Obiit Margrett Schmidin, monialis, 1595.[501]
[1667] Obiitt soror Maria Veronica Martin von Mameren, monialis, anno 1667.[502]

[p. 57] ||

[18.] A. xiiii. kl. Marci et Marcelliani martyrum
[A] Obiit domina Adilhaidis de Sandegg. ⟨Item Margret Rockwilerin úbers grab, die vii psalmen.⟩
[B] Obiit her Wolff, landtkometer in der Maynow, geborn von Klingenberg.[503]

[19.] b. xiii. kl. Gervasii et Prothasii martyrum
[A] Obiit Hermannus, miles de Liebenfels.

---

495 *Ehemann der 1623 verstorbenen Elisabeth Kollin und Vater des 1631 verstorbenen Beichtvaters Bernhard Müller (Nekrolog, p. 3, 112).*
496 *Esselwang wohl für Nesselwang im bayerisch-schwäbischen Landkreis Ostallgäu.*
497 *Vater der Klosterfrau Katharina Roderin (Nekrolog, p. 11).*
498 *Schwester der Klosterfrau Ursula von Tengen (Nekrolog, p. 29).*
499 *Tochter der Anna Märkin (Nekrolog, p. 80).*
500 *Über der Zeile eingefügt.*
501 *Nichte der Äbtissin Afra Schmidin (1549 – 1582).*
502 *Tochter des Johannes Martin und der Elisabeth Stigerin aus Mammern (Nekrolog, p. 105).*
503 *Landkomtur Wolfgang von Klingenberg (1481 – 1517), Sohn des Hans von Klingenberg († 1462), siehe* Bittmann, *Die Familie von Klingenberg und Singen, S. 104 – 126, hier 120.*

20.] c. xii. kl.
[A] Obiit Ůlricus, abbas de Salem.[504] Obiit Margareta, dicta Kellerin, monialis.
[1649] Obiit admodum reverendus dominus dominus Nicolaus von Flüe, abbas vigesimus septimus monasterii de Wettingen, abbas, pater et visitator nostri monasterii de Veldtbach, qui multa nobis beneficia praestitit, anno 1649.[505]
[1669] Obiit herr Leonhardt Kyni von Manenbach, pater monialis, anno 1669.[506]

|| [p. 58]

21.] d. xi. kl.
[17. Jahrhundert] Obiitt Jacob Nef von Maganaw, patter monialis.[507]
[1661] Obiit her Hannß Jacob Kyni von Manenbach, frater monialis, 1661.[508]

22.] e. x kl. Decem milium martyrum. Albani martyris.
[A] Obiit Růdolffus, pater monialis. Obiit Johannes Beringer de Steckboren, dedit pitancio [!] vii lib ₰ pro servicio vini de ipso et duabus uxoribus suis, spricht imm die vii psalmen.[509]
[1658] Obiitt soror Maria Catharina Weltlin von Veldkierch, monialis, anno 1658.[510]

23.] f. viiii. kl. Vigilia.
[A] Obiit Gůta de Merspurg, soror monialis. Obiit Anna Búrstin, soror monialis.

---

504 *Kaller, Salem. In: Die Zisterzienser und Zisterzienserinnen (Helvetia Sacra III, 3, 1), S. 356 f.: Ulrich von Werdenberg-Sargans, 1337–1358.*

505 *Hägler/Kottmann, Wettingen. In: Die Zisterzienser und Zisterzienserinnen (Helvetia Sacra III, 3, 1), S. 472 f.: Nikolaus von Flüe, 1641–1649.*

506 *Ehemann der 1670 verstorbenen Anna Straßburgerin (Nekrolog, p. 100).*

507 *Vater der 1678 verstorbenen Priorin Maria Benigna Nefin (Nekrolog, p. 106).*

508 *Sohn des 1669 verstorbenen Leonhard Kini und der 1670 verstorbenen Anna Straßburgerin (Nekrolog, p. 57, 100).*

509 *Wohl Pleban der Pfarrkirche St. Jakob in Steckborn, vgl. Raimann/Erni: Die Kunstdenkmäler des Kantons Thurgau, Bd. 6: Der Bezirk Steckborn, S. 335–344. Nach Meyer-Marthaler, Feldbach. In: Die Zisterzienser und Zisterzienserinnen (Helvetia Sacra III, 3, 2), S. 643, wurden die Schwestern anfänglich von den Leutpriestern Beringer und Heinrich von Steckborn betreut. Dann seien die Plebane durch Salemer Mönche abgelöst worden.*

510 *Tochter des 1644 verstorbenen Leonhard Weltlin aus Feldkirch (Nekrolog, p. 88).*

[p. 59] ||

[24.] g. viii. kl. Nativitas Johannis Baptiste.
[A] Obiit Anna Harbendin, cantrix.[511] Obiit Elisabeth Mannenbacherin, soror monialis. Obiit Hans von Paiger, pater et frater munialis [!].
[1688] Obit herr Mathias Joseph Zoller, decan des hoch loblichen stadtcapituls Nëwkirch und pfahrherr zue Jëstätten[512], ein sonderbahrer guethdëther unsers gothshaus, und vergabdt nebendt andern großen guethdathen zue seiner seelen heil dem gothshaus 50 gulden, starb den 24. junii 1688, gott thröst sein liebe seel.[513]

[25.] A. vii. kl.
[A] Obiit Conradus Båtminger, frater monialis.[514]
[E] Obiit Magreth Ferin, mater sororis laycæ. [...][515]
[H] Obeyt [!] pye memorie Ulricus Fer, frater sororis laycæ.[516]

[26.] b. vi. kl. Johannis et Pauli martyrum.
[A] Obiit Hilteburg[is] de Cella, monialis.

[p. 60] ||

[27.] c. v. kl.
[1610] Obiit Hanß Schnider von Melingen, patter monialis, 1610.[517]

[28.] d. iiii. kl. Leonis pape. Vigilia
[A] Obiit Gerdrudis, monialis. Obiit Franciscus de Roggwille, frater monialis.[518]

[29.] e. iii. kl. Petri et Pauli apostolorum.
[A] Obiit Soffia hinder der Metzi, monialis. Obiit Seppa, cantrix.

[p. 61] ||

[30.] f. ii. kl. Conversio sancti Pauli.
[A] Obiit Conradus de Stoffeln, frater monialis. Obiit Elisabeth Im Berg, monialis. Obiit Margareta de Tetikoven, monialis. Obiit Agnes de Búslingen, soror monialis. Obiit Magtalena Vögly, monialis.

---

511 *Im Nekrolog sind zwei Klosterfrauen aus der Familie Harbend belegt. Ob es Schwestern sind, ist aber nicht zu erkennen (Nekrolog, p. 65).*

512 *Zu Neunkirch vgl.* Frauenfelder, *Die Kunstdenkmäler des Kantons Schaffhausen, Bd. 3: Der Kanton Schaffhausen, S. 172–188.*

513 Obit ... seel: *Auf Zettel, mit Verweiszeichen auf diese Stelle bezogen.*

514 *Unleserlicher Nachtrag.*

515 *Mutter der Laienschwester Anna Ferin (Nekrolog, p. 13).*

516 *Ulrich Fer ließ sich am Gedenktag seiner Mutter Margaretha eintragen.*

517 *Vater der 1675 verstorbenen Klosterfrau Maria Elisabeth Schneiderin (Nekrolog, p. 12).*

518 *Einer der fünf Brüder der Klosterfrau Anna Roggwilerin (Thurgauisches Urkundenbuch. Bd. 4: 1300–1340, Nachtrag Nr. 61, S. 844 f.: nach 1300).*

## [Juli]

[1.] g. kl. julii. Octava Johannis Baptiste.
[A] Obiit Elysabeth Mannenbacherin, mater monialis. Obiit Mechildis, dicta Minsterin, soror monialis. Obiit dominus Hainricus Ehinger, frater monialis.
[J] Uff disen tag starb min brůder Hanns Jacob Schmid, gott sy gnedig und barmhertzig, ligt zů Fischingen[519] begraben im 57. jar.[520]
[1672] Obiit Anna Helena Sutterin von Radolffzell, soror monialis, anno 1672.[521]
[1682] Obiit soror Maria Anna Wagnerin von Sollothurn, monialis, anno 1682.

[2.] A. vi. nonas. Visitacio sancte Marie.
[A] Obiit Conr[adus] de Magenbůch, sacerdos, qui dedit nobis x talenta pro con[structio]ne. Obiit Elisabeth am Berg, soror laica, dedit unam vineam pro pitancia, úbers grab, vii psalmen.
[J] Uff disen tag starb min schwöster Anna Schmidin, gott sy ir barmhertzig, ligt zu Baden begraben im 1570. jar.[522]
[1619] Obiitt herr Maurizius Zimmerman von Wyll, conventual zu Öningen, frater monialis, 1619.[523]
[1682] Obiit fr[auw] Maria Annastasia zur Gilgen von Rodhaussen[524], soror monialis, anno 1682.[525]

|| [p. 62]
[3.] b. v. nonas
[A] Obiit Ita Swårtzin, monialis. Obiit Elisabeth Pfistrin, soror monialis.[526] Obiit preclarissimus rex Boemie Růdolffus.[527] Obiit Cůnradus, dictus […][528]. Obiit Katherina de Hoven, monialis. Obiit Verena Gúndelhartin, monialis.
[1667] Obiit Ferdinandus Sax von Diessenhoffen, pater monialis, 1667.

---

519 *Gemeint ist wohl das Benediktinerkloster Fischingen.*
520 *Bruder der Schreiberin (Hand J) mit Namen Schmid, wohl die Äbtissin Afra Schmidin (1549–1582).*
521 *Schwester der 1676 verstorbenen Klosterfrau Maria Barbara Suterin (Nekrolog, p. 33).*
522 *Schwester der Schreiberin (Hand J) mit Namen Schmid, wohl die Äbtissin Afra Schmidin (1549–1582).*
523 *Bruder der späteren Äbtissin Barbara Zimmermännin (1632–1638). Zum Stift Öhningen (Landkreis Konstanz) vgl. Franz GÖTZ, Stift und Dorf vom Ende des Mittelalters bis zum Jahr 1805. In: Dorf und Sift Öhningen, S. 113–156.*
524 *Rathausen bei Luzern.*
525 *Schwester der 1687 verstorbenen Klosterfrau Maria Regina zur Gilgen aus Luzern (Nekrolog, p. 122).*
526 *Vermutlich die Schwester der beiden Klosterfrauen Sophia und Katharina Pfisterin (Anm. 442).*
527 *Necrologium habsburgicum monasterii Campi regis, S. 358: König Rudolf von Böhmen († 1307), Sohn Albrechts I.*
528 *Leere Stelle.*

[4.] c. iiii. nonas. Ůdalrici episcopi.
[A] Obiit Cůn de Marpach, eidem die conventui due urne vini de ligno quod dicitur langenmoß[529], übers grab im kilchhoff, vii psalmen.[530] Obiit Ůlricus, servus noster. Obiit Anna Vochentzin, soror monialis.[531]

[5.] d. iii. nonas.
[A] Obiit Hainricus de Stainegge, cononicus [!] sancte Marie Costancie.[532]
[B] Obiit Hans Conrat Mangolt, pater monialis.[533]
[1631] Obiit herr Hanss Jacob Riggenschweiler von Weyl, gott sey im gnedig, 1631 jar.

[p. 63] ||

[6.] e. ii. nonas. Octava Apostolorum.
[A] Obiit Ůlricus Grater, abbas in Salem, amicus noster fidelis.[534]
[1629] Obiit Hans Caspar Frey von Mettlingen, fratter monialis, 1629.[535]
[1660] Obiit admodum reverendus dominus Bernardus Keller, abbas Wettingensis et visitator noster, anno 1660.[536]

[7.] f. nonas.
[A] Obiit Anna Raimungin, monialis.
[1627] Obiit Caspar Schmid von Gersthofen, fratter monialis, 1627.[537]

[8.] g. viii. idus julii.
[A] Obiit magister Wido, pater monialis. Hainricus de Blůmberch, frater monialis.[538] Obiit Anna de Randegg, soror monialis.[539] Obiit Verena de Schőnenbúchel, mater monialis.
[E] Obiit Clara von Sall, soror monialis, anno domini m ccccc xvi [1516].
[1623] Obiit Walpurga Herbstin von Nesselwang, mater sororis laycæ, 1623.[540]

---

529 *Das Hohlmaß Langmess, vgl.* Huggle/Ohler, *Maße, Gewichte und Münzen, S. 29f.*

530 Stadler, *Die Stadt Radolfzell – ein Zentrum des Hegauer Adels? S. 199 (Jahrzeitbuch des Münsters von Radolfzell).*

531 *Anna dürfte die Schwester der Klosterfrauen Adelheid und Klara, den Töchtern des Konrad Vochentz, gewesen sein (Anm. 205).*

532 *Die Jahrzeitenbücher des Domstifts Konstanz, Teil 2, Nr. 456, S. 680: Heinrich von Steinegg († 1344).*

533 *Die Wappenrolle von Zürich, S. 153, S. 401.*

534 Kaller, *Salem. In: Die Zisterzienser und Zisterzienserinnen (Helvetia Sacra III, 3, 1), S. 354f.: Ulrich Gräter, 1276–1282. Die Familie stammte aus Biberach.*

535 *Möttlingen im Landkreis Calw?*

536 Hägler/Kottmann, *Wettingen. In: Die Zisterzienser und Zisterzienserinnen (Helvetia Sacra III, 3, 1), S. 473f.: Bernhard Keller, 1649–1659.*

537 *Bruder der 1687 verstorbenen Schwester Maria Johanna Schmidin (Nekrolog, p. 46).*

538 Kindler von Knobloch, *Oberbadisches Geschlechterbuch, Bd. 1, S. 110.*

539 Rüeger, *Chronik der Stadt und der Landschaft Schaffhausen, S. 902–916; Die Wappenrolle von Zürich, S. 89, Nr. 202.*

540 *Mutter der 1668 verstorbenen Laienschwester Maria Salome Herbstin (Nekrolog, p. 40).*

|| [p. 64]

[9.] A. vii. idus.

[A] Obiit Adelhaidis, monialis. Obiit Gesa Sůntagin, monialis. Obiit Adilhadis de Monte, laica. Anno domini millesimo tricentesimo octogesimo sexto occubuit gladio per Luterisens [!] illustrissimus princeps, dominus Lúppoldus, dux Austrie, et milicia multa nimis.[541]

[1672] Obiit Wolffgang Brandenberg von Zug, /frater[542]/ sororis laica [!], anno 1672.[543]

[10.] b. vi. idus. Septem, fratrum.

[A] Obiit Elisabeth Rőttin, novicius [!].

[1595] Obiit Verena Schmidin von Wyl, mater monialis, 1595.[544]

[11.] c. v. idus. Translacio s. Benedicti.

[A] Obiit Gůta de Liebenfels, mater monialis.[545] Obiit Berchtoldus de Stain, conventui pitanciam, pro quo dedit v lib.[546] Obiit Margareta Mutlerin, monialis. Obiit Elisabeth, soror laica. Obiit Ůlricus, miles de Sunnenberg. Obiit Diethelmus de Marpach.[547]

[1595] In die obiit Barbara Aichhörnine, mater monialis, anno 95.

[1693] Obiit herr Frantzcisus Suter, frater monialis, 1693, war deß gotts hauß schaffner, got sey im gnedig.[548]

|| [p. 65]

[12.] d. iiii. idus.

[A] Obiit Elyṣabeth, regina relicta quondam Friderici regis.[549] Obiit Anna Wipphingin, monialis. Obiit Jacobus Mekkenbúr, pater monialis.

[1602] Obiit Sophia Locherin, soror monialis, anno 1602.[550]

---

541 *Necrologium Wettingense, S. 594: Leopold von Österreich († 1386). Am linken Rand glossiert:* Dux Lupoldus obiitt 1343.

542 *Über der Zeile eingefügt.*

543 *Wolfgang Brandenberg war Bruder der 1682 verstorbenen Laienschwester Maria Magdalena (Nekrolog, p. 102).*

544 *Mutter der Klosterfrau Margaretha Schmidin, der Nichte der Äbtissin Afra Schmidin (1549–1582).*

545 *Gůta war die einzige im Nekrolog als Mutter vorgestellte Frau von Liebenfels.*

546 *Mag. Berthold Stein († vor 1325) (Die Jahrzeitbücher des Konstanzer Domkapitels, S. 679, Nr. 454).*

547 *Sohn von Diethelm von Marbach (Thurgauisches Urkundenbuch. Bd. 6: 1359–1375, Nr. 3162: 1372).*

548 *Bruder der 1699 verstorbenen Maria Ursula Suterin (Nekrolog, p. 43).*

549 *Necrologium habsburgicum monasterii Campi regis, S. 358; nicht im Necrologium Wettingense: Elisabeth († 1330), Tochter des Jakob von Aragón, Gemahlin Friedrichs des Schönen.*

550 *Schwester der 1614 verstorbenen Priorin Verena Locherin (Nekrolog, p. 69).*

[13.] e. iii. idus.
[A] Obiit Elisabeth Lestin, monialis.[551]
[1585] Obiit Ulrichus Locher, pater, et Margaret Würtzin, mater monialis, anno 1585.[552]
[1668] Obiitt Sabina Settelin von Costantz, soror /et mater[553]/ monialis, 1668.[554]

[14.] f. ii. idus.
[A] Obiit Elisabeth Harbendin, monialis. Obiit Adilhadis Ramingin, mater monialis, conventui servicium. Margareta Rỏttin, soror monialis. Obiit Anna Mỏckenbúrin, mater monialis. Elisabeth von Enslingen, monialis.

[p. 66] ||
[15.] g. idus julii. Divisio apostolorum.
[A] Obiit serenissimus quondam Romonorum [!] rex Růdolffus.[555] Obiit Gůta Raimungin, mater monialis. Obiit Anna Bilavingerin, mater monialis.

[16.] A. xvii. kl. Augusti.
[A] Obiit Adilhaidis des Hayers, monialis. Obiit Mechildis Bỏnin, monialis. Obiit soror Anna de Stoffeln, monialis.

[17.] b. xvi. kl. Alexii confessoris.
[A] Obiit Berchtoldus Schauffhusen, sacerdos, amicus noster fidelis. Obiit Berchtoldus Hagenbůch, qui dedit nobis equum pro commemoratione. Obiit Hainricus Livi, frater monialis.

[p. 67] ||
[18.] c. xv. kl.
[A] Obiit Adilhadis [de] Baden, monialis. Obiit venerabilis dominus Conr[adus], dictus Småltzler, cappellanus ecclesie Trident[inensis] ac archypresbiter, frater monialis.

[19.] d. xiiii. kl.
[A] Obiit Katherina Mutlerin, mater monialis.

---

551 *Tochter des Walter Lesti (Nekrolog, p. 103).*
552 *Eltern der 1614 verstorbenen Priorin Verena Locherin (Nekrolog, p. 69).*
553 *Über der Zeile eingefügt:* et mater.
554 *Schwester der im gleichen Jahr 1668 verstorbenen Klosterfrau Maria Christina Sättelin (Nekrolog, p. 112).*
555 *Necrologium habsburgicum monasterii Campi regis, S. 358; Necrologium Wettingense, S. 594: Rudolf von Habsburg († 1291).*

20.] e. xiii. kl. Margarethe virginis.
[A] Obiit Volkenant Keller, frater monialis. Obiit Eberhardus de Ramstain, pater monialis.[556] Obiit Lútgardis de Urach, monialis.[557] Obiit Conradus Schriber ⟨de⟩ de Ow, frater monialis.
[1693] Obiit f[rauw] Margretha Untzigkhofferin, mater monialis, 1693.

|| [p. 68]
21.] f. xii. kl. Braxedis virginis.
[A] Obiit Margareta Rơ̊ttin, soror monialis. Obiit Anna de Hermsdorff, monialis.[558]
[1611] Obiit reverendus dominus Stephanus Fauler ordinis divi Benedicti ex monasterio Reichenbach[559] et huius monasterii confessarius, anno 1611.

22.] g. xi. kl. Marie Magdalene.
[A] Obiit Hainr[ich], dictus Spicher, pater monialis. Obiit Elisabeth de Roßnegg, monialis. Obiit Katherina de Hơ̊wdorff, mater monialis.

23.] A. x. kl. Appolinaris, episcopi et martyris.
[A] Obiit dominus Alberchtus de Casteln, conventui servicium.[560] Obiit nobilissimus et prudentissimus [...][561] Albertus. Obiit Anna de Helmßdorff, monialis junior.
[1668] Obiit reverendus dominus Augustinus Keller ex monasterio Wettingen et huius monasterii confesarius [!], anno 1668.[562]

|| [p. 69]
24.] b. viiii. kl. Christine virginis.
[A] Obiit frater Johannes de Wilistorff. Obiit Margareta, dicta Anweg, mater monialis. Obiit Sofiga von Sunthusen, monialis.[563] Obiit Elisabeth Roggwilerin, monialis. Obiit Margareta Mårckin, Vơ̊gtin von Celle, soror monialis.[564]

---

556 *Die Wappenrolle von Zůrich, S. 179 f., Nr. 477.*

557 *Lugi/Luitgard von Urach erscheint 1372 zusammen mit Agnes Anwies als Nutznießerin eines Weingartens, der Diethelm von Marbach gehörte (Anm. 48 und 50).*

558 *Ein Heinrich von Hermenstorf trat 1383 in das Burgrecht der Stadt Konstanz ein (Das älteste Bürgerbuch der Stadt Konstanz, S. 12).*

559 *Kloster Reichenbach im Murgtal.*

560 *Albrecht von Kastell († 1344), siehe* Ottnad, *Die Generalvikare. In: Das Bistum Konstanz (Helvetia Sacra I, 2, 2, 2), S. 532; Die Jahrzeitbücher des Konstanzer Domkapitels, Teil 2, S. 534 f., Nr. 92, Bruder der Willburg von Kastell.*

561 *Leere Stelle.*

562 *Album Wettingense, S. 64, Nr. 563: Augustin Keller aus Stans.*

563 *Tochter des Heinrich von Sunthusen und der Sofia Illikusen (*Reding, *Die Regesten der Frauenklöster Feldbach und Tänikon, S. 154: 1435).*

564 *Schwester der Klosterfrau Anna Märkin und Ehefrau des 1464 verstorbenen Nikolaus Dietrich Vogt aus Radolfzell. Vgl.* Schwarzmaier, *Die Familie Vogt in Radolfzell und ihre geistlichen Stiftungen, S. 72.*

[D] Obiit Beatrix von Helmstorf, monialis.[565]
[1651] Obiit Albrecht Märckh von Hanburg[566], ist in deß gottß hauß dienst auf die 20 jahr. Vergabt dem[567] gottß hauß zue seiner seelen heil – 50 guldin, gott sy ime gnädig und barmhertzig, 1651.

[25.] c. viii. kl. Jacobi apostoli. Christofori martyris.
[A] Obiit Ůlrich de Clingen, frater monialis. Obiit Ůlricus Goldast, pater monialis, de quo datur vinum cuilibet moniali et confessori vi denarii, hoc totum fuit emptum pro xl lib ₰.
[1696] Obiit Ulrich Ruetz von Gosau, pater layce, 1696.

[26.] d. vii. kl. Anne, matris Marie.
[E] Obiit Lipfridus Imstaynhauß, frater monialis[568], anno domini milesimo quingentesimo decimo sexto [1516].[569]
[1614] Obiitt Verena Locherin von Frowenfeld, priorissa in Veldtbach, 1614 jar.

[p. 70] ||
[27.] e. vi. kl.
[A] Obiit Adilhadis Malerin, soror monialis. Obiit Katherina Welterin, monialis.[570] Obiit Margareta Streblin, monialis. Obiit Fida Livin, monialis.[571]
[1616] Obiit herr Joachim Wirtt von Wyl, conventual zu Sant Gallen, frater abbatisse, 1616 jar.[572]

[28.] f. v. kl. Nazarii, Celsi et Panthaleonis martyrum.
[A] Obiit Conradus, conversus. Margareta de Tetikoven, monialis. Waltherus de Lobeg, frater monialis.[573] Adilhadis Gúndelhartin, monialis. Obiit Claͣra, dicta Bartholomeni, monialis, conventui servicium.
[1681] Obiitt Melchior Scheyrman von Lucern, pater monialis, 1681.[574]

---

565 *Schwester des 1499 verstorbenen Ludwig von Helmsdorf (Nekrolog, p. 121).*
566 *Homburg im heutigen Bezirk Frauenfeld.*
567 *Davor durchgestrichen* z.
568 *Sohn des Nikolaus Imsteinhaus (Nekrolog, p. 74). Vgl.* Heiermann, *Die Gesellschaft »zur Katz« in Konstanz, Nr. 325, S. 273f. (zwei Testamente aus den Jahren 1505 und 1518). Lüpfrid war der Ehemann der Barbara Gelterin.*
569 *1516 in späterer Schrift ergänzt.*
570 *Tochter der Anna und des Heinrich Welter (Nekrolog, p. 75, 115)?*
571 *Eine zweite Fida Livi ist zum 18. August (Nekrolog, p. 77) aufgeführt.*
572 *Professbuch der fürstlichen Benediktinerabtei der heiligen Gallus und Otmar zu St. Gallen, S. 264, Nr. 211, Bruder der Äbtissin Barbara Wirtin (1616–1632, gest. 1638).*
573 *Bruder der Klosterfrau Elisabeth und Katharina von Lobegge (Nekrolog, p. 40, 43).*
574 *Scheyrman, Schüerman.*

[29.] g. iiii. kl. Felicis episcopi et martyris, Simplicii cum sociis suis.
[A] Obiit Mechilt von Owe, novicius [!]. Obiit Clara Vochentzin, monialis, von der git das selampt vi ₰, dem bichter och vi ₰.[575]
[1647] Obiit Maria Magdalena Schenckhin, conventualin zu Denickhen, soror monialis, 1647.[576]

|| [p. 71]

[30.] A. iii. kl. Abdon et Sennes
[A] Obiit Agnes de Ulma, monialis.[577] Obiit Jacobus, dictus am Ort, de Úberlingen.

[31.] b. ii. kl. Germani episcopi et martyris.
[A] Obii[t] magister Beringer, scolasticus de Sancto Gallo.[578]
[1536] Obiit Barbera Noͤschberin, abbatissin in Våldtbach, 15xxxvi iar, ist die lendst åptisin gsin vor der luttery. Darnach ward das gotshúss mit voͤgtten besetzt, denen got allen gnedig sy, amen. Sy regiertt xxiiii jar.[579]

## [August]

[1.] c. kl. augusti. Vincula Petri. Machabaeorum.
[A] Obiit Fridiricus de Zolr, abbas monasterii Augie Maioris.[580]
[B] Obiit Ursula Hoffmaysterin, die man nempt Schmidin, prebendaria.

---

[575] *Klara war die Tochter des Konrad Vochentz, Bürger von Radolfzell, und Schwester 1. der Adelheid, die nach ihr in das Kloster kam (Thurgauisches Urkundenbuch. Bd. 5: 1341–1359, Nr. 2276, S. 533: 1356; Thurgauisches Urkundenbuch. Bd. 6: 1359–1375, Nr. 2528, S. 102: 1360) und 2. der Verena Vochentzin, der Witwe eines Hans Knüttel (Thurgauisches Urkundenbuch. Bd. 7: 1375–1390, Nr. 3932, S. 533: 1387). Vgl.* Albert, *Geschichte der Stadt Radolfzell, S. 170.*

[576] *Maria Magdalena Schenkin war Schwester der Maria Anna und Maria Helena (Nekrolog, p. 15, 104). Im Jahrzeitbuch von Tänikon, S. 55, wird sie als Kornmeisterin vorgestellt:* Anno 1647 starb auf disen tag die ehrwirdig vnd geistlich fraúw Maria Magdalena Schenckin, kornmeisterin vnd conuentualin in disem gotshaús.

[577] *Zwei Klosterfauen tragen den Namen* de Ulma, *vielleicht die Töchter Adelheids von Tettikofen/Dettighofen und Heinrichs von Ulm (Nekrolog, p. 71, 92). Vgl.* Fidler, *Zur Geschichte der Adelsfamilie von Ulm, S. 118.*

[578] *Beringer war der Bruder der Klosterfrau Elisabeth Schulmeisterin aus Sankt Gallen (Nekrolog, p. 90). 1376 richtete Elisabeth zusammen mit ihrem Bruder Hans Schulmeister, genannt Ägringer, Bürgermeister von St. Gallen, eine gemeinsame Jahrzeit ein für sich und ihren verstorbenen Bruder Meister Beringer Schulmeister (Thurgauisches Urkundenbuch. Bd. 7: 1375–1390, S. 35 f., Nr. 3358).*

[579] *Der Eintrag stammt von der Hand J der späteren Äbtissin Afra Schmidin (1549–1582). Zu Barbara Nöschberin vgl.* Meyer-Marthaler, *Feldbach. In: Die Zisterzienser und Zisterzienserinnen (Helvetia Sacra III, 3, 2), S. 659: Barbara Nöschber, 1512–1536.*

[580] Begrich, *Reichenau. In: Frühe Klöster (Helvetia Sacra III, 1, 2), S. 1087 f.: Friedrich von Zollern, 1402–1427.*

[p. 72] ||

[2.] d. iiii. nonas augusti. Stephani pape.
[A] Obiit Judinta, priorissa. Obiit Ludigardis, cantrix.
[1658] Obiitt Veronica Herttensteinnin von Hiltzingen, sorror [!] monialis, 1658.[581]

[3.] e. iii. nonas. Invencio sancti Stephani prothomartyris.
[A] Obiit Johannes, dictus Boner, frater monialis, eodem die conventui vinum.[582]
[D] Obiit Geroltt Vogt, pater monialis, xviii [1518].[583]
[1692] Obiit schwester Maria Waldburg Laxnerin, ⟨soror⟩ layce, 1692.

[4.] f. ii. nonas.
[A] Obiit Růdolffus de Ura.[584] Obiit Hainr[icus] de Stainegge. Obiit dominus Hainricus Goldast, decanus ecclesie Constantiensis, amicus noster fidelissimus, de quo datur vinum, ist kofft umm x lib ₰.[585] Obiit Katherina, dicta Wiphingin, mater monialis.

[p. 73] ||

[5.] g. nonas. Dominici confessoris.
[A] Obiit Demůt de Meckingen, mater monialis. Obiit Margareta Sútrin, uxor Hainini Griß, prebendaria familiaria, gend úber das grab, i vigili. Obiit Hainini Griß, únser pfrönder, úber das grab, i vigili. Obiit Feronica Swärtzin, monialis. Obiit Feronica von Höwdorf, monialis.[586]

---

[581] *Schwester der 1671 verstorbenen Subpriorin Maria Dorothea Hertensteinin (Nekrolog, p. 50).*

[582] *Bruder der Klosterfrau Agnes Bonerin (Nekrolog, p. 19).*

[583] *Vater der Klosterfrau Elisabeth und der Priorin Beatrix, Ehemann der Margaretha Hofmännin (Nekrolog, p. 16, 24, 97). Vgl.* Schwarzmaier, *Die Familie Vogt in Radolfzell und ihre geistlichen Stiftungen, S. 72 und 77.*

[584] Stadler, *Die Stadt Radolfzell – ein Zentrum des Hegauer Adels? S. 201 (Jahrzeitbuch des Münsters von Radolfzell).*

[585] *Jahrzeitenbücher des Konstanzer Domkapitels, Teil 1, S. 284; ebd., Teil 2, Nr. 225, S. 592 f.: Heinrich Goldast († 1394). Heinrich Goldast war 1384 in das Burgrecht der Stadt Konstanz eingetreten (Das älteste Bürgerbuch der Stadt Konstanz, S. 15).*

[586] Meyer-Marthaler, *Feldbach. In: Die Zisterzienser und Zisterzienserinnen (Helvetia Sacra III, 3, 2), S. 656: Veronika von Heudorf, 1446 resiginiert. Sie war Tochter des Eitelbilgrin von Heudorf.* Kindler von Knobloch, *Oberbadisches Geschlechterbuch, Bd. 2, S. 57, meint, sie sei 1465 tot.*

6.] A. viii. idus. Sixti pape. Felicissi et Agapiti.
[A] Obiit frater Waltherus, conversus. Obiit Mechthilt de Tetikoven, monialis. Obiit frater Conr[adus], conversus. Hainricus Gaißhuser, pater monialis.[587] Obiit Adilhait de Bernhusen, conventui servicium.[588] Obiit Dorothea Vo̊gtin, monialis.

7.] b. vii. idus. Donati martyris et episcopi.
[A] Obiit Conradus Gúttinger, pater monialis.[589] Obiit Diethelmus de Stainegge. Obiit Irmil de Meckingen, mater monialis. Obiit Anna Maͤrerin, mater monialis.
[E] Obiit pie memorie Johannes Clinger, prebendarius huius monasterii, anno 21.
[1649] Obiit Catharina Angery von Bürß, mater laicæ, anno 1649.

|| [p. 74]

8.] c. vi. idus. Cyriaci cum sociis suis.
[A] Obiit Anna Maͤrstetterin, mater monialis.[590] Obiit Růdolfus Spiser, pater monialis. Obiit dictus Ůlricus Maͤrstetter, frater monialis.[591]

9.] d. v. idus. Romani martyris.
[A] Obiit Anna de Haimenhoven, monialis.[592] Obiit Barbara Vo̊gtin, dicta von Paiger, soror et mater monialis.[593]
[E] Obiit Nicolaus Imstainhúß, pater monialis.[594]
[1647] Obiit Bartholomeus Suter von Ratolfzell, pater monialis, 1647.[595]

0.] e. iiii. idus. Laurencii martyris.
[A] Obiit Hainr[ich], dictus Spiser iunior, frater monialis. Obiit Aulbrecht von Paigern, pater monialis.
[C] Obiit Regula Bridlerin, que fuit soror carnalis monialis Elisabeth Bridelerin.[596]
[1634] Obiit Ursula Bischöffin von Costantz, mater monialis, 1634.
[1669] Obiit Wyberatta Underseein von Waldtkirch, soror laicæ, anno 1669.

---

[587] *Vater der Klosterfrau Katharina Gaishuserin, die im Nekrolog aber nicht verzeichnet ist (Thurgauisches Urkundenbuch. Bd. 5: 1341–1359, S. 697, Nr. 2429: 1359). Er wird 1346 als* selig *bezeichnet (ebd., S. 154–155, Nr. 1852).*

[588] *Großmutter der Äbtissin Ursula von Hohenfels und Ehefrau des Burkhard von Hohenfels (Urkunde vom 27. April 1333).*

[589] *Vater der Klosterfrau Elisabeth Güttingerin (Nekrolog, p. 5).*

[590] *Mutter der Klosterfrau Agnes Märstetterin (Nekrolog, p. 121).*

[591] *Bruder der Klosterfrau Agnes Märstetterin (wie oben), der sich am Gedenktag seiner Mutter eintragen ließ.*

[592] *Tochter der Anna und des Marquard von Heimenhofen (Nekrolog, p. 10, 102).*

[593] *Ehefrau des 1469 verstorbenen Hans Dietrich Vogt. Vgl.* Schwarzmaier, *Die Familie Vogt in Radolfzell und ihre geistlichen Stiftungen, S. 72.*

[594] *Vater des Lüpfrid Imsteinhaus (Nekrolog, p. 69).*

[595] *Vater der 1676 verstorbenen Klosterfrau Maria Barbara Suterin (Nekrolog, p. 33).*

[596] *Schwester der Klosterfrau Elisabeth Bridlerin (Nekrolog, p. 1).*

[p. 75] ||

[11.] f. iii. idus. Spinee corone domini. Tyburcii martyris.
[A] Obiit Adilhait de Tetikoven, mater monialis.[597]
[1629] Obyit Benedict Neff von Magtenaw, frater monialis, 1629.[598]

[12.] g. ii. idus.
[A] Obiit Anna, dicta Welterin, mater monialis.[599] Obiit Ursula Roggwilerin, monialis.
[G] Obiit Ursula Locheryn, monialis et professa in Kalchara, soror Barbare Locherin, monialis in Velpach et progenita ex Frowenfeld, anno 1522.[600]
[1635] Obiit r[everendus]. f[rater] Macharius Martin, capucinus, germanus monialis, anno 1635.[601]

[13.] A. idus. Ypolliti martyris.
[A] Obiit Hainricus de Veltbach, monachus.[602] Obiit Ůlrich, dictus Mutler, pater et frater monialis. Obiit Berchtoldus Bősch. Obiit Margreta Widin, monialis. Obiit Rupprecht, dictus Túwinger[603], pater monialis.
[1638] Obiit Jörg Wihlhelm Schmid von Gerstenhofen, frater monialis, 1638.[604]
[1701] Obiit ju[ng]fr[auw] Dorathea Scheürmänin von Lucern, soror monialis, 1701.

[p. 76] ||

[14.] b. xix. kl. septembris. Eusebii presbiteri. Vigilia.
[A] Obiit Johannes de Meckingen, frater monialis. Burckhart de Schőnnenbúchel, frater monialis. Obiit ⟨dominus⟩ Adelhadis, dicta Kåserin, monialis.[605] Obiit Cůnradus Gochim, frater monialis.
[1599] Obiit Johannes Jacobus Locher, frater monialis, anno 1599.[606]
[1629] Obiit Jegorius Sättelin von Costantz, patter monialis, 1629.[607]

---

[597] *Adelheid von Tettikofen/Dettikofen († 1399), Ehefrau des Heinrich von Ulm (Die Jahrzeitbücher des Konstanzer Domkapitels, Teil 2, S. 569, Nr. 159).*

[598] *Bruder der 1678 verstorbenen Priorin Maria Benigna Nefin (Nekrolog, p. 106).*

[599] *Mutter der Klosterfrau Katharina und/oder der Äbtissin Ursula Welterin (Nekrolog, p. 30, 70).*

[600] *Henggeler, Das Nekrologium des Zisterzienserklosters Mariazell zu Kalchrain, S. 59:* O. Sch. Vrsula Locherin 1522.

[601] *Bruder der 1667 verstorbenen Klosterfrau Maria Veronika Martin (Nekrolog, p. 56).*

[602] *1312 bezeugt (Codex diplomaticus Salemitanus, Bd. 3: 1300–1498, S. 133).*

[603] *Túwinger, Tübinger.*

[604] *Bruder der 1687 verstorbenen Schwester Maria Johanna Schmidin (Nekrolog, p. 46).*

[605] *Tochter der Adelheid Käserin (Nekrolog, p. 13).*

[606] *Bruder der 1614 verstorbenen Priorin Verena Locherin (Nekrolog, p. 69).*

[607] *Vater der 1668 verstorbenen Klosterfrau Maria Christina Sättelin (Nekrolog, p. 112). Vgl. Westermann, Zur Memminger Geschlechtergeschichte: Die Sättelin, S. 25–35.*

5.] c. xviii. kl. Assumpcio s. Marie.
[A] Obiit Adilhaidis de Detikoven, mater monialis.
[E] Obiit Anna Dǒcherin, mater monialis.[608] Obiit Juliana Myntzerin, soror monialis, anno domini 1514.
[1667] Obitt Catharina Würtin ex Weil, soror monialis, anno 1608.

6.] d. xvii. kl.
[A] Obiit Margareta Bonerin, soror monialis, et eodem die conventui vinum.[609] Obiit Adilhadis Mutlerin, monialis, conventui servicium. Obiit Agnes Gǒllin, soror laica.
[B] Obiit Johannes Döcher, pater monialis.[610]
[1643] Obiit Ursula Delpontin, mater monialis, 1643.

|| [p. 77]

7.] e. xvi. kl. Octava Laurencii. Mametis martyris.
[A] Obiit Johannes, dictus Phefferhart.[611] Obiit Gerungus de Kempten, frater monialis. Obiit Henni am Búchel, frater monialis.[612]
[1672] Obiit frauw Maria Elisabetha Veronica Sutterin, priorin zue Fridawillen[613], soror monialis, anno 1672.[614]

8.] f. xv. kl. Agapiti martyris.
[A] Obiit Margareta Welterin, soror monialis.[615] Obiit Conradus, dictus Pfister, frater monialis.[616] Obiit Anna Schriberin vonn Ow, monialis. Obiit Fida Lifin, monialis.[617]

---

608 *Mutter der Barbara Thöcherin/Döcherin (Nekrolog, p. 86).*
609 *Schwester der Klosterfrau Agnes Bonerin (Nekrolog, p. 19).*
610 *Vater der Barbara Thöcherin/Döcherin (Nekrolog, p. 86).*
611 *Vater des Konstanzer Bischofs Ulrich Pfefferhart (1344–1351).*
612 *Bruder der Klosterfrau Margaretha am Büchel (Nekrolog, p. 10).*
613 *Bader, Das Benediktinerinnenkloster Friedenweiler und die Erschließung des südöstlichen Schwarzwaldes, S. 101: Im April 1578 hatte Graf Heinrich von Fürstenberg das Kloster dem Zisterzienserorden übergeben.*
614 *Schwester der 1676 verstorbenen Klosterfrau Maria Barbara Suterin (Nekrolog, p. 33).*
615 *Schwester der Klosterfrau Katharina und/oder der Äbtissin Ursula Welterin (Nekrolog, p. 30, 70).*
616 *Vermutlich der nach dem Vater Konrad nachbenannte Bruder der beiden Klosterfrauen Sophia und Katharina Pfisterin (Anm. 440).*
617 *Eine zweite Fida Livi ist unter dem 27. Juli aufgeführt (Nekrolog, p. 70).*

[19.] g. xiiii. kl. Magni martyris.
[A] Obiit Margareta Amgrieß, mater monialis. Obiit Fida Mannabacherin, soror monialis. Obiit H. Boner, frater monialis, datur conventui vinum.[618] Obiit Symon, dictus Hôschlin, pater monialis.[619] Obiit Eglin Råtgeb, pater monialis.[620]
[1650] Obiit Anna Margreta Lätterin von Zug, soror monialis, 1650.[621]
[1692] Obiit herr haubtman Beat Frantzcißcus zur Lauben von Zugg, frater monialis, 1692.[622]

[p. 78] ||
[20.] A. xiii. kl. Bernhardi abbatis.
[A] Obiit Elysabeth de Blůmenstain, monialis. Obiit Mechthildis, cantrix, monialis. Obiit Bilgrimus de Hôwdorff, pater monialis.[623]
[1631] Obiit Margreta Schererin von Costantz, soror monialis, 1631.
[1671] Obiit /herr[624]/ Johan Casper Dorrer, pater monialis, starb den 20. augsten anno 1671 jahrs.[625]

[21.] b. xii. kl.
[A] Obiit Ursul Múntzerin, des Notnagels husfrow.[626]
[1588] Obiit herr Cunrad Böller, brobst zu Schinen, 1588.[627]
[spätes 17. Jahrhundert] Obiit Hanß Ulrich Dorrer /von Badt[en][628]/, frater monialis.[629]

[22.] c. xi. kl. Octava Assumpcionis. Thymothei et Sym[phoriani].
[A] Obiit Bertha Zymbermennin, monialis. Obiit Ůlr[icus] de Burch, frater monialis. Obiit Hailwigis von Owe, monialis. Obiit Katherina Wigin, monialis.[630] Obiit Adelhadis et Elisabeth, sorores Kilcherin, monialis [!]. Obiit Anna Lôpin, mater monialis.[631] Obiit Hainricus Notnagel, frater monialis.[632]

---

618 *Bruder der Klosterfrau Agnes Bonerin (Nekrolog, p. 19).*

619 *Vater der Klosterfrau Helena Höschlin (Nekrolog, p. 31).*

620 *Vater der Klosterfrau Cäcilia Ratgebin (Nekrolog, p. 96).*

621 *Schwester der 1667 verstorbenen Klosterfrau Maria Klara Lätterin (Nekrolog, p. 20).*

622 *Sohn des 1676 verstorbenen Beat Heinrich und der 1697 verstorbenen Anna Maria zur Lauben (Nekrolog, p. 114).*

623 *Wohl Vater der Klosterfrau Veronika von Heudorf (Nekrolog, p. 73).*

624 *Am linken Rand nachgetragen.*

625 *Ehemann der 1692 verstorbenen Eufemia Dorrerin (Nekrolog, p. 22).*

626 *Ehefrau des Heinrich Notnagel (Nekrolog, p. 78).*

627 *Müller, Schienen. In: Die Benediktinerklöster in Baden-Württemberg, S. 559: Konrad Böhler, 1574–1588.*

628 *Am linken Rand nachgetragen.*

629 *Sohn der 1692 verstorbenen Eufemia und des 1671 verstorbenen Johann Kaspar Dorrer (Nekrolog, p. 22, 78).*

630 *Tochter der Elisabeth Wigin (Nekrolog, p. 90).*

631 *Im Nekrolog ist keine Klosterfrau, sondern zwei Laienschwestern mit Namen Verena verzeichnet (Nekrolog, p. 118, 121).*

632 *Ehemann der Ursula Münzerin (Nekrolog, p. 78).*

[1611] Obiitt Anna Rüttin von Wil, soror monialis, 1611.[633]
[1629] Obiit Elisabeta Pflumerin, subpriorin zu Denicka, soror abbatis[ae], 1629.[634]
[1665] Obiit Eüfrasyna Vögelin von Wittenwill, mater monialis, 1665.[635]
[1692] Obiit herr Hanß Jerg Wagner von Costantz, pater monialis, 1692.[636]
[17./18. Jahrhundert] Obiit herr Damian Dorrer von Badt[en], frater monialis.[637]

|| [p. 79]

3.] d. x. kl.
[A] Obiit Fridericus [de] Rockwile, pater monialis.[638] Obiit Margareta de Clingenberch, soror monialis.[639] Obiit soror Adelhadis Kamrerin, soror laica.[640]

4.] e. ix. kl. Bartholomei apostoli.
[A] Obiit Ůlrich Crangel, conversus. Obiit Mia de Buslingen. Obiit Hainricus [de] Schoͤnenbúchel, frater monialis. Obiit Katherina Wiphingin, conventui servicium. Obiit Ůlricus, dictus Wiphing, conventui servicium. Obiit Hainricus Illikusen, frater monialis, datur conventui vinum.[641]
[D] Obiit Margrett Berchtoltin, soror monialis ⟨laiyca⟩.
[1617] Obiit Thomaß Bran[den]berg von Zug, pater sororis laicæ, 1617.[642]

5.] f. viii. kl.
[A] Obiit Hainrich de Schinu, conventui servicium. Obiit Johannes Boner, pater monialis, datur conventui vinum de vinea, quam dedit huic monasterio.[643] Obiit Anna, dicta Schinin, soror monialis.

---

633 *Schwester der 1644 verstorbenen Subpriorin Magdalena Rüti aus Wil (Nekrolog, p. 23).*

634 *Schwester der Äbtissin Maria Regina von Pflumern (1646 – 1681), siehe Stamm-Tafeln des Adels des Großherzogthums Baden, S. 317. Im Jahrzeitbuch von Tänikon, S. 61:* A[nno] 1629 aúff disen tag starb fraúw Elisabetha Pflaúmerin von Biberach, subpriorin vnd cústorin dises gottzhaúses.

635 *Wohl Ehefrau des 1680 verstorbenen Hans Ludwig Harder (Nekrolog, p. 35).*

636 *Ehemann der 1705 verstorbenen Margaretha Wagnerin (Nekrolog, p. 20).*

637 *Sohn der 1692 verstorbenen Eufemia und des 1671 verstorbenen Johann Kaspar Dorrer (Nekrolog, p. 22, 78).*

638 *Vater der fünf Brüder Burkhard, Volknand, Stefan, Bartholomäus und Franziskus sowie der* sanctimonialis *Anna Roggwilerin (Anm. 520).*

639 *Tochter des Ulrich und der Willburg von Klingenberg, Schwester der Äbtissin Katharina (Nekrolog, p. 88).*

640 *Die Wappenrolle von Zuͤrich, S. 106 f., Nr. 257.*

641 *Bruder der Klosterfrau Dorothea Illikuserin (Nekrolog, p. 15).*

642 *Vater der 1635 verstorbenen Laienschwester Ursula Brandenbergin (Nekrolog, p. 85).*

643 *Vater der Klosterfrau Agnes und Ehemann der Adelheid Bonerin (Nekrolog, p. 19, 39).*

[p. 80] ||

[26.] g. vii. kl.
[A] Obiit Anna Mårckin, mater monialis, conventui vinum.[644]
[N] Obiit Hans Ludwig Guldinast, frater monialis.

[27.] A. vi. kl. Octava sancti Bernardi. Rufi martyris.
[Textura] Obiit Cůnradus Bättminger, pater monialis.[645]
[A] Obiit Agnes de Diessenhoven, monialis. Obiit Ůlricus, dictus Schriber de Ow, pater monialis. Obiit Anna Schmerli, monialis. Obiit Ursula von Paiger, monialis.
[1657] Obiit Albrecht Guldinast von Costantz, frater monialis, anno 1657.[646]

[28.] b. v. kl. Augustini episcopi.
[A] Obiit Ita de Frůtwil. Obiit Adilh[aidis] Pfefferhartin, monialis. ⟨Obiit Kathrina Spůlin, monialis.⟩ Obiit Adilhadis Ramenstuderin, monialis. Obiit Hainrich Walther de Clingen, frater monialis. Obiit Růdin Füg, brotmaister. Obiit Conradus de Marpach, conversus.
[17. Jahrhundert] Obiit Filip Merckh et Ursula Beutzscherin, pater et mater sororis laice.
[1686] Obbiit Thomaß Geigiß, pater layce, 1686.[647]

[p. 81] ||

[29.] c. iiii. kl. Decollacio sancti Johannis.
[A] Obiit Hailwigis de Bernang, monialis. Obiit Kathrina Spůlin, monialis. Obiit Adelhadis, dicta Goldastin, monialis. Obiit Mia Håfflin, soror monialis. Obiit Hainricus, dictus Wartter, frater monialis.[648]
[G] Obiit Ůlricus Hering, anno etc. 1481.[649] Obiit Margaretha Michlini, monialis.[650]

[30.] d. iii. kl. Felicis et Adaucti martyrum.
[Textura] Obiit Caspar Múller, pater monialis[651], anno m° cccc° lxx [1470].
[C] Obiit Magdalena im Stainhuß, soror monialis, et hec fuit monialis ad sanctum Petrum Const[antiensem].[652]
[1670] Obiit Frantziscus Ludovicuß Harder von Wittenwill, frater monialis, 1670.[653]

---

644 *Mutter der Klosterfrau Anna Märkin (Nekrolog, p. 56).*

645 *Vater der Klosterfrau Ursula Bättmingerin (Nekrolog, p. 106).*

646 *Bruder der 1661 verstorbenen Klosterfrau Anna Maria Guldinestin (Nekrolog, p. 10).*

647 *Vielleicht Ehemann der 1700 verstorbenen Margaretha Kusterin aus Bremgarten (Nekrolog, p. 105).*

648 *Bruder der Priorin Elisabeth Warterin (Nekrolog, p. 50).*

649 *Vater der Anna Heringin (Nekrolog, p. 120). Vgl.* Raimann/Erni*: Die Kunstdenkmäler des Kantons Thurgau, Bd. 6: Der Bezirk Steckborn, S. 334.*

650 *Tochter der Margaretha Michlin (Nekrolog, p. 106).*

651 *Ergänzt durch den Zusatz darunter:* duo monialis.

652 Wilts*, St. Peter. In: Die Beginen und Begarden (Helvetia Sacra IX, 2), S. 414.*

653 *Sohn des 1680 verstorbenen Hans Ludwig Harder (Nekrolog, p. 95).*

1.] e. ii. kl.
[B] Obiit Vitus von Asch, pater monialis, anno m cccc lxxxi [1481].[654]
[J] Obiit Johannes Nŏtlich, abbtt zu Wettingen, ain gutter frind dis gotshuß, gott gnad inn 1551 jar.[655]
[1617] Obiit Barbara Landenbergerin von Altschhussen[656], matter monialis, 1617 jars.

|| [p. 82]

## [September]

1.] f. kl. septembris. Egidii abbatis
[A] Obiit Mia de Althain, monialis. Ursula von Hŏwdorff, monialis. Obiit Ita de Schwartza, mater monialis.[657] Obiit Eberhardus, der Welter, frater monialis.[658] Obiit Cecilia, soror monialis. Johannes, dictus Jacob, pater monialis, eodem die datur conventui servicium.[659] Obiit Gůta Gŏchin, mater monialis. Obiit Beatrix Schenckin, soror monialis. Obiit Anna de Balm, monialis.
[1639] Obiit Franciscus Letter /von Zug[660]/, frater monialis, ligt zu Turin b[e]graben, 1639.
[1691] Obiit ⟨schwester⟩ Maria Theresia Eglin, ⟨soror⟩ layce, 1691.[661]

2.] g. iiii. nonas.
[A] Obiit Mia Winmanin, monialis, anno domini m° ccc° xlvi° [1346]. Obiit domina Katherina de Hohenvels[662], abbatissa.[663] Cecilia Rŏttin, soror monialis. Obiit Hans Schårer, pater monialis.
[M] Obiit Dorothea Schmidin, soror monialis.[664]
[1611] Obiitt Jacob Zimmerman von Wyl, frater monialis, 1611 jar.[665]

---

654 *Ehemann der Agatha von Asch (Nekrolog, p. 20).*

655 *Hägler/Kottmann, Wettingen. In: Die Zisterzienser und Zisterzienserinnen (Helvetia Sacra III, 3, 1), S. 463: Johann Nöthlich, 1540–1550.*

656 *Altshausen im nördlichen Landkreis Ravensburg.*

657 *Rüeger, Chronik der Stadt und der Landschaft Schaffhausen, S. 951 f.; Die Wappenrolle von Zůrich, S. 191, Nr. 516.*

658 *Bruder der Klosterfrau Katharina und/oder der Äbtissin Ursula Welterin (Nekrolog, p. 30, 70).*

659 *Vater der Klosterfrauen Verena und Katharina Jakobin (Nekrolog, p. 97, 117). Vgl. Albert, Geschichte der Stadt Radolfzell, S. 170.*

660 *Am linken Rand mit Verweiszeichen eingefügt.*

661 *Tochter des Hans Egli und der Anna Sträßlin (Nekrolog, p. 37).*

662 *Meyer-Marthaler, Feldbach. In: Die Zisterzienser und Zisterzienserinnen (Helvetia Sacra III, 3, 2), S. 652 f: Katharina von Hohenfels, 1335, 1344, 1346. Nach der Urkunde vom 27. April 1333 Tochter des Burkart von Hohenfels und der Adelheid von Bernhausen, Schwester der Klosterfrau Ursula.*

663 *Am linken Rand glossiert:* Katherina de Hochennfels, abbatissa.

664 *Vielleicht Schwester der Konventualin Elisabeth Schmidin (Nekrolog, p. 2).*

665 *Bruder der späteren Äbtissin Barbara Zimmermännin (1632–1638).*

[3.] A. iii. nonas.
[A] Obiit Elisabeth de Blůmberch, mater monialis. Obiit Johannes Lúfin, frater monialis.
[N] Jungfrauw Magdalena von Heylenheim, vergabett dem gottzhauß Veldbach 200 guldin für ir und ihierigen seelen, soll järlich in ⟨dis⟩ dem monatt ein seel meß g[e]haltten werden.

[p. 83] ||
[4.] b. ii. nonas. Marcelli martyris.
[A] Obiit Katherina de Tetikoven, monialis. Obiit Anna am Horn, soror monialis. Obiit Elysabeth Wiphingin, monialis. Obiit Margareta Maigrin, soror monialis.[666]

[5.] c. nonas.
[A] Obiit Margareta de Stoffeln, mater monialis. Obiit Barbara Wittenwillerin, mater et soror monialis.[667]
[J] Ist gestorben Anna Schmidin, die man hat genempt Tippery, die gab dem gotzhus ir bettgwand, iii silbery becher, an silberin lo̊ffell, etlich kleyder, ouch etlich gelt, darumb ich dan bått thuch kofft fir den altar, und an huss råttli thailtt ich under die jungen frowen dar umb sy begert, das ir der covent etwass nach bett, sprich ich, das man ier uss den tag sprech die siben buss psalmen, die solen nit ab gelessen werden nach lutt miner versprechung gegen ir, sy starb uff den tag, wass samstag nach sant Verenentag im 1551. jar.

[6.] d. viii. idus.
[A] Obiit Lúpurgis de Stain, monialis. Obiit Katherina Wechßlerin. Obiit Conradus Atzzenholtzer, pater monialis.

[p. 84] ||
[7.] e. vii. idus. Evurcii episcopi.
[A] Obiit Anna de Hove, mater monialis.
[1682] Obiitt reverendus dominus, pater Edmundus Schneider ex monasterio Wettingen et huius monasterio confessario, anno 1682.[668]

---

666 *Danach teilweise radiert und belassen:* […] ist gestorben Anna […] hatt genempt tippery *(wie dann beim darauffolgenden Tag).*

667 *Sie dürfte aus dem engeren Familienkreis der Äbtissin Anna Wittenwilerin (1485–1489) stammen.*

668 *Album Wettingense, S. 73 f, Nr. 590: Edmund Schnider von Mellingen, in Kalchrain bestattet.*

[8.] f. vi. idus. Nativitas sancte Marie. Adriani martyris.
[A] Obiit Hainrich, dictus Keller, pater monialis. Obiit Margareta Wurtzerin, monialis.[669]
[1611] Obiitt Anna Öttin von Basendingen, soror monialis, 1611.[670]

[9.] g. v. idus. Gorgonii martyris.
[A] Obiit Cůnradus de Hove, frater monialis. Obiit Margareta de Stainegg, mater monialis, conventui servicium.[671] Obiit Adelhadis, dicta Paigrin, mater monialis. Obiit Diepolt Keller, pater monialis.

|| [p. 85]

[10.] A. iiii. idus.
[A] Obiit Verena Englerin, monialis.[672]
[1611] Obiit Dorotea Habisrütingerin[673] von Costanz, mater monialis, 1611 jar.
[1664] Obiit Ulrich Undersee ussnn Tall, frater sororis laicæ, 1664.[674]

[11.] b. iii. idus. Prothi et Jacincti martyrum.
[A] Obiit Burckhardus, plebanus in Steckboren.[675] Obiit Růdolffus de Gúttingen, monachus et confessor.[676] Obiit Katherina Gastmaisterin, soror laica. Obiit Agnes, dicta Baigerin, monialis. Obiit Agnes Bartlomen, monialis. Obiit Elisabeth am Búchel, mater monialis.[677]
[1635] Obiit Ursula Brandenbergin von Zug, soror laica, 1635.[678]

[12.] c. ii. idus.
[A] Obiit Judocus Landolt, canonicus ecclesie sancti Johannis Cost[antiensis], frater monialis.[679]

---

669 *Tochter der Adelheid Warzerin/Wurzerin (Nekrolog, p. 22).*

670 *Schwester der 1652 verstorbenen Klosterfrau Maria Öttin aus Basadingen und Tochter des 1618 verstorbenen Clemens Ott aus Basadingen (Nekrolog, p. 5, 87).*

671 *Ehefrau Diethelms von Steinegg, eine geborene von Klingenberg (Nekrolog, p. 79).*

672 *Sie hatte dem Konvent am 23. Februar 1423 zu ihrem Jahrtag jährlich sechs Eimer Wein gestiftet (Reding, Die Regesten der Frauenklöster Feldbach und Tänikon, S. 18, Nr. 146).*

673 *Habisreutinger.*

674 *Eines der insgesamt neun Geschwister der 1684 verstorbenen Laienschwester Maria Martha Unterseein aus dem Tal (Nekrolog, p. 98).*

675 *Pfarrkirche St. Jakob in Steckborn, vgl. Raimann/Erni: Die Kunstdenkmäler des Kantons Thurgau, Bd. 6: Der Bezirk Steckborn, S. 335–344.*

676 *Nicht in Baumanns Edition des Totenbuchs von Salem verzeichnet.*

677 *Mutter der Klosterfrau Margaretha am Büchel (Nekrolog, p. 10).*

678 *Tochter des 1617 verstorbenen Thomas Brandenberg aus Zug (Nekrolog, p. 79).*

679 *Bei Beyerle, Die Geschichte des Chorstifts und der Pfarrei St. Johann zu Konstanz, nicht verzeichnet, wohl Bruder der Klosterfrau Ursula Landoltin (Nekrolog, p. 1).*

[p. 86] ||

[13.] d. idus.

[A] Obiit Anna de Ťtelingen, monialis. ⟨Nicolaus, dictus Engler, pater monialis.⟩ Obiit domina Katherina, abbatissa monasterii in Veltbach.[680] Obiit Hainricus de Clingenberch, episcopus Constantiensis.[681] Dominus Nicolaus de Gossicon, monachus Augie Maioris.[682] Obiit Walther Ůlrich, nobilis de Clingen, pater monialis.

[K] Obiit Bernhardin Zimerman, frater duarum monialium.[683]

[14.] e. xviii. kl. Exaltacio sancte crucis.

[A] Obiit Diethelmus de Stainegge, pater monialis.[684] Obiit Waltherus Stocker, pater monialis.[685] Obiit Nicolaus Engler, pater monialis. Obiit Hainricus Gochim, frater monialis. Obiit Elisabeth de Roggwil, soror monialis. Obiit Ursula Maisterin, soror monialis. Obiit Nicolaus Berwang, pater monialis.[686]

[E] Obiit Jacobus Vogt /de Zel[687]/, frater duarum monialium, anno domini 1515.[688] Obiit Adam Mőrckoffer de Stayn[689], pater duarum monialium, anno 1519[690]. Obiit Georgius Mertz, frater monialis, anno 1515.[691] M ccccc xv. Obiit Barbara Thöcherin, soror monialis.[692]

[1633] Obiit Petrus Hoffman ex Lucerna, frater monialis, 1633.[693]

[16. Jahrhundert?] Obiit Margret Reichhartin, ostiaria.

[1660] Obiit Barbara von Herttenstain von Lucern, mater monialis, 1660.[694]

---

680 *Eine Äbtissin namens Katharina ist vor dem Jahr 1306 nicht belegt; der Eintrag dürfte demnach nachträglich vorgenommen worden sein und sich auf die Äbtissin Katharia von Klingenberg beziehen.*

681 *Die Jahrzeitenbücher des Domstifts Konstanz, Teil 2, Nr. 116, S. 549 f.: Heinrich von Klingenberg († 1306). Vgl. Bischof u. a., Die Bischöfe (Konstanz). In: Das Bistum Konstanz (Helvetia Sacra I, 2, 2, 1), S. 285–288.*

682 *Heinrich von Gössikon ist in Baumann, Das Totenbuch von Salem nicht verzeichnet.*

683 *Vor 1582 verstorbener Bruder der Äbtissinnen Magdalena und Anna Zimmermännin (1582–1590 und 1590/1591).*

684 *Ehemann der Margaretha von Klingenberg (Nekrolog, p. 79).*

685 *Ehemann der Anna Stockerin (Nekrolog, p. 41).*

686 *Vater der Elisabeth (Nekrolog, p. 103). Vgl. Die Wappenrolle von Zůrich, S. 86 f., Nr. 197 (Werenwag).*

687 *Über der Zeile eingefügt.*

688 *Bruder der Klosterfrau Elisabeth und der Priorin Beatrix, Sohn des Gerold Vogt und der Margaretha Hofmännin (Nekrolog, p. 16, 24, 72, 97). Vgl. Schwarzmaier, Die Familie Vogt in Radolfzell und ihre geistlichen Stiftungen, S. 72 und 77.*

689 *Vater der Priorin Katharina Merkoferin (Nekrolog, p. 30).*

690 *Korrigiert aus 1515 [?].*

691 *Bruder des Jakob Merz aus Stein am Rhein (Nekrolog, p. 122).*

692 *Tochter der Anna und des Johannes Döcher (Nekrolog, p. 75).*

693 *Nicht Nonne, sondern die 1638 verstorbene Laienschwester Franziska Hoffmännin aus Zug (Nekrolog, p. 3).*

694 *Vgl. Messmer/Hoppe, Luzerner Patriziat, S. 487–489.*

15.] f. xvii. kl. octobris. Octava sancte Marie
[A] Obiit Kathrina de Burch, monialis. Gůta von Clingen.[695] Obiit Elisabeth Stainsträssi, mater monialis. ⟨Obiit Anna Håringin, monialis.⟩

|| [p. 87]

16.] g. xvi. kl. Eufemie virginis.
[A] Obiit Elysabet de Schafhusen, monialis. Obiit Cůnradus, dictus Mutler, frater monialis. Obiit Ursula, dicta de Hohenfels, que multa bona nobis dimisit.[696] Obiit Anna Schůlmaistri, monialis.[697] Obiit Hainr[ich] Adam, pater monialis.[698] Obiit Anna Båttmingerin, monialis.[699]
[1633] Obiit admodum reverendus dominus dominus Petrus Schmid, abbas 26. Maristellæ vulgo Wettingen, qui in multis benefecit monasterio, anno 1633.[700]
[1646] Obiit domina Amalia Brandenbergin, abbtissin des gottshaus Veldtbach, regiert auf erbauwlich und wol 8 jahr und 7 monat, gott sye ihr gnädig und barmhertzig, anno 1646 jahrs.[701]

17.] A. xv. kl. Lamperti martyris.
[A] Obiit Agnes de Sandegge, monialis. Anniversarium Adilhadis, Anne, Kathrine de Bodmen et maritorum earundem et Conr[adi], fratris illarum, qui omnes in igne perierunt.[702] Obiit Burckhardus, frater monialis. Obiit Hainricus de Swartza, pater monialis. Obiit Mechthildis Anhorn, mater monialis. Obiit Katherina Goldåstin. Obiit Anna Baigerin, monialis. Obiit Berchtoldus de Bermatingen, pater monialis.[703]
[F] Obiit Elisbet Sattlerin, monialis.[704]
[1652] Obiit soror Maria Margreta Ötin von Baßendingen, monialis, 1652.[705]

---

695 *Guta lässt sich mit* Pupikofers *Stammtafel keinem Zweig zuordnen.*

696 *Meyer-Marthaler, Feldbach. In: Die Zisterzienser und Zisterzienserinnen (Helvetia Sacra III, 3, 2), S. 653: Schwester der Äbtissin Katherina, nur 1361 als Äbtissin belegt.*

697 *Anna war die Nichte der Klosterfrau Elisabeth,* Hugen såligen des Schůlmaisters von Sant Gallen tohter, *die mit ihr zusammen 1363 einen Zins in der Höhe von zehn Schillingen gekauft hatte (Thurgauisches Urkundenbuch. Bd. 6: 1359–1375, Nr. 2705, S. 257–258).*

698 *Ehemann der Elisabeth Adamin (Nekrolog, p. 52).*

699 *Tochter des Konrad, Sohn des Konrad Bättminger (Nekrolog, p. 59).*

700 *Hägler/Kottmann, Wettingen. In: Die Zisterzienser und Zisterzienserinnen (Helvetia Sacra III, 3, 1), S. 468–470: Peter Schmid, 1594–1633.*

701 *Meyer-Marthaler, Feldbach. In: Die Zisterzienser und Zisterzienserinnen (Helvetia Sacra III, 3, 2), S. 662: Amalia Brandenberg, 1638–1646, Tochter des Hans Brandenberg aus Zug.*

702 *Der Unfall ereignete sich am 16. September 1307. Vgl. Theodor von Tafel, Älteste Geschichte des freiherrlichen Geschlechts von Bodman. In: SVG Bodensee 20 (1891), S. 51.*

703 *Vater der Anna von Bermaringen/Bermatingen (Nekrolog, p. 117).*

704 *Wohl eine weitere Tochter der Margaretha und des Konrad Sattler (Nekrolog, p. 30, 121).*

705 *Tochter des 1618 verstorbenen Clemens Ott (Nekrolog, p. 5), Nichte der Äbtissin Ursula Öttin (1591–1616).*

[1672] Obiit admodum reverendus dominus Benedictus Staub, abbas Wettingensis et visitator noster, anno 1672.[706]

[18.] b. xiiii. kl.
[A] Obiit Bertha antiqua, magistra.[707]
[K] Obiit Jacob Zimermann, patter duarum monialium.[708]

[p. 88] ||
[19.] c. xiii. kl. Sequani abbatis.
[A] Obiit Johannes Aichhorn, pater monialis.[709]
[1611] Obiitt Barbara Rütin von Wil, soror monialis, 1611.[710]

[20.] d. xii. kl. Vigilia.
[A] Obiit frater Johannes ab der Hůb.[711] Obiit Nicolaus Gúndelharter, frater monialis. Obiit Hainricus Mårstetter, pater monialis.[712] Obiit Anna Astetterin von sant Pettern.[713] Adelhaidus [!] Herringin, mater monialis.[714]
[1629] Obiitt Scolastica Zimmermenin, mutter zu sant Clara by Zug, soror monialis, 1629 jahr.[715]

[21.] e. xi. kl. Mathei Ewangeliste
[A] Obiit Hilteboldus de Steckboren, frater monialis. Obiit frater Ůlrich, dictus Piscator. Obiit Elisabet Frideboltin, conventui vinum. Obiit Wilburgis de Clingenberch.[716] Obiit Adilhaidis de Schőnenbúchel, soror monialis. Obiit Hug Schůlmaister, pater monialis.[717]

---

706 *Hägler/Kottmann, Wettingen. In: Die Zisterzienser und Zisterzienserinnen (Helvetia Sacra III, 3, 1), S. 475 f.: Benedikt Staub, 1670–1672.*

707 *Am rechten Rand glossiert:* fortte abbatissa. *Meyer-Marthaler, Feldbach. In: Die Zisterzienser und Zisterzienserinnen (Helvetia Sacra III, 3, 2), S. 650: Bertha, 1260, 1261.*

708 *Vater der beiden Äbtissinnen Magdalena und Anna Zimmermännin (1582–1590 und 1590/1591).*

709 *Wohl Vater der Äbtissin Dorothea Aichhörnin (Nekrolog, p. 114).*

710 *Schwester der 1644 verstorbenen Subpriorin Magdalena Rüti aus Wil (Nekrolog, p. 23).*

711 *1328 belegt (Thurgauisches Urkundenbuch. Bd. 4: 1300–1340, Nr. 1419, S. 530–533).*

712 *Vater der Klosterfrau Agnes Märstettin (Nekrolog, p. 121).*

713 *St. Peter im Schwarzwald?*

714 *Vermutlich dieselbe Adelheid, Mutter der Anna Heringin, wie auf p. 120 des Nekrologs.*

715 *Schwester der späteren Äbtissin Barbara Zimmermännin (1632–1638), seit 1612 Vorsteherin des Kapuzinerinnenklosters in Zug, vgl. Graf, Maria Opferung in Zug. In: Der Franziskusorden (Helvetia Sacra V, 2, 2, 6), S. 1115.*

716 *Die Jahrzeitenbücher des Domstifts Konstanz, Teil 2, Nr. 123, S. 553: Willburg von Kastell beziehungsweise Klingenberg († 1305), Mutter der Äbtissin Katharina.*

717 *Es sind zwei Hugo Schulmeister eingetragen. Vermutlich handelt es sich um Vater (Nekrolog, p. 19) und Sohn.*

[1644] Obiit Leonhardus Weltin von Veldtkirch, pater monialis, anno 1644.[718]
[1704] Den 21. september 1704 ist in gott verscheiden der hochgebohrne herr, herr Beat Jacob zur Lauben[719], freyherr von Thurm undt Gestellenburg, von Zug, ritter, und generall leitenambt ihro küniglichen mayestet in Franckhreich, Ludovici deß 14., deßen sell in gott ruehe.[720]

|| [p. 89]

[22.] f. x. kl. Mauricii cum sociis suis.
[A] Obiit Mechthildis Boͤschin, mater monialis. Obiit Agne[s] Anhorn, mater monialis. Obiit Johannes Illikussen, pater monialis.[721] Obiit Ursula de Hoͤwdorff, mater monialis.
[G] Obiit Hainricus Hairbar, de quo datur pitancia unicuique monialium xviii ₰ et confessori.
[1686] Obiit herr Anthony von Liechtenstein, frater monialis, 1686.[722]

[23.] g. ix. kl.
[A] Obiit Wendulmuͦt Mutlerin, mater monialis.
⟨[1611] Obiitt Antonius Wirtt von Wyl, frater monialis, 1611 [?]⟩[723]

[24.] A. viii. kl. Andochii, Tirsi et Felicis martyrum.
[A] Obiit Hainricus Moͤckinger, prespiter [!], frater monialis.[724]
[1623] Obiit Michael Guldinast von Costantz, pater monialis, 1623.[725]

|| [p. 90]

[25.] b. vii. kl.
[A] Obiit Elisabeth, dicta Wigin, mater monialis.[726] Ursula de Langenhart, monialis.[727]
[1611] Obiitt Antoni Wirtt von Wyl, fratter ett patter monialis, 1611.[728]

---

718 *Vater der 1658 verstorbenen Maria Katharina Weltin aus Feldkirch (Nekrolog, p. 58).*

719 *Sohn des 1676 verstorbenen Beat Heinrich und der 1697 verstorbenen Anna Maria zur Lauben (Nekrolog, p. 41, 114).*

720 Den … ruehe: *Auf angeheftetem Zettel, rechts neben den anderen Einträgen zu diesem Tag.*

721 *Vater der Klosterfrau Dorothea Illikuserin (Nekrolog, p. 15).*

722 *Bruder der 1731 verstorbenen Äbtissin Maria Victoria von Liechtenstein (1716–1731).*

723 *Darunter Rasur im Umfang einer Zeile. Der Eintrag selbst ist ansatzweise rasiert und wurde durch den ähnlichen Eintrag unter dem 25. September ersetzt.*

724 *Im Nekrolog ist keine Schwester namens Mögginger, aber zahlreiche von Möggingen verzeichnet, alle im A-Bereich der Handschrift.*

725 *Vater der 1661 verstorbenen Klosterfrau Anna Maria Guldinestin (Nekrolog, p. 10).*

726 *Mutter der Katharina Wigin (Nekrolog, p. 78).*

727 *Tochter der Elisabeth und des Walter Langenhart (Nekrolog, p. 19, 120).*

728 *Sohn des Antonius Wirt aus Wil (Nekrolog, p. 35).*

[26.] c. vi. kl.
[A] Obiit mater confessoris nostri de Rafenspurg.
[1611] Obiitt Vitt Hunzikofer, patter monialis, 1611.[729]

[27.] d. v. kl. Cosme et Damiani martyrum.
[A] Obiit Elisabeth Schůlmaistrin, monialis.[730]
[Ende 17. Jahrhundert] Obit Maria Ruetzin, soror læice.
[1691] Obiit f[rauw] f[rauw] Catharina Barbara Setelin, gebohrne von Pflumeren, soror abbatisa[e], 1691.[731]

[p. 91] ||
[28.] e. iiii. kl. Wenczeslai martyris.
[A] Obiit Mechthildis de Schwartza, mater monialis.
[1611] Obiitt Ursula Hunzikoferin von Wyl, soror monialis, 1611 jar.[732]

[29.] f. iii. kl. Michahelis.
[A] Obiit Adelhaidis, mater et soror monialis. Obiit Ursula Mannenbacherin, soror monialis.[733]
[1595] Obiit Niclaus Wirt, frater monialis.
[ausgehendes 16. Jahrhundert] Obiit Catharina Hugsin.[734]
[1663] Obiit Joannes Casparus Schenck, frater monialis, de Constantia, 1663.[735]
[1691] Obiit f[rauw] Anna Barbara Gallin, soror monialis, 1691.[736]

[30.] g. ii. kl. Jeronimi, presbiteri.
[A] Obiit Adilhadis de Frowenfeld, mater monialis. Obiit Johannes Ylikhuse, denn man nempt Knúttel.[737] Obiit dominus Eberhardus de Brandis, abbas Augie Maioris, qui fecit multa bona huic monasterio, dicatur vigilia conventui.[738]

---

729 *Vater der 1654 verstorbenen Klosterfrau Maria Katharina Hunzikoferin (Nekrolog, p. 24).*

730 *Elisabeth war die Tochter von Hugo Schulmeister und Schwester der Klosterfrau Ursula Schulmeisterin von St. Gallen (Thurgauisches Urkundenbuch. Bd. 5: 1341–1359, Nr. 1914, S. 208–209: 1348). 1363 war ihre Schwester Ursula nicht mehr am Leben. Damals kaufte* Elsbethen, Hugen såligen des Schůlmaisters von Sant Gallen tohter, *zusammen mit ihrem Bruderkind, der Klosterfrau Anna Schulmeisterin, einen Zins in der Höhe von zehn Schillingen (Anm. 179).*

731 *Schwester der Äbtissin Maria Justina von Pflumern (1681–1708), siehe Stamm-Tafeln des Adels des Großherzogthums Baden, S. 317.*

732 *Schwester der 1654 verstorbenen Klosterfrau Maria Katherina Hunzikoferin (Nekrolog, p. 24).*

733 *Mit zehn Einträgen ist die Familien Mannenbacher im Nekrolog vergleichsweise breit vertreten (p. 6, 20, 36, 59, 61, 91, 98, 102, 116).*

734 *Vermutlich eine weitere Tochter der Adelheid und des Konrad Hux (Nekrolog, p. 105, 111).*

735 *Als Schwestern kommen Maria Helena oder Maria Ursula Schenkin in Frage (Nekrolog, p. 8, 15).*

736 *Schwester der 1693 verstorbenen Klosterfrau Maria Anthonia Gallin (Nekrolog, p. 2).*

737 *Ehemann der Verena Vochentzin von Radolfszell (Nekrolog, p. 118).*

738 Begrich, *Reichenau. In: Frühe Klöster (Helvetia Sacra III, 1, 2), S. 1085 f.: Eberhard Brandis, 1343–1379.*

|| [p. 92]

## [Oktober]

[1.] A. kl. octobris. Remigii episcopi.

[A] Obiit Anna de Rockwille, monialis.[739] Obiit Elisabeth Azzin, monialis. Obiit Ursula Kilcherin, monialis. Obiit Lucia Bůtzbårtin, mater monialis.[740] Obiit Margareta de Paigern, soror monialis.

[1691] Obiitt fr[auw] Hëlena Voglerin von Engen, matter monialis, 1691.

[2.] b. vi. nonas.

[A] Obiit Ůlrich de Clingen, frater monialis. Obiit Johannes Hegbach.[741] Obiit Anna Cristinerin, soror laica. Obiit Hans de Randenburg, frater monialis.[742] Obiit Anna Mo̊ly, soror laica.

[1614] Obiitt Ursula Brendlin von Ems[743], monialis, 1614.

[1683] Obit f[rauw] f[rauw] Maria Frantzcißca von Liechtenstein, gebohrne von Entzberg, mater monialis, 1683.[744]

[3.] c. v. nonas.

[A] Obiit Katherina de Ulma, monialis.[745] Obiit Mia, mater monialis, de Helmstorff.[746] Obiit Elisabeth Omin, monialis, datur conventui vinum.[747]

[D] Obiit Růdolf Gelter, frater munialis [!].[748] Margret Nůsperlini, mater monialis, vi [1506].[749]

[1626] Obiit Joseph Suter, conventuall in Wettingen, frater monialis, 1626 jar.[750]

[1695] Obiit Johan Petter Hunger, frater monialis, 1695.

---

739 *Tochter des Friedrich Roggwiler (Thurgauisches Urkundenbuch. Bd. 4: 1300–1340, Nachtrag Nr. 61, S. 844 f.: nach 1300).*

740 *Ehefrau des Johannes Bützbar (Nekrolog, p. 10).*

741 *Zinser auf dem St. Gallen-Altar des Gotteshauses St. Gallen (Thurgauisches Urkundenbuch. Bd. 6: 1359–1375, S. 378, Nr. 2840: 1365).*

742 *Bruder der Äbtissin Anna von Randenburg (1460–1485).*

743 *Es ist nicht klar, ob damit Bad Ems bei Koblenz gemeint ist. Ursulas Vater stammte allerdings aus Götzis im Vorarlberg (Nekrolog, p. 95).*

744 *Mutter der Äbtissin Maria Victoria von Liechtenstein (1716–1731).*

745 *Zwei Klosterfrauen tragen den Namen* de Ulma, *vielleicht die Töchter der Adelheid von Tettighofen/Dettighofen (Nekrolog, p. 75).*

746 *Mia/Amalia, Ehefrau des Heinrich von Helmsdorf, dürfte die Mutter der Klosterfrau Anna gewesen sein (Nekrolog, p. 17, 68).*

747 *Tochter des Ritters Eglof Om (Nekrolog, p. 44).*

748 *Bruder der 1512 verstorbenen Äbtissin Helena Gelterin (Nekrolog, p. 13).*

749 *Mutter der 1536 verstorbenen Äbtissin Barbara No̊schberin (1512–1536)?*

750 *Album Wettingense, S. 67, Nr. 570: Joseph Suter aus Radolfzell, Sohn des Bartholomäus Suter und der Anna Wolfertshoferin, Bruder der 1676 verstorbenen Klosterfrau Maria Barbara Suterin (Nekrolog, p. 33).*

[p. 93] ||

[4.] d. iiii. nonas. Francisci confessoris.[751]

[A] Obiit Anna de Clingenberch, monialis. Obiit dominus Johannes de Stoffeln, frater monialis. Obiit Ůlricus de Schina, pater monialis. Obiit Waltherus de Meckingen, pater monialis. Obiit Hailwigis Kamerin. Obiit Clara Roggwilerin, soror monialis.[752] Obiit Hartmannus de Bårmeringen, frater monialis. Obiit Adilhaidis Appenteggerin, monialis.[753]

[1611] Obiit Ůchrich Meninger von Fischingen, fratter monialis, 1611.[754]

[1695] Obiit herr Carle Maurus v. Schlechten, pfarher zue Khirchdorff, frater monialis, 1695.[755]

[5.] e. iii. nonas.

[A] Obiit Soffia Pfefferhartin, monialis. Obiit Scolastica Gorgeny, monialis.[756] Obiit dominus Conradus de Wolffurt, miles, qui dedit l florenos eodem die servicium.[757] Obiit Osanna de Helmstorff, soror monialis.[758]

[1653] Obiit Magdalena Wielandin, soror laicæ, 1653.[759]

---

751 *Der Festtag zu Ehren des heiligen Franziskus wurde 1236 in den Ordenskalender aufgenommen (Rochais, L'exemplar du martyrologe cistercien, S. 77). Im Feldbacher Nekrolog ist er der jüngste in der Serie der »neuen« Festtage. Die Erweiterung des Ordenskalenders setzte 1174 ein mit dem eigenen Festttag für Bernhard von Clairvaux. Die nach 1236 eingeführten Festtage – die Oktaven des heiligen Bernhard, die Oktaven der Geburt Mariens, der Festtag zu Ehren Edmund Richs von Pontigny – sind weder im Nekrolog noch im Martyrolog von Feldbach enthalten.*

752 *Meyer-Marthaler, Feldbach. In: Die Zisterzienser und Zisterzienserinnen (Helvetia Sacra III, 3, 2), S. 655: die Äbtissin Klara von Roggwil, 1413 als »Seelfrau«, das heißt, Jahrzeitmeisterin, erwähnt.*

753 *Tochter des Konstanzer Bürgers Hans Apotheker und der Adelheid Härdler, vgl. Heiermann, Die Gesellschaft »zur Katz« in Konstanz, Nr. 2, S. 221.*

754 *Bruder der 1638 verstorbenen Klosterfrau Afra Meningerin (Nekrolog, p. 1).*

755 *Wohl Sohn der 1690 verstorbenen Maria Jakoba und des 1695 verstorbenen Johann Otto von Schlecht (Nekrolog, p. 33, 96). Gemeint ist die Pfarrkirche St. Blasius in Kirchdorf an der Iller (Landkreis Biberach), 1501 dem Kloster Ochsenhausen inkorporiert. Vgl. Geisenhof, Kurze Geschichte des vormaligen Reichsstifts Ochsenhausen in Schwaben, S. 72.*

756 *Darüber das Datum:* m° cccc° lxiiii [1464].

757 *Im Totenbuch von Tänikon, S. 72, zum 6. Oktober*: Ob[iit] her Cůnrat von Wolfort, gen .xl. guldin, pittancia.

758 *Osanna war die Frau des Konstanzer Kaufmanns Hans Muntprat zum Kemlin. Kindler von Knobloch, Oberbadisches Geschlechterbuch, Bd. 3, S. 174, zufolge war sie schon tot, als ihr Mann 1474 im Münster eine Kapelle stiftete.*

759 *Schwester des 1663 verstorbenen Laienbruders Gallus Wieland auf der Reichenau (Nekrolog, p. 10).*

[6.] f. ii. nonas.
[A] Obiit Balthassar Rockwillar, frater monialis.[760] Obiit magister Hainricus Livi, prepositus ecclesie sancti Johannis Cost[antiensis], frater monialis.[761]
[1693] Obiit herr haubtman Fidel Hunger von Rapeschweill, frater monialis, 1693.

|| [p. 94]

[7.] g. nonas.
[1611] Obiit Balttasser Rütiman von Gailingen, frater monialis, 1611.[762]
[1693] Obiit herr Niclauß Berhart Omly von Wetingen, frater monialis, 1693.[763]

[8.] A. viii. idus.
[A] Obiit Clara de Clingenberch, monialis.[764] Obiit Margareta Schriberin, conventui vinum.
[1611] Obiit Vyt Hunzikofer, frater monialis, 1611.[765]
[1677] Obit herr Matheus Enderle, decan deß hochloblichen capituls Stein und pfarrherr zu Hemenhofen, ein sonderbarer gutthäter unssers gottshauß, starb den 10. October 1677, gott sey ihm gnädig undt barmhertzig.[766]

[9.] b. vii. idus. Dyonisii sociorumque eius.
[A] Obiit Gůta Johelerin, monialis.[767] Obiit Margareta de Schŏnenbúchel, monialis.[768] Obiit Adelh[aidis] Dentzin, mater monialis, conventui vinum. Obiit Anna Goldåstin, mater monialis, von der git man win und jeklicher frowen und och dem bichter vi ₰, das ist alles kofft umb xl lib ₰.
[1672] Obiit frauw Anna Maria Wirtin von Will, soror abbatissin [!]et mater monialis, anno 1672 jahrs.[769]

---

[760] *Es ist zu vermuten, dass der Name nicht Balthasar, sondern Bartholomäus lauten sollte. Bartholomäus war einer der fünf Brüder der Klosterfrau Anna Roggwilerin (Anm. 518).*

[761] *Beyerle, Die Geschichte des Chorstifts und der Pfarrei St. Johann zu Konstanz, S. 401 f.: Heinrich Livi (1371–1381), Konstanzer Bürgersfamilie. Er trat 1381 ins Konstanzer Burgrecht ein (Das älteste Bürgerbuch der Stadt Konstanz, S. 9). Er war Chorherr in Zofingen, Anwalt des geistlichen Gerichts, später Offizial. 1378 wird er als 38jährig vorgestellt (Codex diplomaticus Salemitanus, Bd. 3: 1300–1498, S. 388).*

[762] *Bruder der 1644 verstorbenen Priorin Anna Rütimännin aus Gailingen (Nekrolog, p. 118).*

[763] *Eines der insgesamt sieben Kinder des 1692 verstorbenen Philipp Omlin, Kanzler in Wettingen (Nekrolog, p. 32).*

[764] *Tochter des Ulrich und der Willburg von Klingenberg (Nekrolog, p. 88).*

[765] *Bruder der 1654 verstorbenen Klosterfrau Maria Katharina Hunzikoferin (Nekrolog, p. 24).*

[766] *Pfarrer der Dorfkirche St. Agatha, vgl. Müller, Hemmenhofen, S. 120.*

[767] *Rüeger, Chronik der Stadt und der Landschaft Schaffhausen, S. 803–805.*

[768] *Im Nekrolog sind zwei Klosterfrauen mit Namen von Schönenbüchel belegt, aber nur ein Elternpaar, nämlich Vater Ulrich und Mutter Verena sowie zwei Brüder namens Burkhard und Heinrich und eine in der Welt gebliebene Schwester namens Adelheid (Nekrolog, p. 7, 18, 63, 76, 79, 88).*

[769] *Schwester der Äbtissin Barbara Wirtin (1616–1632, gest. 1438).*

[p. 95] ||

[10.] c. vi. idus.
[N] Obiitt Hans Jacob Brendelin von Gezis[770], pater monialis.[771]
[1681] Obiit Maria Mosserin von Lucern, matter monialis, 1681.
[1703] Obiit fr[auw] Catharina Kymin von Manabach, wahllfarttet nacher Rom, im ruckhreißen gekleidt in dem habit der hl. Clara, zu Novara in Ithalia, 16. stund hinder Venedig, gott seelig gestorben und begraben, vergabet dem gottshauß ein alpb[772] und tabernacul mantell zue ihrer seelenhail, gott tröst ihr liebe seel, soror monialis, anno 1703[773].

[11.] d. v. idus.
[A] Obiit Mia de Marpach, monialis. Clara Húnin. Ůlrich de Schinen, pater monialis.
[E] Obiit Elizabeth Pridlerin, que sororem habuit in hoc presenti monasterio.[774]
[1629] Obiitt Elssbet Brandenbergin von Zug, soror monialis 1629.[775]
[1680] Obiit herr Hans Ludwig Harder von Wittenweill, patter monialis, anno 1680 jahrs.[776]
[1695] Obiit Maria Magdalena Hungerin, sorror monialis, 1695.
[1701] Obiit fr[auw] Anna Laubin von Hinde[n]lang, mater monialis, 1701.[777]

[12.] e. iiii. idus.
[A] Obiit Mechthildis, dicta Fluklin, soror monialis.
[C] Obiit dicta Schnewisein, monialis, que multa bona fecit monasterio in Veldpach et dedit quintam partem in Ållikon et bona in Emisshoven et domum nostram Constancie et curiam in Baltisshoven.[778] Item […][779] anniversarium celebrare cum vigiliis duabus, unam brevem, alteram longam, et cum una missa.[780]

---

770 *Vater der 1614 verstorbenen Klosterfrau Ursula Brendlin (Nekrolog, p. 92).* Getzis, *Götzis (Vorarlberg).*

771 *Direkt anschließend an das Datum.*

772 *Albe.*

773 *Geschrieben als:* 1.7.00.3. *Es ist nicht klar, in welchem Verwandtschaftsverhältnis sie zu dem 1669 verstorbenen Leonhard Kini und seiner 1670 verstorbenen Frau Anna Straßburgerin stand (Nekrolog, p. 57, 100).*

774 *Schwester der Klosterfrau Elisabeth Bridlerin (Nekrolog, p. 1).*

775 *Schwester der Äbtissin Amalia Brandenbergin (1638–1646).*

776 *Vater von Johann Benedikt, Franz Ludwig, Anna Margaretha und Maria Euphrosina (Nekrolog, p. 28, 35, 53, 81).*

777 *Mutter der Äbtissin Maria Barbara Laubin (1708–1716) aus Hindelang (Landkreis Oberallgäu).*

778 *Ellikon an der Thur, Emmishofen, Konstanz und Baltishofen (nicht identifizierbar).*

779 *Unlesbare Stelle im Umfang von fünf Buchstaben.*

780 *Der Eintrag stammt von Hand C, auf die einige der ältesten Nachträge des Nekrologs zurückgehen.*

[1635] Obiit Justina a Pflummerin von Biberach, soror abbatise, 1635.[781]
[1635] Obiit Maria Meyerin von Ratolfzell, mater monialis, 1635.

|| [p. 96]

13.] f. iii. idus.
[A] Obiit Elysabeth Wiphingin, mater monialis. Obiit Eberhardus de Steckboren, frater monialis.[782] Obiit Mechthildis Fluckin, soror monialis.
[1701] Obiit Bernard Antoni Gundtli, frater monialis, 1701.

14.] g. ii. idus. Calixti pape et martyris.
[A] Obiit Cůnradus de Steckborn, frater monialis. Obiit frater Johannes an der Hůb. Obiit Katrinn Mutlin. Obiit Ůlricus de Schinen, pater monialis. Obiit Cecilia Rǎtgebin, monialis.
⟨Obit Eva Ruetzin, mater læice⟩
[1695] Obiit herr Johanns Otto v. Schlechten, landtvogt zue Mindelhaimb, pater monialis, 1695.[783]

15.] A. idus.
[A] Obiit Suffiia Goldastin, soror monialis. Obiit Diethelmus de Marpach, miles, conventui servicium.[784] Obiit Hans Vochentzer, frater monialis, jacet hic, und git man vi ₰ dem bichter, och vi ₰ von dem sel ampt.[785] Obiit Adelhait Vochentzin, priorissa, vi ₰ dem bichter, vi ₰ von dem sel ampt.[786]
[E] Obiit pie memorie dominus Johannes Rott, plebanus in Hemenhoffen, amicus noster videlissimus.[787] Obiit Jacobus Gölle, dyaconus, frater monialis, anno 1514.
[1683] Obiit herr pater Joseph von Pflumeren, der herren vätteren capuciner guardian, frater abbatisæ, starb den 15. october 1683.[788]

---

781 *Schwester der Äbtissin Maria Regina von Pflumern (1646–1681), siehe Stamm-Tafeln des Adels des Großherzogthums Baden, S. 317.*

782 *Wohl Sohn des als* pater *vorgestellten Eberhard von Steckborn (Nekrolog, p. 30).*

783 *Landvogt der schwäbischen Herrschaft Mindelheim, Ehemann der 1690 verstorbenen Maria Jakoba und Vater des 1695 verstorbenen Kirchdorfer Pfarrers Karl Maurus sowie der 1703 verstorbenen Heggbacher Nonne Maria Katharina (Nekrolog, p. 14, 33, 93).*

784 *Stadler, Die Stadt Radolfzell – ein Zentrum des Hegauer Adels? S. 199 (im Jahrzeitbuch des Münsters von Radolfzell unter dem 16. Oktober aufgeführt).*

785 *Hans war der Bruder der Klosterfrauen Adelheid und Klara (Thurgauisches Urkundenbuch. Bd. 5: 1341–1359, Nr. 2276, S. 533: 1356; Thurgauisches Urkundenbuch. Bd. 6: 1359–1375, Nr. 2528, S. 102: 1360). Adelheid hatte sich ihre Jahrzeit an Hansens Todestag eingerichtet.*

786 *Adelheid war die Tochter des Konrad Vochentz, Bürger von Radolfzell, und Schwester der Klara, die vor ihr in das Kloster eingetreten war (Anm. 207).*

787 *Pleban der Dorfkirche St. Agatha, vgl. Müller, Hemmenhofen, S. 119.*

788 *Bruder der Äbtissin Maria Justina von Pflumern (1681–1708), Kapuzinerguardian zu Riedlingen und Rottenburg, siehe Stamm-Tafeln des Adels des Großherzogthums Baden, S. 317.*

[p. 97] ||

[16.] b. xvii. kl. novembris. Galli abbatis.
[A] Obiit Burckhardus de Bolschusen, pater monialis.[789] Obiit Agnes de Liebenfels, soror monialis. Obiit dominus Johannes, plebanus in [...][790]. ⟨Obiit Henni, dictus Vochentz de Cell, frater monialis. Obiit Adelhadis, dicta Vochentzin, priorissa, git vi ß.⟩ Obiit Margreta Rockwillerin, monialis, et frater eius Hainricus.[791] Obiit Anna Grysse, monialis.

[17.] c. xvi. kl.
[A] Obiit Agnes de Wangen, monialis. Obiit Jacobus, conversus, Sagner. Obiit Cecilia de Blumberch, soror monialis. Obiit Verena Jacobin, monialis.[792] Obiit Anna Vischerin, mater monialis.[793] Obiit Agnes de Pfin, monialis.[794] Obiit Hug von Hasenstain, pater monialis.[795]
[1635] Obiit Catharina Straubin von Biberach, mater abbatise, 1635.[796]

[18.] d. xv. kl. Luce Ewangeliste.
[A] Obiit Margreta de Bilstain, monialis. Obiit Sygluca, monialis. Obiit Cristina Umkin, monialis. Obiit Adilhait de Tetikoven, uxor Ber[nardus] de Hove. Obiit Katherina Búrstin, soror monialis. Obiit frater Conradus Bader, conventualis in Salem, et Hainricus Bader, ambo fratres monialis.[797]
[G] Obiit Beatrix Vogtyn, priorissa, monialis.[798]
[B] Obiit Anna, que nostra sendin fuit.[799]
[1657] Obiit reverendus dominus, frater Nicassius a Fleckhenstein, conventualis Marisstellæ, noster confessarius, anno 1657.[800]

[p. 98] ||

[19.] e. xiiii. kl.
[A] Obiit Margareta Schůlmaisterin, monialis. Obiit Petrus Mannenbacher, frater monialis.[801]

---

789 *Vater der Klosterfrau Katharina von Bolschusen, urkundlich belegt gegen Ende des 13. Jahrhunderts (Thurgauisches Urkundenbuch. Bd. 3: 1251–1300, Nr. 876, S. 860–861: 1294).*

790 *Leere Stelle.*

791 *Die Geschwister hatten sich für einen gemeinsamen Gedenktag entschieden.*

792 *Tochter der Anna und des Johann Jakob aus Radolfzell (Thurgauisches Urkundenbuch. Bd. 6: 1359–1375, S. 180, Nr. 2610: 1362).*

793 *Mutter der Engla Vischerin (Nekrolog, p. 26).*

794 *Tochter der Agnes von Pfin (Nekrolog, p. 24).*

795 *Vater der Klosterfrau Margaretha von Hasenstein (Nekrolog, p. 13).*

796 *Mutter der Äbtissin Maria Regina von Pflumern (1646–1681), siehe Stamm-Tafeln des Adels des Großherzogthums Baden, S. 316.*

797 *Konrad Bader ist nicht in* Baumann, *Das Totenbuch von Salem verzeichnet.*

798 *Tochter des Gerold Vogt und der Margaretha Hofmännin aus Radolfzell und Schwester der Klosterfrau Elisabeth und der Priorin Beatrix (Nekrolog, p. 16, 24, 72, 97).*

799 *Sendin, Senntin, Sennerin.*

800 *Album Wettingense, Nr. 591, S. 94. Er kam aus Bremgarten.*

801 *Mit zehn Einträgen zu zwei Familien sind die Mannenbachers im Nekrolog vergleichsweise breit vertreten (p. 6, 20, 36, 59, 61, 91, 98, 102, 116).*

20.] f. xiii. kl.
[A] Obiit Hainricus de Meckingen, eodem die conventui servicium, pater monialis [!]. Obiit Katherina, die Schenckin, soror monialis. Obiit Walpurgis Lúffin, mater [monialis][802].
[1684] Obiit schwöster Maria Martha Undersehin auß den Tall, laice, starb den 20. october 1684.[803]

21.] g. xii. kl. Undecim milium virginum.
[A] Obiit Ůlrich, dictus Werchmaister. H. Manbúrer. Obiit Adelhadis Entzeßwillerin, soror monialis. Obiit Margreta de Merspurg, monialis. Obiit Barbara de Paigern, monialis.
[C] Obiit doctor Thomas Riiß de Constancia, pater monialis presentis monasterii.

|| [p. 99]
22.] A. xi. kl.
[A] Obiit Katherinen Mutlerin, monialis.[804] Johannes Hún de Constancia et uxor eius dedit xl lib ₰ pro anniversario, que est agenda cum vigiliis vespere et mane et cum missa annuatim, que pecunia data est per frumento et intervenit magnum dampnum.[805]
[E] Obiit Hainricus Mayer, present[is] monasterii prebendarius.
[M] Obiit Kathrina Schrestlin, matter monialis.

23.] b. x. kl.
[A] Obiit Gebhardus Arnolt, frater monialis.
[I] Obiit Hug von Haßenstain, patter monialis.
[1616] Obiit Melcker Brandenberg /von Zug[806]/, frater monialis, 1616.[807]
[1679] Obiit j[ung]fr[auw] Sara Meahardin von Costantz, soror monialis, 1679.[808]

24.] c. ix. kl.
[A] Obiit Anna Wirnnenberch, monialis.[809] Obiit Anna[810] Gúndelhartin, monialis. Obiit Johannes Túwinger, frater monialis.
[B] Obiit Elsbetha de Fayer, soror duarum monialium, anno xx [1520].
[1695] Obit Anna Ruetzin, soror læice, 1695.

---

802 *Rasur.*
803 *Tochter des 1635 verstorbenen Ulrich Untersee (Nekrolog, p. 14).*
804 *1357 stattete Diethelm Anwies von Steckborn seine Tochter Agnes mit einem Leibgedinge in Gestalt zweier Weingärten aus.* Und wenne si enist, *sollten die Gärten zum Nießbrauch an Katharina Mutlerin übergehen (Anm. 48 und 50).*
805 *Der Eintrag ist am rechten Rand glossiert:* pecunia per frumento data.
806 *Mit Verweiszeichen oberhalb der Zeile eingefügt.*
807 *Bruder der Äbtissin Amalia Brandenbergin (1638–1646).*
808 *Schwester der 1689 verstorbenen Klosterfrau Maria Sophia Mehrhardtin aus Konstanz (Nekrolog, p. 113).*
809 *Tochter oder Schwester der Gertrud Winnenberg (Nekrolog, p. 26, 36).*
810 *Danach getilgt:* puer *[?].*

[p. 100] ||

[25.] d. viii. kl. Crispini et Crispiniani martyrum.
[A] Obiit Adilhaidis de Hemenhoven, soror laica. Obiit Ůlricus de Clingenberch, canonicus.[811] Obiit Adilh[aidis] de Sancto Gallo. Obiit Anna Kilcherin, monialis. Obiit Clara von Honburg, monialis.[812] Obiit Burckhart Schenck, frater monialis.
[1650] Obiit reverendus dominus Carolus Wirtz, pryor ex monasterio Wettingen et hui[u]s mon[a]sterii confessarius, anno domini 1650.[813]

[26.] e. vii. kl.
[A] Obiit soror Elisabeth de Diessenhoven, monialis. Obiit Petrus Hún, frater monialis. Obiit Gebhardus Arnolt, frater monialis.
[1653] Obiit Anna a Pflummerin von Biberach, soror abbat[issae], 1635.[814]
[1670] Obiit fr[auw] Anna Strassburggerin von Manenbach, mater monialis, 1670.[815]
[1686] Obiit frauw Maria Elisabetha Locherin von Freidenberg, mater monialis, 1686.

[27.] f. vi. kl. Vigilia.
[A] Obiit Elysabeth Zymbermeni[n], monialis. Obiit Růdolffus, dictus Bader, conventui servicium. Obiit Berchta Widemennin eodem die conventui servicium de vineam, que dicta Arnoltes wingart.
[1627] Obiit Barbara Brandenbergin von Zug, soror monialis, 1627.[816]

[p. 101] ||

[28.] g. v. kl. Symonis et Jude.
[A] Obiit Mechthildis Júngin, laica. Obiit Elisabeth, regina, relicta quondam Alberchti regis.[817] Obiit Mia Maigri, monialis.
[1645] Obiit fraw fraw Dorathea Kellerin von Schleittheim, geborne frey fraw von Ulm und Ehrbach zu Justingen, vergabet dem gottshauß unnser lieben frawen bruderschafft hundtert guldin, zu ihrer sellen heil, gott sey ihr gnädig und barmhertzig, anno 1645 jahrs.[818]

---

811 *Die Jahrzeitenbücher des Domstifts Konstanz, Teil 2, Nr. 122, S. 553: Ulrich von Klingenberg († 1317).*

812 *Die Wappenrolle von Zürich, S. 73 f, 90 f., Nr. 162, 207; Rüeger, Chronik der Stadt und der Landschaft Schaffhausen, S. 771–776. Ein C. von Homburg trat 1386 in das Burgrecht der Stadt Konstanz ein (Das älteste Bürgerbuch der Stadt Konstanz, S. 22).*

813 *Album Wettingense, S. 67, Nr. 569: Karl Wirz aus Sarnen.*

814 *Schwester der Äbtissin Maria Regina von Pflumern (1646–1681), siehe Stamm-Tafeln des Adels des Großherzogthums Baden, S. 317.*

815 *Ehefrau des 1669 verstorbenen Leonhard Kini (Nekrolog, p. 57).*

816 *Schwester der Äbtissin Amalia Brandenbergin (1638–1646).*

817 *Necrologium habsburgicum monasterii Campi regis, S. 358; Necrologium Wettingense, S. 596: Elisabeth († 1313), die Gemahlin Albrechts I.*

818 *Rüeger, Chronik der Stadt und der Landschaft Schaffhausen, S. 809–815; Sennhauser, Feldbach. In: Zisterzienserbauten in der Schweiz, S. 104.*

[29.] A. iiii. kl.
[A] Obiit Conradus Ludwig, pater monialis, datur conventui vinum.[819] Obiit Margareta Knoͤllin, monialis, git vi ß, bichter vi ß.[820]
[1630er] Obit Anna Liechtin von Lucern, matter sororis laicæ, 163 [!].
[1685] Obiit reverendus, pater Fidelis Molitor, conventuall deß lobwirdtigen gotts hauß Wettingen, undt beichtvatter alhie, hat im geistlichen undt zeitlichen nutzen unßeres gotts hauß sich viel bearbeithet, got dröst sein liebe sell, starb den 29. weinmonat 1685 jahrs.[821]

[30.] b. iii. kl.
[A] Obiit Eberhardus de Stoffeln, militis, eodem conventui servicium. Obiit Adilh[aidis] Smerlin, monialis.[822] Obiit Margareta, dicta Esserswillerin, monialis.[823]
[1635] Obiit Maria Pellerin von Ratolfzell, soror monialis, 1635.[824]

|| [p. 102]

[31.] c. ii. kl. Quintini martyris.
[A] Obiit Haini von Dorff, prebendarius noster. Obiit Ursula Barlassin, die man nempt Wechßlerin, mater monialis.
[H] Obiit pye memorie Jodocus Fer et Johannes Fer, pater et frater sororis laycæ.[825]
[1694] Obiit herr Philip Omly, frater monialis, von Wetingen, 1694.[826]

---

819 *Vater der Priorin Ursula (Nekrolog, p. 115).*

820 *Schwester der Klosterfrau Adelheid Knöllin (Thurgauisches Urkundenbuch. Bd. 8: 1391–1400, Nr. 4292: 9. August 1392).*

821 *Album Wettingense, S. 75 f., Nr. 594: Fidelis Müller aus Wil, in Magdenau beigesetzt.*

822 *Schwester der Ursula und Tochter des Hugo Schmerlin (Thurgauisches Urkundenbuch. Bd. 5: 1341–1359, Nr. 2418, S. 686–687: 1359).*

823 *Tochter des Werner Esserswiler (Nekrolog, p. 39).*

824 *Zu den Pellers vgl. Albert, Geschichte der Stadt Radolfzell, S. 352, 353, 394, 559, 562.*

825 *Jodocus beziehungsweise Jos Fer war zugleich Hofmeister des Klosters (1465, 1486 belegt), siehe Meyer-Marthaler, Feldbach. In: Die Zisterzienser und Zisterzienserinnen (Helvetia Sacra III, 3, 2), S. 643. Vater und Sohn richteten sich ihren Gedenktag gemeinsam ein, genauso wie Mutter Margaretha und Sohn Ulrich.*

826 *Eines der insgesamt sieben Kinder des 1692 verstorbenen Philipp Omlin, Kanzler in Wettingen (Nekrolog, p. 32).*

## [November]

[1.] d. kl. novembris. Omnium sanctorum.

[A] Obiit Mechthilt de Schafhusen, monialis. Obiit Diethelmus de Lindenberch, conversus.[827] Obiit Adilh[aidis] de Merspurg, monialis. Obiit Ursula de Schinen, monialis. Obiit Petrus, dictus Manenbacher, pater monialis. Obiit Anna Mannenbacherin.[828]

[1603] Obiit Maria Würtin, priorissa huius monasterii Veldtbach, anno 1603.[829]

[1635] Obiitt Johannes Wolfgang Minderlin von Rafenspurg, frater monialis, 1635.[830]

[1682] Obit schwöster Maria Magdalena Brandenbergin von Zug, laice, 1682, den 1. novem[ber].[831]

[2.] e. iiii. nonas. Commemoracio animarum omnium fidelium.

[A] Obiit Margareta am Ort. Obiit Katherina Schůlmaisterin, soror monialis. Obiit Anna de Schinen, mater monialis. Obiit Anna de Haimenhoven, mater monialis.[832]

[1653] Obiit Andreaß Broglin von Stäkhboren, er vergabet zue seiner seelen heil dem gottßhauß das groß Ecce homo bild ob der kustery, seiner seelen in allem guethen eingedenkh zue sein, gott sye ime gnädig und barmhertzig, anno 1653.[833]

[p. 103] ||

[3.] f. iii. nonas.

[A] Obiit Mya Schůlerin, monialis. Walther Lesti, pater monialis.[834] Obiit Adilh[aidis] Schinin, soror monialis. Obiit Gůta Rőttin, monialis. Obiit Anna de Hohenfels, monialis. Obiit Ripp Túwinter, frater monialis.

[1669] Obiit Maria Rösslin von Schungauw, mater monialis, 1669.

[4.] g. ii. nonas.

[A] Obiit Cůnrat Kaltenbach, conversus. Conradus Vital, frater monialis. Obiit Elisabeth de Schwartzenburg, soror monialis.

[E] Obiit Margret Locherry, die ma[n] nemt Hocherry, sorror monialis.[835]

---

827 *1278 belegt (Thurgauisches Urkundenbuch. Bd. 3: 1251–1300, Nr. 677, S. 566–68). Vgl. Die Wappenrolle von Zűrich, S. 69 f., Nr. 152.*

828 *Wohl Vater und Tochter. Mit zehn Einträgen zu zwei Familien sind die Mannenbachers im Nekrolog vergleichsweise breit vertreten. Als* monialis *ist aber keine der genannten Personen ausgezeichnet (p. 6, 20, 36, 59, 61, 91, 98, 102, 116).*

829 *Schwester der Äbtissin Barbara Wirtin von Münsterlingen (1611–1625).*

830 *Bruder der 1682 verstorbenen Priorin Maria Cäcilia Minderlin (Nekrolog, p. 31).*

831 *Vermutlich eine Enkelin des 1617 verstorbenen Thomas Brandenberg aus Zug, Vater der 1635 verstorbenen Laienschwester Ursula (Nekrolog, p. 79, 85).*

832 *Mutter der Klosterfrau Anna von Heimenhofen (Nekrolog, p. 74).*

833 *Sohn des 1652 verstorbenen Hofmeisters Ludwig Broglin (Nekrolog, p. 36)?*

834 *Vater der Klosterfrau Elisabeth Lestin (Nekrolog, p. 103).*

835 *Schwester der 1522 verstorbenen Klosterfrau Barbara Locherin (Nekrolog, p. 75).*

[5.] A. nonas. Malachie episcopi.
[A] Obiit Elisabeth, dicta Berwangin, monialis, git vi ß, bichter vi. Obiit Hugo, dictus Schmerli, frater monialis. Obiit Adilhait de Schellenberch, monialis. Obiit Růdolffus de Hove, frater monialis. Obiit Conradus ann Horn, frater monialis. Obiit Katherinen de Búslingen, monialis. Obiit dominus Berchtoldus, quondam decimus abbas in Salem, sacre theolo[g]ye professor.[836] Obiit Hainricus Griff. Obiit Elisabeth de Clingen. Obiit Anna Landoltin, soror monialis.[837]
[1636] Obiit Francischcus Seiler von Weil, patter monialis, 1636.[838]

|| [p. 104]

[6.] b. viii. idus.
[A] Obiit Mechthildis de Steckboren, monialis. Obiit Elisabeth Pfandrin, soror monialis.
[1653] Obiit herr vater Johannes Martin, conventual in monasterio Weingarten, frater monialis, 1653.[839]
[A][840] Obiit Margrete, die Schencken, monialis de Kalckern.[841]

[7.] c. vii. Idus.
[A] Obiit Anna de Stain, monialis. Obiit Barbara Strͤblin, monialis.
[B] Obiit Ůdalricus Blawer, pater trium monialium.[842]
[1603] Obiit Margreta Rüthemänni, soror monialis, anno 1603.[843]
[1664] Obiit /soror[844]/ Maria Anna Schenkhin /von[845]/ Costantz, monialis, anno 1664.

---

836 *Kaller, Salem. In: Die Zisterzienser und Zisterzienserinnen (Helvetia Sacra III, 3, 1), S. 357 f.: Berthold Tutz, 1358–1373, zeitweise auch Abt von Wettingen 1356–1358, dann wieder Salem (1358–1373, 1373 Amtsniederlegung).*

837 *Wohl Schwester der Klosterfrau Ursula Landoltin (Nekrolog, p. 1).*

838 *Vater der 1681 verstorbenen Klosterfrau Maria Agnes Sailerin aus Wil (Nekrolog, p. 53).*

839 *Bruder der 1667 verstorbenen Klosterfrau Maria Veronika Martin (Nekrolog, p. 56).*

840 *Der Eintrag zum älteren Textbestand gehörig, mit großem Abstand zur Datumsrubrik, direkt in der Zeile oberhalb der darauffolgenden Datumsrubrik (7. November).*

841 *Kloster Kalchrain.*

842 *Staerkle, Zur Familiengeschichte der Blarer, Stammtafel IV: Ulrich Blarer, 1513 tot; Heiermann, Die Gesellschaft »zur Katz« in Konstanz, Nr. 27, S. 225. Er war der Ehemann der Katharina Blarerin, deren Jahrzeitstiftung am Ende des Nekrologs nachgetragen ist.*

843 *Schwester der 1644 verstorbenen Priorin Anna Rütimännin (Nekrolog, p. 118).*

844 *Am linken Rand mit Verweiszeichen nachgetragen.*

845 *Oberhalb der Zeile nachgetragen.*

[8.] d. vi. idus. Quatuor coronatorum.

[Textura] Obiit Ursula Roggwilerin, mater monialis, die hat dem convent gemachet fúnf som ewiges wingeltes von Merspurg us ainem garten, haisset der Schenk, umb den win sol man den frowen ayger koffen und die under si tailen alle tag taglichen, alz ferre si gelangen mugent, umb daz so sond wir sin und alle die, du von dem geschlecht geschaiden sind, haben in unserm getruwen und des ordens gemainem gebet.

[A] Obiit Cristina de Ůtelingen. Obiit Agnes de Meckingen, monialis. Obiit Thorotea von Paigern, monialis.

[1635] Obiit dominus dominus Bernardus a Pflummeren, pater abbatise. Eodem die obiit Bernardus a Pflummeren, frater abbatise, 1635.[846]

[p. 105] ||

[9.] e. v. idus. Theodori martyris.

[A] Obiit Margareta von Paigern, mater monialis. Obiit Adelhaidis von Rischach, mater monialis. Obiit Margret von Wil, soror laica.

[17. Jahrhundert] Obiitt Johannes Martin von Mammeren, pater monialis, ett Elisabett Stigerin, matter monialis.[847]

[10.] f. iiii. idus.

[A] Obiit Conr[adus] de Bichelnse, sacerdos.[848] Obiit Conradus Hugs, pater monialis. Obiit Adelhadis Wittenwillerin, mater monialis.[849]

[E] Obiit Verena Stőcklin, soror monialis.

[N] Uff disen tag ist verschaiden der e[hrwürdige] herr Heinrich Wirt von Wil, probst zue Wertbichel, frater monialis, got sey im gn[ä]dig.[850]

[1671] Obiit Johanneß Löw, burgenmeister von Engen, pater monialis, anno 1671.[851]

[17./18. Jahrhundert] Obiit Hanß Jacob Geiggiß von Berngarten[852], frater laicæ.[853]

---

846 *Vater und Bruder der Äbtissin Maria Regina von Pflumern (1646–1681), die beide im gleichen Jahr verstarben, siehe Stamm-Tafeln des Adels des Großherzogthums Baden, S. 316 f.*

847 *Vater und Mutter der 1667 verstorbenen Klosterfrau Maria Veronika Martin (Nekrolog, p. 56).*

848 *Die Wappenrolle von Zůrich, S. 46, Nr. 90.*

849 *Dürfte aus dem engeren Familienkreis der Äbtissin Anna Wittenwilerin (1485–1489) stammen (Nekrolog, p. 25, 31, 34, 39, 83).*

850 *Propstei Wertbühl, vgl. Registrum subsidii caritativi, S. 90.*

851 *Ehemann der 1675 verstorbenen Helena Löwin (Nekrolog, p. 44).*

852 *Wohl Bremgarten im heutigen Kanton Zürich.*

853 *Sohn des 1686 verstorbenen Thomas Geigi und vielleicht der 1700 verstorbenen Margaretha Kusterin (Nekrolog, p. 80, 105).*

11.] g. iii. idus. Martini episcopi. Menne martyris.
[A] Obiit Judintha Stoltzin, mater monialis. Obiit Adilhadis Búrstin, soror monialis. Obiit Růdolfus Ruch de Steckboren, der ist in unser brůderschafft.[854]
[1595] Obiit Anna Röchin ex Basadingen, mater abbatisse, anno 95.[855]
[1638] Obiit Quirini Martin ex Mammeren, frater monialis, 1638 jahrs.[856]
[1700] Obiit Margreta Kusterin von Berngarten, mater layce, 1700.

|| [p. 106]

12.] A. ii. idus.
[A] Obiit Adilhait, antiqua sacrista. Obiit Anna de Stainegg, monialis.[857] Obiit Clara Búrstin, monialis. Obiit Anna Berwegin, monialis, conventui vinum.
[1635] Obitt Jacob Ott von Bassendingen, fratter monialis, 1635.[858]

13.] b. idus. Briccii episcopi.
[Textura] Obiit Ursula Bååttmingerin, monialis, von der git man ielicher frowen und dem bychter vi den. Obiit Margareta Bååttmingerin, mater monialis.[859]

14.] c. xviii. kl. decembris.
[A] Obiit Katrina de Marpach, mater monialis.[860] Obiit Margreta Michlin, mater monialis.[861] Obiit Elisabeth Aignerin, monialis.[862]
[1587] Obiit dominus Vituß, abbt in Salem 1587.[863]
[1678] Obiit soror Maria Beningna Näffin von Magganauen, priorin in Feldtbach, anno 1678.[864]

---

854 *Diese Bruderschaft wird ausschließlich in Zusammenhang mit Personen erwähnt, die aus Steckborn stammen.*

855 *Mutter der 1616 verstorbenen Äbtissin Ursula Öttin (1591–1616).*

856 *Bruder der 1667 verstorbenen Klosterfrau Maria Veronika Martin (Nekrolog, p. 56).*

857 *Tätigte 1340 Geschäfte für den Konvent (Thurgauisches Urkundenbuch. Bd. 4: 1300–1340, Nr. 1652).*

858 *Bruder der 1652 verstorbenen Klosterfrau Maria Öttin aus Basadingen und Sohn des 1618 verstorbenen Clemens Ott aus Basadingen (Nekrolog, p. 5, 87).*

859 *Tochter der Margaretha und des Konrad Bättminger (Nekrolog, p. 80). Die Mutter legte ihren Gedenktag auf den Todestag ihrer Tochter.*

860 *Stadler, Die Stadt Radolfzell – ein Zentrum des Hegauer Adels? S. 199 (Jahrzeitbuch des Münsters von Radolfzell).*

861 *Mutter der Klosterfrau Margaretha Michlin (Nekrolog, p. 81).*

862 *Tochter der Ursula Aignerin (Nekrolog, p. 17).*

863 *Kaller, Salem. In: Die Zisterzienser und Zisterzienserinnen (Helvetia Sacra III, 3, 1), S. 364 f.: Vitus Nekher, 1583–1587.*

864 *Tochter des Jakob Nef, Schwester des 1629 verstorbenen Benedikt Nef aus Magdenau (Nekrolog, p. 58, 75).*

[p. 107] ||

[15.] d. xvii. kl.
[A] Obiit Richema [!] Búrstin, soror monialis. Obiit Eberhardi de Wilisdor[f]. Obiit Cecilia de Stoffeln, monialis. Obiit Katherina de Merspurg. Obiit Adelhait de Sunnenberg. Obiit Hans Techen und Margret, sin husfrow, von Steckboren, sind in unser brůderschafft.[865]
[E] Obiit Walpurg de Rischach, monialis im lxxxiii jår [1483]. Obiit Agatha /Plarerin[866]/, puer, soror monialis, anno 1514.[867]

[16.] e. xvi. kl. E[d]mundi episcopi.
[A] Obiit Adelhadis, mater monialis. Obiit Ůlrich Wirnnenberch.[868] Obiit Gůta Röttin, monialis. Obiit Ursula Schůlmaistrin, monialis.[869] Obiit Cecilia de Stoffeln, monialis. Obiit Marquardus Brotbeck. Obiit Wilpurgis Hůtterin, monialis. Obiit Adelhadis de Úberlingen, monialis. Obiit Adelhait, dicta Ludwigin, mater monialis.[870] Obiit Anna de Balb, soror monialis.
[1610] Obiitt Veronica von Dobel, soror monialis, 1610.[871]
[1668] Obiitt [!] schwester Maria Cordula Wieländin von Lützelshausen[872], laicæ[873], anno 1668.

[17.] f. xv kl. Aniani episcopi.
[A] Obiit Mechthilt Johelerin, monialis.[874] Obiit Gesa de Wolffegg, monialis. Obiit Elisabeth Egenhoverin, mater monialis.
[1617] Obiit herr Gallus Asfalck, phfarherr und dechant zu Hemmenhofen, got sy im gnädig, 1617.[875]
[1683] Obiit Othmar Eggli vom Buoch, frater laicæ, 1683.[876]

---

865 *Zur Bruderschaft vgl. Anm. 854.*

866 *Mit Verweiszeichen über der Zeile eingefügt.*

867 *Tochter des Konstanzer Bürgers Jörg Blarer und der Dorothea Gaisbergin, vgl.* Staerkle, *Zur Familiengeschichte der Blarer, Stammtafel IV: Georg Blarer, 1438–1516;* Heiermann, *Die Gesellschaft »zur Katz« in Konstanz, Nr. 36, S. 227.*

868 *Vater der Klosterfrau Anna und/oder Gůta Wirnenberch (Nekrolog, p. 33, 99).*

869 *Ursula war die Schwester der Klosterfrau Elisabeth Schulmeisterin (Nekrolog, p. 90).*

870 *Mutter der Priorin Ursula (Nekrolog, p. 115).*

871 *Tochter des Hans Heinrich von Tobel (Nekrolog, p. 50).*

872 *Es ließ sich nicht klären, welches Lützelhausen gemeint ist (dasjenige im Elsass oder das in Grafschaft Hanau).*

873 *Darunter:* laice.

874 *Eine Verwandte der Gůta Johelerin (Nekrolog, p. 94).*

875 *Pfarrherr der Dorfkirche St. Agatha, vgl.* Müller, *Hemmenhofen, S. 119–126.*

876 *Bruder der 1691 verstorbenen* soror laica *Maria Theresia Egli (Nekrolog, p. 82).*

|| [p. 108]

18.] g. xiiii. kl.
[A] Obiit Margareta de Swartza, monialis. Obiit Margreta Schrigerin, monialis. Obiit Bea[tr]ix de Wolffhart, conventui vinum ad sepulchrum.
[1629] Obiit Margreta Wäberin von Magtenaw, mater monialis 1629.
[1672] Obiit reverendus dominus Nivadus Drerer, ex monasterio Wettingen et huius monasterii confessarius, anno 1672.[877]

19.] A. xiii. kl. Elisabeth.
[A] Obiit Hiltburgis de Staineg, monialis. Obiit Katherina, dicta Knőllin, mater monialis.[878] Obiit dominus Mangoldus de Brandis, episcopus Constantiensis et abbas Augiensis, amicus noster fidelissimus.[879]

20.] b. xii. kl. Commemoracio parentum nostrorum.
[A] Obiit Gůta Pfefferhartin, soror monialis. Obiit Adelhait de Singen, soror laica. Obiit Katherina de Merspurg, die man nempt Ehingerin.

|| [p. 109]

21.] c. xi. kl. Columbani abbatis.
[A] Obiit magister Melch[i]or Scherer, frater monialis. Obiit Johannes Mőckenbúr, frater monialis. Obiit dominus Johannes Berger, canonicus Constantiensis, servicium vinum [!].[880]

22.] d. x. kl. Cecilie virginis.
[A] Obiit Ůlrich de Marpach, eodem die conventui due urne vini de ligno, quod dicitur langenmoß. Obiit Elisabeth de Burch, monialis. Obiit Adilh[aidis] Pfisterin, soror monialis.[881] Obiit Anna Kemolerin, monialis.
[1653] Obiit Heinricus Sutter von Costantz, pater monialis, ist deß gottshauß schaffner geweßen, gott sey im gnedig, 1653.[882]

---

877 *Album Wettingense, S. 67, Nr. 572: Nivard Dreyer aus Baden.*
878 *Mutter der Klosterfrau Margaretha Knöllin (Nekrolog, p. 101).*
879 *Begrich, Reichenau. In: Frühe Klöster (Helvetia Sacra III, 1, 2), S. 1086 f.: Mangold von Brandis, 1383–1385.*
880 *Johann Berger († 1405), siehe Die Jahrzeitbücher des Konstanzer Domkapitels, Teil 1, S. 334; ebd., Teil, 2, S. 515, Nr. 41.*
881 *Vermutlich die Schwester der Klosterfrauen Sophia und Katharina Pfisterin (Anm. 442).*
882 *Vater der 1699 verstorbenen Klosterfrau Maria Ursula Suterin aus Konstanz (Nekrolog, p. 43).*

[23.] e. ix. kl. Clementis pape.
[A] Obiit Hainr[icus] Scriptor de Ťtelingen, qui dedit nobis centum xx marc[as]. Obiit Hugo Smerli, pater monialis.[883] Obiit Ůlricus Túwinger, frater monialis. Obiit Fidis Landoltin, monialis, de qua datur a pitanciaria conventui vinum.

[p. 110] ||

[24.] f. viii. kl. Crisogoni martyris.
[A] Obiit Mechthilt de Badewegen, monialis.[884] Obiit Sifridus de Merspurg, a[v]us[885] monialis. Obiit Hainrich, dictus Wippinch, pater monialis. Obiit dominus Ůlricus, episcopus Constantiensis, conventui servicium.[886] Stephanus de Rockwile, conventui servicium.[887] Obiit Ursula Hoͤschlin.[888] Obiit Adelhait Knoͤßlin, monialis, git man vi ₰, b[ichter] vi ₰.[889]
[1679] Anno 1679, den 24. dag wintermanat ist gestorben herr haubtman Joachim Reütti, schuldtheis und deß raths zue Weil, pater monialis.[890]

[25.] g. vii. kl. Katherine virginis.
[A] Obiit Berchtoldus de Urach, pater monialis. Obiit Ůdilhildis [de] Blůmenberg, monialis.[891] Obiit Jacobus de Útznang, plebanus ad sanctum Stephanum in Constancia, qui dedit nobis quinque libras ₰.[892] Obiit Greta Maisterlin, soror monialis. Obiit H. de Meckingen, frater monialis. Obiit Anna Zymmermenin, soror laica. Vida Landultin, monialis, dedit vinum.

[26.] A. vi. kl. Conradi episcopi.
[A] Obiit Mechthilt Hagenbůchin. Obiit Hermannus et uxor eius Mia. Obiit Hainr[icus] Bartlome Goldast, frater monialis.

---

883 *Hugo Schmerlin, Konstanzer Bürger, war Vater der beiden Klosterfrauen Ursula und Adelheid (Anm. 183).*

884 *Die Wappenrolle von Zuͤrich, S. 120, Nr. 304.*

885 *Irrig* anus *statt* avus (auus).

886 *Bischof u. a., Die Bischöfe (Konstanz). In: Das Bistum Konstanz (Helvetia Sacra I, 2, 2, 1), S. 306–309: Ulrich Pfefferhart, 1344–1351. Vgl. Die Jahrzeitbücher des Konstanzer Domkapitels, S. 641 f., Nr. 371.*

887 *Stephan de Roggwile († 1364), Sohn des Bartholomäus de Roggwile, Ehemann der Ursula de Tettikofen, einer der fünf Brüder der Klosterfrau Anna Roggwilerin (Anm. 518). Vgl. Die Jahrzeitbücher des Konstanzer Domkapitels, S. 651, Nr. 391.*

888 *Tochter des Simon Höschlin (Nekrolog, p. 77).*

889 *Schwester der Margaretha Knöllin (Thurgauisches Urkundenbuch. Bd. 8: 1391–1400, Nr. 4292: 1392).*

890 *Vater der 1694 verstorbenen Klosterfrau Maria Flora Rüti (Nekrolog, p. 9).*

891 *Bei Kindler von Knobloch, Oberbadisches Geschlechterbuch, Bd. 1, S. 110, sind die Klöstertöchter nicht aufgeführt.*

892 *Gemeint ist Jakob Kosti von Uznach († 1365), siehe Maurer, Das Stift St. Stephan in Konstanz, S. 278.*

|| [p. 111]

27.] b. v. kl. Agricole et Vitalis martyrum.
[A] Obiit frater Lútoldus, conversus. Obiit Frick von Paigern, pater monialis.

28.] c. iiii. kl.
[A] Obiit Jacobus Keller, frater monialis. Obiit Elisabeth de Fridingen, monialis, detur conventui vinum.[893] Obiit Adelhaidis Hugsin, mater monialis.[894]
[E] Obiit Adelhat Strussin, monialis.[895]
[Ende 17. Jahrhundert] Obit Anna Ruetzin, soror læice.[896]

29.] d. iii. kl. Saturnini martyris. Vigilia.
[A] Obiit Hainrich Goldast, pater noster fidelissimus, conventui ī [= mille] lib. Obiit Nicolaus Gúndelharter, pater monialis. Obiit Demůt Langenhartin, soror monialis.[897] Obiit maister Hans von Tegershain.
[M] Obiit Barbara Schmidin von Maggenow[898], soror monialis.

|| [p. 112]

30.] e. ii. kl. Andree apostoli.
[A] Obiit Elysabeth de Lindenberch. Williburgis de Tannowe. Obiit Anna, dicta Knőllin, soror monialis.[899]
[H] Obiit pye memorie Johannes Wirt, pater monialis.
[1631] Obiit reverendus dominus Bernhardus Müller ex monasterio Wettingen et huius ⟨confessarii⟩ monasterii confessarius, anno 1631.[900]

## [Dezember]

[1.] f. kl. decembris. Eligii episcopi.
[A] Obiit Diethelmus de Ramstain, dictus de Ulma, conventui servicium. Obiit Anna de Roßnegge, mater monialis. Obiit Elisabeth Lúti, soror laicalis.
[E] Obiit pie memorie Margareta Forsterin, soror monialis.[901]

---

893 *Die um 1346 verstorbene Ursula von Friedingen, Frau des Heinrich von Friedingen, wird als Schwester einer Klosterfrau vorgestellt (Thurgauisches Urkundenbuch. Bd. 5: 1341–1359, Nr. 1863). Elisabeth dürfte die Schwester ihres Mannes Heinrich gewesen sein.*

894 *Mutter der Klosterfrau Adelheid Huxin (Nekrolog, p. 112).*

895 *Tochter des Heinrich und der Agnes Strussin aus Stein am Rhein (Nekrolog, p. 28, 53).*

896 *Eine der zahlreichen, aus dem St. Gallischen Gossau stammenden Angehörigen der Familie Rütz (Nekrolog, p. 8, 11, 14, 30, 39, 41, 49, 55, 69, 90, 96, 99, 113, 118).*

897 *Schwester der Ursula Langenhartin (Nekrolog, p. 90).*

898 *Magdenau.*

899 *Schwester der Klosterfrau Margaretha Knöllin (Nekrolog, p. 101).*

900 *Album Wettingense, S. 57, Nr. 537: Bernhard Müller, Sohn des 1617 verstorbenen Melchior Müller und der 1623 verstorbenen Elisabeth Kollin (Nekrolog, p. 3, 56).*

901 *In ihrem Testament vom 18. September 1469 vermachte sie ihrer Base* Elsen Ehingerin, *Klosterfrau zu Feldbach, 40 Pfund (Stadtarchiv Konstanz, Gemächtebuch II, S. 126).*

[2.] g. iiii. nonas.
[A] Obiit dominus Conradus, abbas in Salem, postea episcopus Gurtiensis, pater noster amantissimus.[902] Obiit Adelhaidis Huxin, monialis.[903]
[1662] Obiit Anna Laxnerin, sororis layca, 1662.[904]
[1668] Obiit soror Maria Christina Sättelin von Costantz, monialis, anno 1668.[905]

[p. 113] ||
[3.] A. iii. nonas.
[A] Obiit Waltherus, der Múller, conversus. Obiit Hainricus de Búßlingen, dictus der Spiser, pater monialis.[906] Obiit Ůlricus Unwiller, pater monialis.
[1649] Obiit Joann Walterus Münderlin von Raffenspurg, frater monialis, 1649.[907]
[1657] Obiit Anna Maria Saxin von Dißenhoffen, soror monialis, 1657.
[1689] Obiit sorror Maria Sophia Mehrhardin, monialis, 1689.[908]

[4.] b. ii. nonas.
[A] Obiit Margareta Keserin, monialis.[909] Obiit Conradus, dictus Knolle, pater monialis.
[17. Jahrhundert] Obit Eßbeth Ruetzin, soror læice.

[5.] c. nonas.
[A] Obiit Katherinen de Bolßhusen, monialis.[910] Obiit Margareta Livin, monialis.
[B] Obiit Hainricus von Klingenberg.[911]
[1662] Obiit Anthoni Laxner, conversus der societet Jesu, frater sororis layca, 1662.[912]

---

902 *Kaller, Salem. In: Die Zisterzienser und Zisterzienserinnen (Helvetia Sacra III, 3, 1), S. 355: Konrad von Enslingen, 1311–1337 beziehungsweise Konrad von Salmansweiler, Bischof von Gurk 1337–1344, † 1344.*

903 *Tochter der Adelheid Huxin (Nekrolog, p. 111).*

904 *Die Formulierung ist grammatikalisch falsch und dementsprechend zweideutig.*

905 *Tochter des 1629 verstorbenen Georg Sättelin aus Konstanz (Nekrolog, p. 76).*

906 *1301 bestätigte* Hainricus de Búselingen, dispensator noster, *eine Schenkung seines Vaters an das Kloster (Thurgauisches Urkundenbuch. Bd. 4: 1300–1340, Nr. 991, S. 26–27).*

907 *Bruder der 1682 verstorbenen Priorin Maria Cäcilia Minderlin aus Ravensburg (Nekrolog, p. 31).*

908 *Tochter des 1672 verstorbenen Hans Ulrich Mehrhardt aus Konstanz (Nekrolog, p. 28).*

909 *Kaiserin oder Käserin?*

910 *Tochter der Agnes und des Burkhard von Bolschusen (Nekrolog, p. 3, 97).*

911 *Nach Kindler von Knobloch ist Heinrich der Bruder des Kaspar von Klingenberg (Anm. 107). Die Hand weist ins ausgehende 15. und die ersten Dezennien des 16. Jahrhunderts.*

912 *Wohl Bruder der in demselben Jahr 1662 verstorbenen Laienschwester Anna Laxnerin (Nekrolog, p. 112).*

|| [p. 114]

[6.] d. viii. idus. Nicolai episcopi.
[A] Obiit Hainr[icus] an Horn, pater monialis. Obiit Adilhait Búrstin, soror monialis. Obiit Dorothea Aichhorny, abbatissa in Veltbach.[913]
[E] Obiit Hans Brydlar, pater monialis[914], tusend cccc nuntzig viiii jar [1499]. Obiit Eberhardus von Klingenperg.[915]

[7.] e. vii. idus. Octava sancti Andree.
[A] Obiit Nicolaus Engler, frater et pater monialis. Obiit Hainricus, advocatus de Lofen[916], qui dedit xi talenta servicium.
[1697] Obiidt die wol edl gebohrne f[rauw] Anna Maria zur Lauben, gebohrne Spulhin, von Zug, mater monialis 1697.[917]

[8.] f. vi. idus. Concepcio sancte Marie virginis.
[A] Obiit Adelhaidis de Úberlingen, monialis.
[H] Obiit pye memorie Paulin Walder, frater monialis.[918] Eciam obiit Agata Hermany, soror monialis.[919]
[1664] Obiit pater Herrmanuss Sutor, conventual im Salmenschweil, frater monialis, 1664.[920]

|| [p. 115]

[9.] g. v. idus.
[A] Obiit Katherina de Clingenberch[921], ollim nostra abbatissa.[922] Obiit Katherina de Stoffeln, uxor amicis nostris [!] fidelissimus Eberhardus, militis, de Stoffeln. Obiit Adelhaidis de Roßnegge, monialis. Obiit Ursula Ludwigin, monialis et priorissa, vinum datur conventui.[923]

---

913 *Meyer-Marthaler, Feldbach. In: Die Zisterzienser und Zisterzienserinnen (Helvetia Sacra III, 3, 2), S. 655: 655: Dorothea Aycher, Aichhorn, 1426. Am linken Rand glossiert:* abbatissa Dorothea.

914 *Wohl Vater der Klosterfrau Elisabeth Bridlerin (Nekrolog, p. 1).*

915 *Vermutlich Eberhard, der Sohn des Hans von Klingenberg (1383–1462), vgl. Bittmann, Die Familie von Klingenberg und Singen, S. 104–126, hier 120.*

916 *Laufen.*

917 *Ehefrau des 1676 verstorbenen Beat Heinrich zur Lauben (Nekrolog, p. 41).*

918 *Bruder der Klosterfrau Elisabeth Walterin (Nekrolog, p. 14).*

919 *Tochter des Michael Hermen (Nekrolog, p. 55).*

920 *Nicht in Baumann, Das Totenbuch von Salem verzeichnet.*

921 *Meyer-Marthaler, Feldbach. In: Die Zisterzienser und Zisterzienserinnen (Helvetia Sacra III, 3, 2), S. 652: Katharina von Klingenberg, 1320, 1333, Tochter des Ulrich von Klingenberg, Landrichter im Thurgau, und der Willburg von Kastell.*

922 *Am rechten Rand glossiert:* Katherina abbatissa.

923 *Tochter des Konrad und der Adelheid Ludwigin und Schwester der Margaretha (Nekrolog, p. 101, 107, 117).*

[10.] A. iiii. idus.
[A] Obiit Mia Maigerin, mater monialis. Obiit Agnes Balstrin, soror monialis. Obiit Clara Arnolti, monialis, anno lxiii [1463].
[E] Obiit Barbara Eichererin, mater monialis.[924]
[1651] Obiit Ferena Düllerin auß dem Thal, matter sororis laicæ, 1651.[925]
[1693] Obiit M. Margreta Eheitin, gebohrne Vintzigkhofrin, soror monialis, 1693.
[1704] Obit f[rauw] Maria Clara Wagnerin von Kostantz, soror monialis, 1704.[926]

[11.] b. iii. idus. Damasi pape.
[A] Obiit Conradus Růsriet, frater monialis.[927] Obiit Hainricus, der Welter, pater monialis.[928]

[p. 116] ||
[12.] c. ii. idus.
[A] Obiit Adelhaidis de Staine, monialis. Obiit Katherina, uxor Eberhardus militis de Stoffeln, eodem die conventui servicium. Obiit Burckhardus, dictus Manenbacher, pater monialis.
[1640] Obiit Anna Hagenlocherin von Costantz, mater monialis, 1640 jahrs, gott sey ihr gnädig und barmhertzig.

[13.] d. idus. Lucie virginis, Ottilie virginis, Jodoci confessoris.
[A] Obiit Waltherus, conversus. Obiit Ůlricus, conversus. Obiit Sybilla de Lindowe, monialis. Obiit Agnes Gochimin, mater monialis.[929] Obiit dominus Johannes, prespiter et canonicus, dictus Manuli, frater monialis.[930]
[1638] Obiit reverendus dominus, frater Heinricus Schnider, conventualis Marisstellæ, noster confessarius, 1638.
[1670] Obiit Angela Schniderin von Melingen, soror monialis, 1670.[931]

[14.] e. xix. kl. januarii.
[A] Obiit Růdolffus Růsriet, frater monialis. Obiit Waltherus, dictus Stocker, monachus, frater monialis.[932] Obiit Clara Gůtangerin, monialis.

---

924 *Vermutlich Barbara Schererin, Mutter der Klosterfrau Elisabeth Schererin (Nekrolog, p. 32). Der erste Buchstabe wurde überschrieben und ein ›i‹ eingefügt.*

925 *Mutter der 1684 verstorbenen Laienschwester Maria Martha Unterseein (Nekrolog, p. 98).*

926 *Tochter der 1705 verstorbenen Margaretha und des 1692 verstorbenen Hans Jörg Wagner aus Konstanz (Nekrolog, p. 20, 78).*

927 *Mit seinem Bruder Rudolf im Nekrolog vertreten (Nekrolog, p. 116).*

928 *Vater der Klosterfrau Katharina und/oder der Äbtissin Ursula Welterin (Nekrolog, p. 30, 70).*

929 *Mutter der Äbtissin Walburga Gochaim (Nekorlog, p. 54).*

930 *Im Nekrolog ist keine Klosterfrau mit diesem Namen nachzuweisen.*

931 *Schwester der 1675 verstorbenen Klosterfrau Maria Elisabeth Schneiderin (Nekrolog, p. 12).*

932 *Sohn der Anna und des Walter Stocker (Nekrolog, p. 41, 86), vielleicht Mönch in Salem, in* Baumann, *Das Totenbuch von Salem aber nicht verzeichnet.*

[1684] Obiit Magdalena N. von Hemenhoffen, Jacob Wagners s[eelig] wittib, vergabet dem gottshauß zuo ihrer sellen heill – 70 gulden, gott tröst ihr liebe sell, starb anno 1684.

|| [p. 117]

[15.] f. xviii. kl.
[A] Obiit Mechthildis de Rogwille, soror monialis. Obiit Elisabeth Harbendin, mater monialis.[933] Obiit Adelhaidis, dicta Baigerin, mater monialis. Obiit Nicolaus Landolt, pater monialis, datur conventui vinum, jacet hic.[934]
[D] Obiit Cůnradus Måsserlin, pater monialis.
[1694] Obiit M[aria] Roßa Millerin von Wolztzach, soror layca, 1694.[935]

[16.] g. xvii. kl. Barbare virginis.
[A] Obiit Mechthildis, monialis. Obiit frater Wetzel, conversus. Obiit Margreta Ludwigin, soror monialis.[936] Obiit Anna de Bermaringen, monialis.[937] Obiit Adelhaidis Kucherin, mater monialis.
[1695] Obiit Maria Barbara Millerin von Woltzach, soror layca, 1695.[938]

[17.] A. xvi. kl.
[A] Obiit soror Adilhaidis de Schauffhusen, laica. Obiit Cúnigundis de Marpach, soror monialis. Obiit Adelhaidis Wursterin, mater monialis.[939] Obiit Katherinen Jacobin, monialis.[940] Obiit Conradus Swartz, pater monialis.
[B] Obiit Bastion Frey, pater sororis laicæ[941].[942]
[1670] Obiit herr Jos[eph] Michaeli Sonner von und zue Heilsperg, herr zue Gottmatingen und Ebringen, keiserlicher reichs hoff rat in Wien, pater monialis, anno 1670, starb alhie im gottshauß und ligt alda in unsser lieben frauwen capel vergraben, gott sey im gnadig und barmhertzig etc.[943]

---

933 *Wohl Mutter der Klosterfrau Elisabeth und/oder Anna (Nekrolog, p. 59, 65).*

934 *Wohl Vater der Klosterfrau Ursula Landoltin (Nekrolog, p. 1).*

935 *Tochter des 1674 verstorbenen Lorenz Miller/Müller und der 1675 verstorbenen Kunigunde Gotthartin aus Wolzach (Nekrolog, p. 13, 33).*

936 *Schwester der Priorin Ursula (Nekrolog, p. 115).*

937 *Tochter des Berchtold und der Wilburg von Bermatingen/Bermaringen (Nekrolog, p. 4, 87).*

938 *Tochter des 1674 verstorbenen Lorenz Miller/Müller und der 1675 verstorbenen Kunigunde Gotthartin aus Wolzach (wie Anm. 935).*

939 *Vermutlich die Mutter der als* soror monialis *vorgestellten Adelheid Wursterin (Nekrolog, p. 48).*

940 *Tochter der Anna und des Johann Jakob aus Radolfzell (Thurgauisches Urkundenbuch. Bd. 6: 1359–1375, S. 180, Nr. 2610: 1362).*

941 Sororis laicæ *nachträglich korrigiert aus* soror laica *durch Beifügung von is und Bildung einer æ-Ligatur (in der Tinte der Schreiberin von 1670).*

942 *Vater der Laienschwester Agatha Frey (Nekrolog, p. 11).*

943 *Ehemann der 1678 verstorbenen Maria Barbara Sonnerin (Nekrolog, p. 121). Sonner hatte die Herrschaft Heilsberg samt Gottmadingen und Ebringen 1660 erworben.*

[p. 118] ||

[18.] b. xv. kl.
[A] Obiit Adilhait de Steckboren, monialis.[944] Obiit Conradus de Hove, pater monialis. Obiit Judinta, dicta die Wildin.
[1621] Obiit Barttlime Feller von Zell, fratter monialis, 1621.
[1638] Obiit domina Barbara Wirttin von Wil[945], abttissin dißes gottshauß, anno 1638, gott sey ihren barmhertzig.[946]

[19.] c. xiiii. kl.
[A] Obiit Hainrich de Wilisdorff, conversus. Obiit Kúngundis de Meckingen, monialis.[947] Obiit Veren Vochozin de Ratolffzell, alias Knůtlin, soror monialis, von der git das selampt, vi ß dem bichter och vi ß, jacet hic.[948]
[1630] Obiit Cristoffell Schürer von Costantz, frater monialis, 1630.
[1644] Obiit Anna Rütimännin von Galingen, priorin in Veldtbach, anno 1644.[949]
[1704] Obiit soror Maria Regina Leynerin von Kostantz, monialis, 1704.

[20.] d. xiii. kl.
[A] Obiit Gerdrudis, monialis. Obiit Conrat, abbas Sancti Galli, qui dedit nobis l marcas.[950] Obiit Mechthilt de Steckborn, monialis. Obiit Elisabeth de Steckborn, monialis.[951] Obiit Verena Landoltin, monialis. Obiit Verena Loppin, soror laica. Obiit Margreta Steffnorin, soror monialis.
[1699] Obiit Hanß Conradt Ruetz von Goßauw, frater laycæ, 1699.

---

944 *Vielleicht Tochter der Adelheid von Steckborn (Nekrolog, p. 46).*

945 Von Wil *mit Verweiszeichen am linken Rand eingefügt.*

946 *Meyer-Marthaler, Feldbach. In: Die Zisterzienser und Zisterzienserinnen (Helvetia Sacra III, 3, 2), S. 661: Barbara Wirth, 1616–1632, gest. 1638.*

947 *Schwester der Gepa von Möggingen (Thurgauisches Urkundenbuch. Bd. 4: 1300–1340, Nr. 1508, S. 629–630: 1333).*

948 *Verena Vochentzin, Witwe des Hans Knütel (Thurgauisches Urkundenbuch. Bd. 7: 1375–1390, Nr. 3948, S. 541–543: 1387). Verena war die Schwester der Klosterfrau Klara (Thurgauisches Urkundenbuch. Bd. 7: 1375–1390, Nr. 3932, S. 533: 1387). Vgl. Albert, Geschichte der Stadt Radolfzell, S. 170.*

949 *Tochter des 1605 verstorbenen Balthasar Rütimann aus Gailingen (Nekrolog, p. 94).*

950 *Duft u. a., St. Gallen. In: Frühe Klöster (Helvetia Sacra III, 1, 2), S. 1307 f.: Konrad von Gundelfingen (1288–1291). Die Stiftung ist nicht im Thurgauischen Urkundenbuch verzeichnet, auch nicht im Chartularium Sangallense.*

951 *Bei Elisabeth und Mechthild dürfte es sich um Geschwister handeln mit einem gemeinsamen Gedenktag.*

|| [p. 119]

21.] e. xii. kl. Thome apostoli.
[A] Obiit Mechthilt Wislandin, monialis. Conrat de Liebenfels. Obiit Gerdrudis de Bodman, monialis. Obiit Margareta Livin, soror monialis. Margareta de Lindowe, monialis. Anna Schriberin, mater monialis. Obiit Anna Jacobin de Cell, mater monialis, eodem die convuentui servicium.[952] Obiit domina Adelhait de Stoffeln, monialis. Obiit Clara de Stoffeln, monialis. Obiit H., dictus Burst, miles, conventui servicium.
[1680] Obiit Anna Wäberin von Andwyl, hat alß ein porttnerin dem gottshauß in threuwen gedienet 32 jahr, vergabet zue ihrer seelen heil ihren lidlohn, 120 gulden, starb in gott säillig den 21. december 1657 jahrs, gott sey ir barmhertzig etc.
[1680] Obiit Anna an der Matt, mater layce, 1680.

22.] f. xi. kl.
[A] Obiit Elisabeth Englarin de Schaffhusen, mater nostra fidelissima.
[1611] Obiitt Barbara Jacobin von Wyl, mater monialis, 1611 jar.

23.] g. x. kl.
[A] Obiit Elisabeth Goldastin, monialis. Obiit Ita de Tetikoven, monialis.
[E] Obiit Hainricus Schmid, sacerdos, frater unius monialis, 1524.
[1687] Obiit f[rauw] Anna Catharina Schweitzerin, gebohrne Pfeifferin, soror monnialis, 1687.

|| [p. 120]

24.] xix [!] A. ix. kl. Vigilia.
[A] Obiit Anna de Clingen, mater monialis. Obiit Nicolaus Burst, frater monialis. Obiit Waltherus Langenhart, pater monialis.[953] Obiit Magdalena de Randenburg, mater monialis.[954]
[E] Adelhaitt Håringin, matter monialis.[955] Anna Håringin, monialis. Ůlrickus.
[1695] Obiit pater Matheus Hunn, conventual zue S. Gallen, frater layce, 1695.[956]

---

952 *Mutter der Klosterfrauen Verena und Katharina Jakobin (Nekrolog, p. 97, 117).*

953 *Vater der Ursula Langenhartin (Nekrolog, p. 90).*

954 *Mutter der Äbtissin Anna von Randenburg (1460–1485), eine geborene Schwarz aus Konstanz.*

955 *Mutter der Anna und Ehefrau des 1481 verstorbenen Ulrich Hering aus Steckborn (Nekrolog, p. 81). Anna ließ ihre Memoria am Gedenktag ihrer Mutter eintragen.*

956 *Im Professbuch der fürstlichen Benediktinerabtei der heiligen Gallus und Otmar zu St. Gallen so nicht nachweisbar.*

[25.] b. viii. kl. Nativitas domini nostri Jhesu Christi.
[A] Obiit Adilhait Im Turne, soror monialis.[957] Obiit Wernherus de Sancto Gallo, pater noster fidelissimus, conventui unam libram pro servicio. Obiit Berchtoldus de Stoffeln.[958] Obiit Petronell de Ura, mater monialis, et Berchtoldus, filius eius.
[1630] Obiit ⟨Urs⟩, soror Maria Ursula Scherrin von Costantz, pryorin in Veldtbach, anno 1630.

[26.] viii c. vii. kl. Stephani prothomartyris.
[A] Obiit Margaretha Goldastin, monialis.[959] Obiit Sepa de Meckingen, monialis.[960]
[1661] Obiit Margreta Delpontin, vergabet zuo ihrer seelen heil 100 gulden, starb anno 1661.

[p. 121] ||

[27.] d. vi. kl. Johannis apostoli et Ewangeliste.
[A] Obiit Berchtoldus de Stoffeln, pater monialis.[961] Obiit Conradus de Blůmberch, frater monialis.[962] Obiit Johannes Lo̊pp, pater monialis.[963] Obiit Conradus Satler, pater monialis.[964] Obiit Agnesa Ehingerin, mater monialis.
[F] Obiit Auffra Appentegerin, monialis.
[1613] Obiitt Elsbett Stutzin von Wyl, matter monialis, 1613.

[28.] e. v. kl. Sanctorum Innocentum. xvi [!].
[A] Adilh[aidis] Murerin, monialis. Obiit Růdolffus de Frowenfeld, pater monialis. Obiit Gerdrudis Goldastin, monialis.[965] Obiit Adelhait Entiswillerin. Obiit Margret Paulerin. Obiit Nesa Merstetterin, monialis, ain dienst, i zwo̊lffer win und zway aiger.[966]
[E] Obiit her Ludwigk von Helmenstorff, frater monialis.[967]

---

957 *Rüeger, Chronik der Stadt und der Landschaft Schaffhausen, S. 1011–1041.*

958 *Hornstein-Binningen, Zur Geschichte der Burgen zu Stoffeln und ihrer letzten Bewohner, S. 84.*

959 *Tochter des Heinrich Goldast, Bürger von Konstanz (Thurgauisches Urkundenbuch. Bd. 4: 1300–1340, Nr. 1282, S. 423–424: 1320). Siehe Die Wappenrolle von Zürich, S. 166, Nr. 441.*

960 *Schwester der Kunigunde von Möggingen (Thurgauisches Urkundenbuch. Bd. 4: 1300–1340, Nr. 1508, S. 629–630: 1333).*

961 *Wohl der Vater des Berchtold von Stoffeln (Nekrolog, p. 120).*

962 *Sohn des Albrecht, verheiratet mit Ursula von Homburg (Kindler von Knobloch, Oberbadisches Geschlechterbuch, Bd. 1, S. 110)?*

963 *Im Nekrolog ist keine Klosterfrau, sondern zwei Laienschwestern mit Namen Verena verzeichnet (Nekrolog, p. 118, 121).*

964 *Vater der* infans *Margaretha Sattlerin (Nekrolog, p. 7).*

965 *Nichte von Heinrich Goldast (Anm. 587).*

966 *Tochter des Heinrich und der Anna Märstetterin (Nekrolog, p. 74, 88). Vgl. Reding, Die Regesten der Frauenklöster Feldbach und Tänikon, S. 17, Nr. 135: 1. Dezember 1414.*

967 *1499 verstorbener Bruder der Klosterfrau Beatrix von Helmsdorf (Nekrolog, p. 69).*

[1662] Obiit Catharina Schmalholtzin, vergabet zuo ihren seelen heil von ihrem lidlohn 70 gulden, 1662.

29.] f. iiii. kl. Thome episcopi et martyris.
[A] Obiit Růdolffus de Marpach, pater monialis.[968] Obiit Verena Lǒppin, soror laica. Obiit dominus Fridericus de Wartenberg, abbas Augie Maioris, qui fuit fidelissimus amicus huius monasterii, frater monialis.[969]
[1678] Obiit der wol edlen gebornen frauwen frauwen Maria Barbara Sonnerin von und zue Heilsperg, geborne von Pflumern, frauw zue Gottmatingen, mater monialis, starb den 29. decembriß 1678 jahrß, gott sey ihr gnädig und barmhertzig, ligt hie in unsser lieben frauwen capelen bey ihren herren seeligen begraben.[970]

|| [p. 122]

30.] g. iii. kl.
[A] Obiit Conradus, dictus Maiger, pater monialis. Obiit Elysabeth de Stain.
[E] Obiit Jacob Mertz von Stayn, frater monialis.[971]
[1681] Obiit Ursula Laxnerein /von Lazeret[972]/, soror layca, 1681[973].
[1687] Obiit Maria Agatha Bäbstin von Kentzingen, novitzin, anno 1687.[974]

31.] xiii [!] A. ii. kl. Silvestri pape.
[A] Obiit Ůdilhiltis de Sandegge, monialis. Obiit Mya de Búslingen. Obiit Wernherus de Rosnegge, pater monialis.[975] Obiit Gůta de Plůmberch, soror monialis.
[E] Pie memor[i]e Anna Wisin, soror monialis.
[K] Obiit Jacob Zimerman, frater duarum monialium.[976]
[1614] Obiitt Elsbet Hunhartin von Basendingen, mater monialis, 1614 jar.
[1669] Obiit herr Frantzistcuß Wagner von Solothurn, profes in Wettingen, frater monialis, 1669.[977]

---

968 *Stadler, Die Stadt Radolfzell – ein Zentrum des Hegauer Adels? S. 199 (im Jahrzeitbuch des Münsters von Radolfzell unter dem 27. Dezember aufgeführt).*

969 *Abt Friedrich von Wartenberg (1428–1453), Bruder des Balthasar von Wartenberg, vgl. Begrich, Reichenau. In: Frühe Klöster (Helvetia Sacra III, 1, 2), S. 1088 f.*

970 *Ehefrau des 1670 verstorbenen Joseph Michael Sonner (Nekrolog, p. 117).*

971 *Bruder des Georg Jakob Mertz (Nekrolog, p. 86).*

972 *Mit Verweiszeichen über der Zeile eingefügt. Vielleicht ist damit das bei Bludenz gelegene Lorüns gemeint. Die Familie Laxner kam aus Bludenz im Vorarlberg.*

973 *Korrigiert aus* 1682.

974 *Kenzingen im Breisgau.*

975 *Die Wappenrolle von Zürich, S. 163 f., Nr. 435.*

976 *Vor 1582 verstorbener Bruder der Äbtissinnen Magdalena und Anna Zimmermännin (1582–1590 und 1590/1591).*

977 *Album Wettingense, S. 790, Nr. 630: Franz Wagner aus Solothurn, Sohn des Franz Wagner und der Magdalena von Sury, Bruder der 1682 verstorbenen Klosterfrau Maria Anna Wagnerin (Nekrolog, p. 61).*

[1687] Obiit soror Maria Reginna zur Gilgen von Lucern, monialis, anno 1687.[978]
[E] Ich, Katherina Plauerin, Ulrich Blaurärs seälgen wittwe[979], han gebenn mynner frawen abtissin und dem convent zu Veltpach ain und fiertzig gulden, darumb erkafft ain jarzeit, den sol man alle iar onverzoggenlich begen auff Visitatio Marie acht tag nach oder vor ongeverlich, mit zwayen gesonnen ampten, ainß von den sellenn und ainß von der mutter gotz und ain gesprochen meß. Ach sol der convent betten ain abet in der kirchnn ain gantze vigil und nach dem ampt ain selvesper. Darumb sollen sy bar geben ainnen ettlichnn briester i ß ₰, derglichnn ainner ittlichen frawen i ß ₰, das ich erkafft in dem m ccccc xv jar.
[J] Gehert in die fronfasten iarzeit. Item diß obgenant gzit ist zuo nutz deß gotzhauß angewent, sonder die frawen, so der selbig[en] zeit in leben gewesen, haltens under ain andren außgethailt.

---

978 *Tochter des 1627 verstorbenen Hans Jost zur Gilgen aus Luzern (Nekrolog, p. 40).*

979 *Witwe des Ulrich Blärer/Blarer, den das Nekrolog als Vater von drei Klosterfrauen vorstellt (Nekrolog, p. 104).*

# Glossar

abbas, abbt (*Abt*)
abbatissa, abathisin, abbatisse, abbtissin, abbtißin, abttißin, åptisin, åptissin, apptissin (Äbtissin)
abbtey (*Abtei*)
abet (*Abend*)
advocatus (*Vogt*)
aiger, ayer, ayger (*Eier*)
altar (*Altar*)
alpb (*Alba, liturgisches Gewand*)
alter (*Alter*)
amann (*Ammann*)
amica, -us (*Freundin, Freund*)
amplen (*Licht; Leuchter*)
ampt (*Amt*)
anima (*Seele*)
anniversarium (*Jahrzeit*)
annus (*Jahr*)
annunciacio (*Verkündigung Mariae*)
anrichtung (*Einrichtung*)
arbaith, arbeit (*Arbeit*)
archypresbiter (*Erzpriester*)
ars (*Kunst*)
auffnemung (*Aufnahme*)
auffüerung (*Aufführung*)
ava, avus (*Großmutter, Großvater*)
avia (*Tante*)

bareß gelt (*Bargeld*)
becher (*Becher*)
beichtvatter, bichter (*Beichtvater*)
belegerung (*Belagerung*)
beneficia (*Wohltaten*)
beßerung (*Aufbesserung*)
betten (*Beten*)
bettgwand (Betgewand)
bild (*Bild, Tafel*)
bo̊ttthuch (*Bottich*)
bona (*Güter*)
breuch (*Brauch*)
brot (*Brot*)
brotmaister (*Brotmeister*)
bruder (*Bruder*)
bruderschafft, brůderschafft (*Bruderschaft*)
buchstaben (*Buchstabe*)
burgenmeister, bugermeister, burgermaisterin (*Bürgermeister, Bürgermeisterin*)

canonicus (*Kanoniker*)
canonicus regularis (*Regularkanoniker*)
cantor, cantrix (*Sänger, Sängerin*)
cantzler (*Kanzler*)
capell, capel (*Kapelle*)
capellanus (*Kapellan*)
capitel, kapitel (*Kapitel*)
capitulum generale (*Generalkapitel*)
capuciner (*Kapuziner*)
carpentarius (*Zimmermann*)
kellerin (cellaria; *Kellermeisterin*)
cenobium (*Kloster*)
ceremonien (*Zeremonien*)
kinder (*Kinder*)
kirche, kürche (*Kirche*)
kilchhoff, kirchhoff (*Kirchhof*)
kleider, kleyder (*Kleider*)
closter, clůster (*Kloster*)
closterfraw (*Klosterfrau*)
cognata (*Verwandte*)
comitissa (*Gräfin*)
commemoratio (*Gebetsgedenken*)
communi(tas) (*Gemeinschaft*)
confessarius, confessor (*Beichtvater*)
confrater (*Bruder*)
consanguinus (*Blutsverwandter*)
construction (*Bau*)
conventual, conventualin, conventuallin, conventualis (*Mönch*)
convent, conventus (*Gemeinschaft*)
conversus (*Konverse, Laienbruder*)
cor, chor (*Chor, Chorraum*)
kranckheitt (*Krankheit*)
creütz (*Kreuz*)
crútzgang (*Kreuzgang*)
krieg (*Krieg*)
kungin (*Königin*)
curia (*Hof*)
kustery (*Küsterei*)
custerin, custrin (*Küsterin*)
custos, custrix (*Küster*)

dampnum (*Schaden*)
decanus, dechant (*Dekan*)
defunctus (*Verstorbener*)
denarius (*Denar*)
determinator (*Bestimmer, Festsetzer*)

dyaconus (*Diakon*)
dienst (*Dienst*)
dies (*Tag*)
doctor (*Doktor*)
domina, -us (*Edelfrau, Dame*)
domus (*Haus*)
dreyfaltigkait (*Dreifaligkeit*)
dux, ducissa, duxissa (*Herzog, Herzogin*)

Ecce Homo
ecclesia (*Kirche, Gotteshaus*)
ehre (*Ehre*)
eltern (*Eltern*)
empörung (*Aufstand, Aufruhr*)
equus (*Pferd*)
episcopus (*Bischof*)
erbawung (*Bau, Errichtung*)
ertzbruoderschafft (*Erzbruderschaft*)
ewigmeß (*Ewigmesse*)

familiaris (*Bediensteter, Vertrauter*)
famula, -us (*Magd, Knecht*)
fidelis, fidelissima (*treu, am treusten*)
fleiss, fleiß (*Fleiß*)
florenus (*Florentiner Gulden*)
frater (*Bruder*)
– frater monialis
freyfraw, freyherr (*Freiherr, Freifrau*)
frind (*Freund*)
fronfasten (*Fronfasten, Quatember*)
frowen, frawen (*Frau, Edelfrau*)
frumentum (*Getreide*)

gans (*Gans*)
garten (*Garten*)
gebet (*Gebet*)
gebew (*Bau*)
gebüer (*Bauern*)
gelcz, gelt (*Zins*)
generall leitenambt (*General-Leutnant*)
genitrix (*Mutter, Gebärerin*)
germanus (*Bruder*)
geschlecht (*Geschlecht*)
geschwistrige (*Geschwister*)
gladium (*Schwert*)
gott (*Gott*)
gottesdienst, gotßdienst (*Gottesdienst*)
gothshaus, gotshauß, gotshuss, gotshuß, gotßhauß, gotteshaus, gotthaus, gotts hauß, gottshaus, gottshauss, gottshauß, gottß hauß, gottßhauß, gottshuß, gottzhauß, gotzhus (*Gotteshaus*)
grab (*Grab*)
griffin (*Gräfin*)
guethdathen (*Wohltaten*)
guethdëther (*Wohltäter*)
guetten (*Gute*)
gulden, guldy, guldin (*Gulden*)
gut (*Gut*)

habit (*Ordenskleid*)
haubtman (*Hauptmann*)
haußfraw, husfrow (*Hausfrau*)
herren (*Herr*)
hoche altar (*Hochaltar*)
hof, hoff (*Hof*)
hofmaister, hoffmayster, hoffmeister (*Hofmeister*)
hopt (*Haupt*)
hora (*Stunde*)
Hornung (*Februar*)
huss råttli (*kleiner Hausrat*)

jahr (*Jahr*)
jahrdag (*Jahrtag*)
iarzeit, jarzit, jarzitt (*Jahrzeit*)
infans (*Kleinkind, Kind*)
jungfrauwen (*Jungfrau*)
junkher (*Junker*)

k siehe c

laica, layice, layce (*Laienschwester*)
landkompter (*Landkomtur*)
landtvogt (*Landvogt*)
langenmoß (*Langmess*)
leib (*Leib*)
libra (*Pfund*)
lichtmeß (*Lichtmess*)
lignum (*Holz*)
lesen (*Lesen*)
lidlohn, lidtlohn (*Lohn*)
lôffell (*Löffel*)
lot (*Gewicht*)
luttery (*Lutherei*)

magister, magistra (*Lehrer*)
maister, meister (*Meister*)
mayestet (*Majestät*)
marca (*Mark*)
maritus (*Ehemann*)

martyren (*Märtyrer*)
mater (*Mutter*)
– mater monialis
mauer (*Mauer*)
mass (*Maß*)
memoria (*Gedenken*)
meß (*Messe*)
meßgwand (*Meßgewand*)
miles (*Ritter*)
milicia (*Ritterschaft*)
missa cottidiana *(tägliche Messe)*
missa pro defunctis (*Totenmesse*)
mittnacht (*Mitternacht*)
molitor (*Müller*)
monachus (*Mönch*)
monasterium (*Kloster*)
monat, monatt
monialis (*Konventualin*)
monstrantz (*Monstranz*)
mortalis (*sterblich*)
müller
muhe (*Mühe*)
mutter gotz (*Mutter Gottes*)

nobilis (*adelig*)
novicius, novitzin (*Novize, -in*)
nutz(en)

officium (*Gottesdienst*)
orden, ordens
ordo divi Benedicti
ostiaria (*Pförtnerin*)

parochus (*Parochiale*)
pars (*Teil*)
pater (*Vater*)
– pater monialis
patruus (*Onkel*)
pax (*Friede*)
pecunia (*Geld, Vermögen*)
personen, personer (*Person*)
petanceri, pitancia, bitancia, pitanciaria (*Pitanz*)
pfahrherr, pfarher, pfarherr, pfarrherr (*Pfarrer*)
pfriender, pfrindinen, pfronder (*Pfründner*)
plebanus (*Leutpriester*)
portnerin, porttnerin (*Pförtner*)
prebendarius, prebendaria (*Pfründner*)
predicator (*Prädikant, Prediger*)
prelatur (*Amtszeit*)
prepositus (*Vorsteher*)
presbiter (*Priester*)
priester, briester (*Priester*)
princeps (*Fürst*)
prior (*Prior*)
priorin, prioriisa, priorissa, pryorissa (*Priorin*)
brobst, propst (*Probst*)
professa, profes, proffes (*Profess-Schwester*)
professor (*Professor*)
progenita (*gebürtig*)
psalmen (*Psalmen*)
– septem psalmos; vii psalmos
puer (*Kind*)

rath (*Rat*)
rector ecclesie (*Kirchenrektor*)
refectorium (*Speisesaal*)
regal (*Regalie*)
regel (*Regel*)
regierung (*Amtsführung*)
regina (*Königin*)
reich (*Reich*)
reichshoffrat (*Reichshofrat*)
reichstat (*Reichsstadt*)
relicta (*Witwe*)
religiosus (*Mönch*)
reliquiæ (*Reliquie*)
rex (*König*)
ritter (*Ritter*)
ritterschafft (*Ritterschaft*)
Romani (*Römer*)
rossencrantz (*Rosenkranz*)
ruckhreißen (*Rückreise*)

sabatis (Samstag)
sacerdos (*Priester*)
sacrista (*Sakristan*)
schaffner (*Schaffner*)
schilling pfenning (*Schilling Pfennig*)
schlaafhauß (*Schlafhaus, Dormitorium*)
schnirel (*Schnörkel?*)
schuldtheis, schulttheis (*Schultheiss*)
schwester, schwöster (*Schwester*)
scolasticus (*Schüler*)
scriptor (*Schreiber*)
seel, seele, sell, selle (*Seele*)
seelen heil, sellen heil, sellen heill, seelenhail, seelenheill, selhail (*Seelenheil*)

selampt (*Seelampt*)
selfrow (*Seelfrau, Jahrzeitmeisterin*)
seelmeß (*Seelmesse*)
selvesper (*Seelvesper*)
sendin (*Sennerin*)
sepulchrum (*Grab*)
servicium (*Dienst*)
servus (*Knecht*)
silberbecher (*Silberbecher*)
silberlöffel (*Silberlöffel*)
singen (*Singen*)
sociedet Jesu, societet Jesu (*Societas Jesu, Jesuiten*)
sorg (*Sorge*)
sorgfeltigkeitt (*Sorgfalt*)
soror (Schwester)
– soror monialis
soror laica, soror laycae (*Laienschwester*)
stadtcapitul (*Stadtkapitel, Stift*)
stain (*Stein*)
stat (*Stadt*)
statschreiber (*Stadtschreiber*)
stube (*Stube*)
subpriorin, supryorissa, supryorisa (*Subpriorin*)

tabernacl mandtell, tabernacul mantell (*Chormantel*)
tafflen (*Tafel, Bild*)
tag (*Tag*)
talentum (*Talent*)
tectum (*Dach*)
theologia (*Theologie*)
thorwart, thorwartt (*Pförtner*)
threuwe, thrüwe (*Treue*)
thugent (*Tugend*)
tůmbropst (*Domprobst*)

uhr
urna (*Urne, Gefäß*)
uxor (*Ehefrau*)

vatter (*Vater*)
veldtmarchschalck (*Feldmarschall*)
Verenentag (*Tag der heiligen Verena*)
versprechung (*Versprechen*)
verwaltung (*Verwaltung*)
vesper (*Vesper*)
vetter (*Vetter*)
vicarius generalis (*Generalvikar*)
vigil, vigilia (*Vigil*)
vigilia defunctorum (*Totenvigil*)
vinea (*Weingarten*)
vinum (*Wein*)
visitatio Marie (*Mariae Heimsuchung*)
visitator (*Besucher*)
vita (*Leben*)
voͤgtin, vogt (*Vögtin, Vogt*)

weinmonat (*Oktober*)
wesen (*Wohnstätte, Heim*)
win (*Wein*)
wingart (*Weingarten*)
wingelt (*Weingeld*)
wintermanatt (*November*)
wissbrot (*Weißbrot*)
wittib, wittwe (*Witwe*)
wol (*Wohl*)

zeit (*Zeit*)
zierde (*Schmuck*)
zierung (*Verzierung*)
zymmer (*Zimmer*)
zwölfer (*Hohlmaß*)
zwoͤlffter tag (*= 8. Januar*)

# Orts- und Personenregister

Die Seitenangaben (*S.*) beziehen sich auf die Einleitung, die Seitenangaben p. auf die Paginierung des Nekrologs. Auf diese Weise wird deutlich, wenn Familienangehörige denselben Gedenktag wählten. — Verwendet werden folgende Abkürzungen: Äbt. = Äbtissin; can. = Kanoniker; conf. = confessor; conv. = Konverse, Laienbruder; convent. = Konventual, Konventualin; Dép. = Département; Hzg. = Herzog; Hzgin. = Herzogin; Kg. = König; Kt. = Kanton; Landkr. = Landkreis; mon. = monialis oder monachus; nov. = Novizin; presb. = presbiter; prof. = Profess; sac. = sacerdos, Priester.

**D/T**

E